हिन्दी : एक मौलिक व्याकरण

हिन्दी
एक मौलिक व्याकरण

रमा कान्त अग्निहोत्री

अनुवादक

अनुशब्द

वाणी प्रकाशन

वाणी प्रकाशन

4695, 21-ए, दरियागंज, नयी दिल्ली 110 002

शाखा

अशोक राजपथ, पटना 800 004

फोन: +91 11 23273167 फैक्स: +91 11 23275710

www.vaniprakashan.in

vaniprakashan@gmail.com

HINDI : EK MAULIK VYAKARAN

by Rama Kant Agnihotri

Translated by Anushabd

ISBN : 978-93-5072-464-4

Linguistic

संस्करण 2018

मूल्य : ₹ 425

न्यू कृष्णा ऑफसेट, दिल्ली-110 093 में मुद्रित

वाणी प्रकाशन का लोगो मक़बूल फ़िदा हुसेन की कूची से

प्रोफेसर राजेन्द्र सिंह
की स्मृति में .....

आभार

लम्बे अर्से से मेरे मन में हिन्दी व्याकरण लिखने की योजना सक्रिय थी। इसका एक कारण कई व्यक्तियों, व्यक्ति-समूहों का आग्रह तथा स्नेह भरा अनुरोध था। उनका आग्रह ग़ैर-वाजिब भी नहीं था। कारण कि यह उनकी अकादमिक ज़रूरत थी। अनुरोधकर्त्ताओं में विद्यालय शिक्षक, शिक्षक-प्रशिक्षक, हिन्दी भाषा के प्राध्यापक तथा द्वितीय भाषा के रूप में हिन्दी सीखनेवाले देशी-विदेशी छात्र प्रमुख थे। कुछ ऐसी सरकारी और ग़ैर-सरकारी शैक्षिक संस्थाएँ भी थीं जो नवाचारी (innovative) भाषा-शिक्षण में दूरस्थ, सम्पर्की या दूरस्थ और सम्पर्की तरीक़े से लगी थीं। इन लोगों की सबसे बड़ी दिक़्क़त यह थी कि इनके पास ऐसा कोई व्याकरण नहीं था जिसमें सुगम पाठों एवं सन्दर्भों के द्वारा भाषिक नियमों को बताया गया हो। व्याकरण की पढ़ाई अलग से होती थी और जब वास्तविक पाठ से सामना होता था तो सारे व्याकरणिक नियम बेमानी साबित होते थे। और विशेषताओं के अलावा इस पुस्तक का प्रयास सिद्धान्त और व्यवहार के इस फ़ासले को पाटना है। ख़ासकर इसके 'परिशिष्ट' की भूमिका इस सन्दर्भ में ज़बरदस्त है। इसके परिशिष्ट में आसानी से समझ में आने वाले तथा अक्सर इस्तेमाल होनेवाले पाठों के नमूनों का विस्तार से व्याकरणिक विश्लेषण किया गया है। पुस्तक में हिन्दी की मूल ध्वनियों, शब्दों, वाक्यों तथा इसकी लेखन-प्रणाली का वर्णन यथासम्भव सरल तरीक़े से किया गया है। साथ ही जहाँ कहीं भी मौक़ा मिला है, वहाँ हिन्दी के अर्थविज्ञान, संकेत-प्रयोग विज्ञान के विभिन्न रूपों तथा उनके सामाजिक पक्षों का विवेचन करने का प्रयास किया गया है।

सच बात तो यह है कि यदि इससे पहले 'हिन्दी मार्फोलॉजीः ए वर्ड बेस्ड डिस्क्रिप्शन' नामक पुस्तक (मोतीलाल बनारसीदास, दिल्ली द्वारा सन् 1997 में प्रकाशित) नहीं लिखी गयी होती तो इस व्याकरण का लेखन सम्भव नहीं होता। उपर्युक्त पुस्तक मान्ट्रियल विश्वविद्यालय, मान्ट्रियल के राजेन्द्र सिंह के सहयोग-सौजन्य से लिखी गयी थी। यक़ीनन इस किताब के लिए भी मैं उनका कम ऋणी नहीं हूँ। एक कारण तो स्पष्ट है कि यह व्याकरण उसी पुस्तक पर आधारित है। दूसरा कारण यह

है कि इस पुस्तक को भी उन्होंने काफ़ी ध्यान से पढ़ा-गुना है तथा आवश्यक सुझाव दिये हैं। उन सुझावों का उपयोग भी इस पुस्तक में हुआ है। इस मायने में वे मेरे अनन्य मित्र और उदार सहयोगी ही नहीं, गुरु भी रहे हैं। इनके अतिरिक्त इस पुस्तक के लेखन में निम्नांकित बन्धु-बान्धवों की रचनाओं से भी मदद मिली है : प्लाट्स (1873), गुरु (1920), केलॉग (1933), वाजपेयी (1958), बाहरी (1960), उपरेती (1964), काचरु (1966, 1980), बहल (1967-1974), केलकर (1968), श्रीवास्तव (1968, 1994), प्रे (1970), मैक ग्रेगर (1972), हूक (1974-79), शर्मा (1978), बाहरी (1981), दिमशित्स (1983), सुब्बा राव (1984), शैपिरो (1989), सिंह (1992), अब्बी (1994), कारडोना एण्ड जैन (2003), मोंटॉट (2005) और दास (2006)। यह दुहराने की आवश्यकता नहीं कि इस पुस्तक का दूसरा भाग मुख्यतः सिंह और अग्निहोत्री (1997) पर आधारित है।

इस किताब मूल अंग्रेजी प्रारूप के अधिकांश हिस्से सन् 2005 में लिखे गये हैं। उन दिनों दिल्ली विश्वविद्यालय, दिल्ली से अवकाश प्राप्त कर अमेरिका के प्रवास पर था। ख़ास तौर से मैं राजेश कुमार को हार्दिक धन्यवाद देता हूँ। उन दिनों मैं उनका ही अतिथि था और टैक्सास में उनके आवास पर ठहरा था। हिन्दी संरचना के कई मुद्दे तो वहीं पर उनके साथ विचार-विमर्श से हल हुए थे। इसके कई अध्याय साउथ फिल्ड, मिशिगन में लिखे गये थे जिसके लिए मैं आत्मजा विपाशा, दामाद राहुल, पत्नी सरोज तथा अपनी नातिनों अनन्या एवं लावण्या का आभारी हूँ जिन्होंने सर्वाधिक रचनात्मक परिवेश तथा लेखन योग्य सुख-सुविधा मुझे प्रदान की। तृवर्षीय अनन्या से बात-चीत तो निश्चय ही उन दिनों मेरे लिए आनन्द और ऊर्जा का स्रोंत थी। मैं ज्ञानम महाजन का भी कृतज्ञ हूँ, सिर्फ़ इसलिए नहीं कि उन्होंने मुझे यू.सी.एल.ए. में वार्त्ता के लिए आमन्त्रित किया, बल्कि इसलिए भी कि उन्होंने एवं उनके पति अनूप महाजन ने पहले की भाँति इन दिनों भी मुझे स्नेह-सद्भाव प्रदान किया। उन्होंने इस पुस्तक के कुछ अध्यायों को ग़ौर से पढ़ा और आवश्यक सुझाव भी दिये। धन्यवाद के पात्र के.वी. सुब्बाराव हैं जिन्होंने घोर व्यस्तता के बावजूद मेरी वाक्य सम्बन्धी कुछ समस्याओं को सुलझाया। यक़ीनन, उनकी कक्षाओं में बैठ कर और उनके साथ पाठ्यक्रमों के अध्यापन-क्रम में काफ़ी कुछ सीखा है। वैसे तो ऐसे लोगों की सूची बहुत लम्बी है जिन्होंने परोक्ष रूप से मेरी मदद इस पुस्तक की रचना-प्रक्रिया में की है। पर उनमें राकेश भट्ट, संतोष चौधरी, रिम्लि भट्टाचार्य, कुमार शाहनी, नरेश, ओम और हरबीर अरोड़ा, सतीश, सीता, पुत्र आदित्य और बहू गीता और पोती होमना के नाम अनिवार्यतः उल्लेखनीय हैं। मैं हार्दिक रूप से एच.के. दीवान, प्रसून, सतीश, कैलाश और विद्या भवन सोसायटी का आभारी हूँ जिन्होंने इस कार्य को अंजाम देने

के लिए शान्ति तथा बुनियादी सुविधाएँ प्रदान कीं। विशेष धन्यवाद के पात्र ए.एल. खन्ना हैं जिन्होंने इस पुस्तक के प्रत्येक अध्याय को ध्यान से पढ़ा। मैं उन अनेक अज्ञात आलोचकों को भी धन्यवाद देना चाहूँगा जिन्होंने अपने आलोचनात्मक सुझावों से इस पुस्तक के कई अध्यायों के संस्कार परिष्कार में मदद की थी। मैं उस सम्पादकीय दल के प्रति आभार व्यक्त करता हूँ जिसने धैर्यपूर्वक कुछ एक रचनात्मक सुझावों से मुझे समृद्ध किया। इसके बावजूद इस पुस्तक की सीमाओं के लिए मैं स्वयं ज़िम्मेदार हूँ।

इस पुस्तक के अनुवाद के लिए मैं अपने प्रिय शिष्य (अब सहयोगी) अनुशब्द का आभारी हूँ। जिस स्नेह, श्रद्धा व परिश्रम से उन्होंने इस पुस्तक का अनुवाद किया है, वह आपके सामने है। विद्या भवन के कुमार अनुपम ने बार-बार इस पुस्तक के अध्यायों को पढ़ा और दुरुस्त किया है। प्रदीप कुमार झा का सहयोग भी सराहनीय है। कैलाश जी ने दिन-रात परिश्रम कर इसे टाइप व ले-आउट डिज़ाइन किया है। विद्या भवन के हर उस साथी का जिसने इस किताब को वर्त्तमान रूप देने में मेरी मदद की है मैं आभारी हूँ।

रमा कान्त अग्निहोत्री

उदयपुर, भारत-2013

प्राक्कथन

यह पुस्तक एक पूर्णता नया शोध-पत्र है यह कहना ठीक नहीं होगा। इसमें कोई शक नहीं कि यह हिन्दी भाषा के प्रति मेरी अपनी सोच-समझ की उपज है, पर खाद-पानी के रूप में मेरे अनेक मित्रों, शिक्षकों एवं विद्वानों के मतों-विमतों की भी महती भूमिका है जिसका विस्तारपूर्वक उल्लेख 'आभार' में किया गया है। मुझे आशा है कि यह पुस्तक हिन्दी भाषा के सामान्य जानकारों के लिए उपयोगी तो होगी ही, साथ ही साथ उन लोगों के लिए भी उपयोगी साबित होगी जो हिन्दी भाषा के जिज्ञासु हैं। निश्चय ही, ऐसे लोगों के लिए हिन्दी भाषा की प्रकृति, संरचना एवं प्रयोग को समझने में सहायक होगी।

प्रत्येक व्याकरण-रचना से पहले वैयाकरण की कुछ अवधारणात्मक समझ होती है जो ख़ास तौर पर विशेष पाठकों के लिए बनी होती हैं। मेरी अवधारणा है कि व्याकरण मूलतः वाक्य-संरचना में निहित होता है, शब्द और ध्वनियाँ जिसके घटक मात्र होते हैं। इसमें गोया कोई शक नहीं कि ध्वनि व शब्द-संरचना के स्तर पर भी हर भाषा नियमबद्ध होती है। किसी भाषा के स्वरूप और संरचना की सही जानकारी रैखिक एवं योगात्मक ख़्याल से सम्भव नहीं है। उसकी सही जानकारी उसको सम्पूर्णता और समग्रता में देखने से ही मिल सकती है। उसके अंगों-प्रत्यंगों की जाँच-पड़ताल उसकी पूरक प्रक्रिया है। इसी वजह से 'हिन्दी : एक मौलिक व्याकरण' ने अनेक व्याकरणिक समस्याओं को सुलझाने के लिए किसी ख़ास सन्दर्भ में इस्तेमाल किये गये वाक्यों को ही ध्यान में रखा है।

यह पुस्तक सात भागों में बँटी है। इनके अलावा इसमें 'परिशिष्ट' तथा परिभाषिक शब्दावली भी शामिल हैं। इसके पहले भाग में कई तरह के सरल वाक्यों का उल्लेख है। साथ में, हिन्दी भाषा के उद्‌भव और विकास तथा उसके भौगोलिक क्षेत्रों का संक्षिप्त विवेचन है। दूसरे भाग में शब्दों के वर्णन के साथ-साथ उनके आपसी रिश्तों का भी विश्लेषण है। इसी भाग में संज्ञाओं, क्रियाओं, विशेषणों तथा क्रिया-विशेषणों का भी परिचय दिया गया है। महत्वपूर्ण बात यह है कि इसमें इन सभी के आपसी तथा अन्तर्वर्गीय रिश्तों को भी अपेक्षित जगह मिली है। भाग तीन

मुख्यतः थोड़े जटिल शब्दों की निर्माण-प्रक्रिया पर केन्द्रित है। इसमें पुनरुक्तियों एवं यौगिकों पर विचार किया गया है। इस तरह दूसरा और तीसरा भाग आपस में जुड़े हैं और शब्दों के विविध रूपों का अध्ययन करते हैं। चौथे भाग में सर्वनामों, परसर्गों अवधारक निपातों, समुच्चय बोधकों तथा विस्मयादि बोधक अव्ययों का उल्लेख किया गया है। पाँचवे भाग में काल, पक्ष, वृत्ति, कर्मवाच्य, सम्भावनार्थक तथा कर्तृता जैसी संरचनाओं का विवेचन हुआ है। छठवें भाग में मिश्र एवं संयुक्त वाक्यों का विश्लेषण हुआ है। सातवें भाग में सिर्फ़ हिन्दी ध्वनियों के स्वरूप एवं उनकी संरचना के बारे में बताया गया है। इस भाग में देवनागरी लेखन-शैली से हिन्दी ध्वनियों के रिश्तों को भी रेखांकित किया गया है। 'परिशिष्ट' तो आजकल प्रचलित वाक्य-विन्यासों के व्याकरण पर आधारित है। इसमें कुछ पाठों का अध्ययन इस पुस्तक में विवेच्य व्याकरणिक नियमों के आधार पर किया गया है। परिभाषिक शब्दावली के अन्तर्गत इस पुस्तक में इस्तेमाल किये गये पारिभाषिक शब्दों को संक्षेप में बताया गया है। वैसे तो इन शब्दों की व्याख्या इस पुस्तक में जगह-जगह पर की गयी है। बहरहाल, यहाँ व्याकरण की घुमावदार संरचना को समग्रता से प्रस्तुत करने का विनम्र प्रयास है। यह व्याकरण पीछे की ओर भी चलता है और आगे की ओर भी। वस्तुतः यह पाठक की मर्ज़ी पर निर्भर है कि वह इसे कहाँ से पढ़ना पसन्द करता है। अगर कोई पाठक महसूस करता है कि पहले भाग में विवेच्य वाक्य-संरचना को समझने के लिए शुरु की 'संकेत-सूची' अपर्याप्त है तो वह दूसरे भाग के उपशीर्षकों को पढ़ कर पहले भाग को समझ सकता है। मेरा मूल मक़सद यहाँ उन सारे नियमों को बताना है जो हिन्दी शब्दों एवं वाक्यों का नियमन करते हैं। मेरा ख़्याल है कि शुरु में दी गयी 'विषय-सूची' तथा अन्त में दिया गया 'अनुक्रम' दोनों ही इस पुस्तक को समझने के लिए आधार-सामग्री प्रदान कर सकते हैं।

आपको इस व्याकरण से थोड़ा भी फ़ायदा हुआ तो मैं खुद को धन्य समझूँगा। निश्चय ही, इस बारे में आपके सुझाव स्वागत योग्य हैं। ंहदपपता/लीववण्बवउ पर आपके सुझाव आमन्त्रित हैं।

रमा कान्त अग्निहोत्री

उदयपुर, भारत, 2013

अनुवादक की ओर से...

मेरी शिक्षा-दीक्षा ठेठ भोजपुरी प्रदेश में हुई थी। भोजपुरी मेरे खाने-पीने तथा ओढ़ने-बिछाने की भाषा थी। यह मेरी रगों में दौड़ती थी। हिन्दी का प्रयोग तो पठन-पाठन तक सीमित था। हमारे लिए यह आभिजात्य भाषा थी, भाषा-संस्कारों से काफ़ी दूरस्थ एवं तटस्थ। स्नातकोत्तर अध्ययन के लिए दिल्ली विश्वविद्यालय में दाख़िला लिया तो यह हमारे रोज़मर्रा के जीवन में दाख़िल हुई। एक तो ग्राम्य परिवेश का संकोच और दूसरे आत्मविश्वास का अभाव। नतीजतन, अकादमिक सन्दर्भों में भी मेरे जुमले लड़खड़ाने लगते और अभिव्यक्ति पंगु हो जाती थी। अफ़सोस तथा आत्मक्षोभ की एक और परत ज़ेहन में बैठ जाती। इसी मनोदशा में विश्वविद्यालय के केन्द्रीय सन्दर्भ पुस्तकालय में 'Hindi : An Essential Grammar' दिख गयी। शीर्षक ने ही मुझे आमन्त्रित किया और मैं वहीं उलटने-पलटने लगा। प्रथम दृष्टि में ही मेरे अन्तर में इस पुस्तक ने आश्वस्ति जागरित की कि यही मेरे सभी मर्ज़ों की रामबाण दवा है।

अध्ययन-मनन के बाद इस पुस्तक की बारीक़ ख़ूबियों का भी पता चला। जैसे-यह भाषा वैज्ञानिक 'पैटर्न' पर लिखा गया इकलौता व्याकरण है, परम्परागत व्याकरण की लेखन-शैली से इसका स्थापत्य भिन्न है। इसकी लेखन-यात्रा अंगी से अंग की ओर नहीं, अंग से अंगी की ओर है, यानी अंश से सर्वांश की तरफ़। दूसरी बात यह कि आगमनात्मक पद्धति का सम्यक प्रयोग किया गया है। ग़रज़ कि उदाहरणों से नियमों की ओर की अन्वेषण पद्धति अपनायी गयी है। तीसरी बात यह कि इसका शिल्प चक्रानुक्रमिक है। इसका अध्ययन कहीं से भी सम्भव है। यथेष्ट की उपलब्धि में कोई असुविधा नहीं होती है।

इन्हीं विशेषताओं से अभिभूत होकर यह सदिच्छा मेरे अंतःकरण में उपजी कि क्यों न इसे आर्थिक दृष्टि से सुलभ बनाया जाय एवं हिन्दी के सामान्य पाठकों तथा जिज्ञासुओं को भी लाभान्वित होने का मौक़ा दिया जाय। इसी सदाशय से अनुप्रेरित होकर गुरुवर श्री रमाकांत अग्निहोत्री से इसके अनुवाद के लिए आशीर्वाद माँगा। कुछ सोचने के बाद उन्होंने 'हा' कर दी। कई कारणों से इसका अनुवाद कार्य बीच-बीच में बाधित होता रहा, पर पूर्णतया स्थगित कभी नहीं हुआ। इसके 'देर आयद' में मुझे शंका तो नहीं है, मगर 'दुरुस्त आयद' में संकोच ज़रूर है। इसका निर्णय तो पाठक ही करेंगे।

आरम्भ से ही औपचारिक प्रदर्शनों से परहेज रहा है। इसलिए आभार-ज्ञापन के मामले में थोड़ा संयम बरतने की आदत पुरानी है। सबसे पहले मैं अपने पूज्यपाद अग्निहोत्री जी के प्रति आस्तिकता व्यक्त करना चाहता हूँ जिन्होंने वत्सल भावों के वशीभूत हो कर इस व्याकरण के हिन्दी अनुवाद की अनुमति मुझे दी तथा आवश्यकतानुसार सलाह-मशविरा भी देते रहे। इस प्रसंग में अपनी प्रेयसी चारु (अब पत्नी) को धन्यवाद देना चाहूँगा जो इस अनुवाद के मुश्किल क्षणों में मानसिक खुराक देती रहीं। इस अवसर पर अपने माता-पिता को भूल पाना मेरे लिए सम्भव नहीं है। उनके प्रति श्रद्धा-निवेदन आत्मोपचार ही नहीं, न्यायोचित आचार भी है। कारण कि उन्होंने कठिन परिस्थितियों में भी लेखन के उपयुक्त घरेलू आबोहवा बनाये रखी। अंत में वाणी प्रकाशन के सम्मान्य अरुण माहेश्वरी जी के प्रति आभार व्यक्त करता हूँ जो धैयपूर्वक त्वरित कार्य सम्पादन के लिए सत्प्रेरित करते रहे।

यह पुस्तक हिन्दी भाषा के प्रचार-प्रसार में थोड़ी-सी भी योगदान कर सकी तो अपना परिश्रम सार्थक समझूँगा।

अनुशब्द

तेजपुर विश्वविद्यालय, आसाम.

संक्षेपाक्षर

आ.	-	आदरसूचक
अना.	-	अनादरसूचक
पु.	-	पुल्लिंग
स्त्री.	-	स्त्रीलिंग
ए.व.	-	एकवचन
ब.व.	-	बहुवचन
वि.	-	विशेषण
क्रि.वि.	-	क्रियाविशेषण
स्व.	-	स्वर
व्यं.	-	व्यंजन
I	-	उत्तम पुरुष
II	-	मध्यम पुरुष
III	-	अन्य पुरुष
श.नि.नी.	-	शब्द-निर्माण नीति
एच.डी.	-	ह्यूस्टिक डिवाइस (अन्वेषणात्मक उपकरण)
*	-	व्याकरण के नियम के विरुद्ध

इस पुस्तक की कुछ ख़ास बातें

'हिन्दीः एक मौलिक व्याकरण' आधुनिक हिन्दी भाषा के वाक्य, शब्द एवं ध्वनि संरचना की सरल शब्दों में व्याख्या करती है। इसको पढ़ने व समझने के लिए यह ज़रूरी नहीं कि पढ़ने वाले को पहले से ही हिन्दी व्याकरण या भाषा विज्ञान का ज्ञान हो। यह उलझा देने वाली कठिन पारिभाषिक शब्दावली का इस्तेमाल नहीं करती और अत्यन्त पठनीय भाषा में हिन्दी की संरचनाओं की जटिलता को सामने रखती है। यह पुस्तक वास्तव में उन सभी लोगों के लिए लाभदायक सिद्ध होगी जो हिन्दी के मौलिक व्याकरण को एक वैज्ञानिक दृष्टिकोण से समझना चाहते हैं।

यह पुस्तक स्वतन्त्र जिज्ञासुओं के साथ-साथ विद्यालयों, महाविद्यालयों, विश्वविद्यालयों के छात्रों एवं सुदूर शिक्षण-संस्थानों की कक्षाओं के लिए भी समान रूप से उपयोगी है। इसकी मूलभूत विशेषताएँ इस प्रकार हैं :

पूरी पुस्तक में हिन्दी व्याकरण की बारीकियों को समझने के लिए अन्य भाषाओं से भी तुलनात्मक उदाहरण लिये गये हैं।

पारिभाषिक शब्दों के अर्थ तथा सविस्तार विषय-सूची भी है।

उपखण्डों के अपेक्षित पारस्परिक संकेत तथा निर्देश भी हैं।

'परिशिष्ट' के अन्तर्गत व्याकरणिक प्रयोगों के लिए दिये गये प्रामाणिक उद्धरण अर्थ को विकसित करते हैं।

इसमें कोई सन्देह नहीं कि यह पुस्तक हिन्दी व्याकरण के औपचारिक एवं अनिवार्य शिक्षण में सहायक सिद्ध होगी। ख़ासकर साफ़-सुथरी हिन्दी लिखने तथा बोलने के लिए अनिवार्य पुस्तकों के रूप में स्वीकृत एवं शामिल होगी।

अनुंक्रम

भाग V हिन्दी के वाक्यों के सम्बन्ध में कुछ और

भाग VII ध्वनि और लिपि

हिन्दी और इसके वाक्य प्रकार

अध्याय- 1

हिन्दी : संक्षिप्त परिचय

इस अध्याय का उद्देश्य हिन्दी भाषा का संक्षिप्त परिचय देना है। यह अध्याय अपने पाठकों को हिन्दी के क्षेत्र-विस्तार, भारत और विश्व में हिन्दी के महत्व और 'हिन्दी' शब्द के अर्थ के बारे में बताता है। यह उनको हिन्दी की ध्वनियों एवं इसकी लेखन-पद्धति, हिन्दी शब्दकोश और वाक्य-स्वरूप एवं संरचना से भी परिचित कराता है।

1.1 हिन्दी का क्षेत्र विस्तार

निश्चय ही भारत में हिन्दी का दायरा काफ़ी फैला हुआ है। भारत के नक़्शे (पृ. 2) को देखते हैं तो उत्तर में हिमालय की लम्बाई और नेपाल, दक्षिण में महाराष्ट्र और आन्ध्रप्रदेश, दक्षिण-पूर्व में उड़ीसा तथा पूरब में पश्चिमी बंगाल, उत्तर-पश्चिम में पंजाब और गुजरात के लोगों द्वारा यह भली-भाँति, सुनी-समझी जाती है।

1.2 हिन्दी का दर्जा

हिन्दी दिल्ली, उत्तर प्रदेश, बिहार, राजस्थान, पंजाब, हरियाणा, हिमाचल और मध्य प्रदेश के वाशिंदों के व्यवहार की भाषा है। विश्व के विभिन्न भागों जैसे वेस्टइण्डीज, दक्षिण अफ़्रीका, केन्या, युनाइटेड अरब अमीरात, कनाडा, यमन, जाम्बिया, यू.के. और अमेरिका में यह भाषा प्रचलित है। फ़िल्मों, संगीत, समाचार-पत्रों एवं पत्रिकाओं, रेडियो, टेलीविजन कार्यक्रमों, विज्ञापनों, पर्यटन एवं सूचनात्मक साहित्य जैसे मास-मीडिया पर इसका बोलबाला है। उत्तरी भारत में सरकारी विद्यालयों में यह शिक्षा का माध्यम है। यह व्यापक रूप से प्रशासन, कानून और निम्न न्यायालयों में इस्तेमाल होती है।

बहरहाल, हिन्दी ब्रज, भोजपुरी, मैथिली, बुन्देली, मगही जैसी नज़दीकी भाषाओं के बोलनेवालों की ही सम्पर्क भाषा नहीं है, बल्कि यह प्रायः गुजराती, मराठी, बंगाली, नेपाली जैसी दूर की भाषाओं के बोलने वालों की भी सम्पर्क भाषा है। यह भौगोलिक दृष्टि से पंजाब एवं हरियाणा जैसे समतल प्रदेशों की ही नहीं बल्कि हिमाचल और

गढ़वाल जैसे पहाड़ी प्रदेशों की भी सम्पर्क भाषा है। मगर इस फैलाव के बावजूद यह कहना ठीक नहीं होगा कि हिन्दी पूरे देश की सम्पर्क भाषा है। भारत के दक्षिणी एवं उत्तरी-पूर्वी वृहत्तर भूभागों में यह बिलकुल ही नहीं बोली या समझी जाती है। इसके साथ ही यह भी ग़ौरतलब है कि इतनी व्यापक और जीवन्त उपस्थिति के बावजूद इसने अभी तक वह सत्ता और महत्ता नहीं हासिल की जिसके बल पर अंग्रेजी की समकक्षता में इसे प्रतिष्ठित किया जा सके। दरअसल, व्यक्तियों एवं समूहों की बहुभाषिकता ही इस देश की चारित्रिक विशेषता है। भारत स्वयं कई भाषाओं में बात-चीत करता है और उनके प्रयोग के दौरान ही उन भाषाओं को फिर से बनाता भी है।

इसे कहने की ज़रूरत नहीं कि हिन्दी स्थानीय, क्षेत्रीय, राष्ट्रीय और अन्तर्राष्ट्रीय स्तर पर काफ़ी महत्वपूर्ण भाषा है। इन सभी स्तरों पर तथा सभी सन्दर्भों में इसने समृद्ध साहित्यिक एवं सांस्कृतिक परम्पराओं को स्थापित किया है और लम्बे अर्से से इसे बचाया भी है।

1.3 'हिन्दी' का अर्थ क्या है?

हिन्दी भारत के अधिकांश लोगों की भाषा है ख़ासकर इस अर्थ में उपर्युक्त क्षेत्रों में बोली जानेवाली भाषाओं के लिए यह एक छतरी के समान है। यह दोनों ही स्थितियों में भाषा-सातत्य क़ायम रखती है। नज़दीक की विविधता जहाँ उच्चस्तरीय आपसी समझ की सृष्टि करती है, तो दूर की विविधता आपसी दुर्बोधता की भी। यह बात सिर्फ़ हिन्दी के प्रमुख प्रकारों तत्सम प्रधान हिन्दी, हिन्दुस्तानी, दक्खिनी तथा उर्दू के साथ ही नहीं लागू होती है, बल्कि अवधी (उत्तर प्रदेश के अवध क्षेत्र में बोली जानेवाली) भोजपुरी, मगही, वज्जिका, मैथिली (बिहार के विभिन्न भागों में बोली जानेवाली), बुन्देली (उत्तर प्रदेश और मध्य प्रदेश के क्षेत्रों में बोली जानेवाली और ब्रज (उत्तर प्रदेश के मथुरा एवं वृन्दावन के आस-पास के क्षेत्रों में बोली जानेवाली) भाषाओं पर भी लागू होती है। इन भाषाओं के पास अपनी समृद्ध साहित्यिक परम्पराएँ भी हैं। उन परम्पराओं को यह अपनी नींव भी बताती है। अजीबोग़रीब बात यह है कि हिन्दी के पाठ्यक्रमों में ब्रज, अवधी तथा मानक हिन्दी के प्रायः असंगत संकलन प्रस्तुत किये जाते हैं। वह भी हिन्दी साहित्य के अन्तर्गत।

यह आमतौर पर माना जाता है कि हिन्दुस्तानी (आम बोलचाल की हिन्दी, रेखता, हिन्दवी आदि) संस्कृत और अन्य इण्डो आर्यन (Indo-Aryan) भाषाओं गुजराती, मराठी, बंगाली, पंजाबी, नेपाली इत्यादि से काफ़ी जुड़ी है। इसका उद्गम-स्थल शायद सैनिकों के कैम्प रहे हैं। 'रेखता' का शाब्दिक अर्थ ही 'आर्मी कैम्प' होता है जहाँ विभिन्न पृष्ठभूमियों के सैनिकों के बीच बात-चीत को सम्भव बनाने के लिए साझी भाषा के आविष्कार के लिए विवश होना पड़ता है। यह एक ऐसा शब्द है जो

Map showing the Hindi-speaking regions (shaded) of India

Note: Hindi is widely used and/or understood in the areas shaded in the map, though each one of these states is multilingual. Colloquial Hindi is used/understood in varying degrees in the non-shaded states of Punjab, Gujarat, Maharashtra, Andhra Pradesh, Karnataka, Orissa, West Bengal and Manipur among others.

खड़ी बोली के प्रारम्भिक रूप को जानने के लिए किया जाता है। खड़ी बोली का शाब्दिक अर्थ खड़ी या अच्छी भाषा होता है। यह शब्द समकालीन मानक हिन्दी का सूचक है। आश्चर्य की बात यह है कि उत्तरी भारत के गली-कूचे की हिन्दी पर संस्कृत ही नहीं, बल्कि फ़ारसी, तुर्की, अंग्रेजी और पुर्तगाली का भी गहरा प्रभाव मिलता है। 19वीं शती के बीच में हिन्दुस्तानी जाति और धर्म से परे हो कर लगभग पूरे हिन्दुस्तान की साहित्यिक एवं सांस्कृतिक तथा राष्ट्रीय गतिविधियों की सशक्त भाषा बन गयी थी। यद्यपि हिन्दी के उत्साही विद्वानों ने हिन्दी के प्रारम्भ को दसवीं शताब्दी के आस-पास मानने में दिलचस्पी दिखायी है जबकि उन दिनों अपभ्रंश, अवहट्ठ, सधुक्कड़ी तथा ब्रज का विभिन्न कालों में बोलबाला था। यहाँ तक कि हिन्दी जब गद्य की भाषा के रूप में स्थापित हो गयी थी तो काव्य की भाषा पर ब्रज का बोलबाला था।

1.4 हिन्दी की ध्वनियाँ और लेखन-पद्धति

हिन्दी में कुल 46 ध्वनियाँ हैं, जिनमें 10 स्वर और 36 व्यंजन हैं। किसी के सामाजिक और भाषाशास्त्रीय सन्दर्भ में ये संख्याएँ 46 से 47 या 52 तक हो जाती हैं। इस पुस्तक के भाग 8 में इनकी प्रकृति, अभिव्यक्ति की तहज़ीब तथा वर्णलेखन के निरूपण के बारे में तफ़सील से चर्चा की जायेगी। हिन्दी देवनागरी (प्रायः नागरी नाम से जानी जाती है) लिपि में लिखी जाती है। देवनागरी संस्कृत, मराठी और नेपाली भाषाओं की भी लिपि है। अनेक अलिखित भाषाओं ने देवनागरी या रोमन लिपि को लेखन के लिए अपना लिया है।

प्रायः कहा जाता है कि देवनागरी लेखन पद्धति सर्वाधिक ध्वन्यात्मक लिपि है क्योंकि जैसी यह बोली जाती है, ठीक वैसी ही लिखी भी जाती है, लेकिन यह बात पूरी तरह से सच नहीं है। इस अधूरे सच की चर्चा आगे की जायेगी। यह कह देना भी ज़रूरी है कि देवनागरी लेखन-पद्धति को सीखना बहुत आसान भी नहीं है। यह बहुत कठिन और जटिल है। गोया रोमन लिपि में लेखन और उच्चारण की अनियमितताएँ मिलती हैं फिर भी इसका लेखन रैखिक है, बायें से दायें। अगर ऊपर और नीचे लिखे जानेवाले अक्षरों को छोड़ दिया जाये तो इनमें किसी तरह के जोड़-घटाव की ज़रूरत महसूस नहीं होती, ख़ासकर अंग्रेजी की वर्णमाला में। लेकिन नागरी लिपि में लेखन और उच्चारण की नियमितताओं के बावजूद वर्णों की शक्लों में विविधता पायी जाती है, इसीलिए नागरी लेखन-पद्धति को बहुआयामी बताया जाता है जबकि रोमन लिपि को एकआयामी कहा जाता है। कोई भी हिन्दी व्यंजन सिद्धान्ततः चारों दिशाओं में घटते-बढ़ते हैं। अधिकांश स्थितियों में तो इस तरह कीं घटती-बढ़ती लगातार होती है। उदाहरण के लिए 'क' व्यंजन को देखें जो अंग्रेजी के 'king' में बोला जाता है और हिन्दी में 'केला' शब्द में। अंग्रेजी में सिर्फ़ इसकी दो ही शक्लें हैं : 'K' और 'k'। इनमें से पहला अधिकांश वाक्यों के शुरू में इस्तेमाल होता है, लेकिन हिन्दी में इसके

निम्नलिखित रूप हो जाते हैं : क (k), क् (k), क (ka), का (kaa), कि (ki), की (kii), कु (ku), कू (kuu), के (ke), कै (kai), को (ko) और कौ (kau)। सन् 1966 से ही भारत सरकार ने देवनागरी लिपि के मानकीकरण के लिए लगातार प्रयास किये लेकिन लेखन में काफ़ी विविधता मिलती है। भाग 7 में इन प्रश्नों पर कुछ विस्तार से विचार किया जायेगा। लिप्यन्तरण के लिए इस्तेमाल किये गये चिह्नों एवं संक्षेपाक्षरों का संक्षिप्त परिचय प्राक्कथन के ठीक बाद दिया गया है।

1.5 हिन्दी वाक्य

अगर हम साधारण वाक्यों पर ध्यान देते हैं जिनमें कर्त्ता, कर्म और क्रिया की मौजूदगी रहती है तो ऐसे वाक्यों को संरचना के आधार पर दो बड़े वर्गों में बाँटा जाता है। पहले वर्ग के वाक्य में 'कर्म और क्रिया' तथा दूसरे वर्ग के वाक्य में 'क्रिया और कर्म' का अनुक्रम पाया जाता है। यहाँ अंग्रेजी के साधारण वाक्य की संरचना पर विचार करें :

Mohan ate an apple.

इस वाक्य में वाक्य का पैटर्न 'क्रिया और कर्म' का है। इसमें 'an apple' कर्म 'ate' क्रिया के बाद में आता है। इस प्रकार अंग्रेजी एक ऐसी भाषा है जिसमें क्रिया मध्यवर्ती होती है। यानी वाक्य के बीच में रहती है। अब इसी वाक्य के हिन्दी भाषा के पैटर्न पर विचार करें :

मोहन ने सेब खाया।

इस वाक्य में क्रिया कर्म के बाद में आती है। यानी हिन्दी ऐसी भाषा है जिसमें वाक्य का अन्त क्रिया से होता है। अंग्रेजी में क्रम SVO (Subject-Verb-Object) है व हिन्दी में SOV।

हाँ, अंग्रेजी के वाक्यों में भी क्रिया अन्त में आती है जब उस वाक्य में कर्म ग़ायब रहता है। जैसे :

Mohan slept.

The queen suddenly died.

वाक्य में कर्त्ता की विशिष्ट स्थिति होती है क्योंकि हिन्दी और अंग्रेजी दोनों ही भाषाओं में वह वाक्य के शुरू में ही आता है। मध्यवर्ती (verb-medial) और अन्तर्वर्ती क्रियाओंवाली भाषाओं की कई मनोरम वाक्यात्मक विशेषताएँ दिखायी देती हैं। जैसे : अंग्रेजी में परसर्ग कर्म से पहले आते हैं : on the table यह 'on' table के पहले इस्तेमाल हुआ है जबकि हिन्दी में लिखा जाता है 'मेज़ पर' यहाँ 'पर' मेज़ के बाद में आया है। आगे के अध्यायों में हम हिन्दी के वाक्यों की संरचना पर बात करेंगे।

1.6 हिन्दी शब्दावली

अतीत में हिन्दी ने अनेक माध्यमों से शब्दों को लिया है, लेकिन आज संस्कृत ही वह विशिष्ट स्रोत है जिससे हिन्दी की शब्दावली समृद्ध होती है या नये शब्दों का निर्माण किया जाता है। लेकिन व्यवहार में ऐसा कोई नियम नहीं मिलता है जिसकी वजह से कोई शब्द हिन्दी का अपना बन जाता है। इसलिए हिन्दी के शब्दकोश में असंख्य शब्दों के अनेक पर्यायवाची शब्द मिल जाते हैं। उदाहरण के लिए अंग्रेजी के 'garden' शब्द के लिए हिन्दी में कई शब्द मिल जाते हैं : 'बाग़', 'बग़ीचा', 'उपवन', 'वाटिका' इत्यादि। हिन्दी शब्दकोश में पर्यायों के अनावश्यक यौगिकों की भी भरमार है। जैसे : 'धन-दौलत', 'शादी-विवाह', 'धर्म-ईमान' इत्यादि। इन यौगिकों के दोनों समानार्थक शब्द अलग-अलग भाषाओं से लिये गये हैं। ऐसे यौगिक व्यावहारिक तौर पर वाक़ई एकल शब्द माने जाते हैं (अध्याय 16 देखें)। ये सभी विशेषताएँ हिन्दी की आत्मसाती प्रकृति और उसकी समृद्ध विरासत को बताती हैं। यक़ीनन ये उसके विकास के सक्रिय कारक हैं।

हिन्दी ने विभिन्न भाषाओं के शब्दों को इस क़दर अपना लिया है कि वे उसके अपने से लगते हैं। जैसेः 'चपरासी', 'दरवाज़ा', 'बेकार', 'लेकिन', 'बीमार', 'सिपाही', 'दीवार' आदि फ़ारसी के शब्द हैं। इसी प्रकार 'किताब', 'क़लम', 'कागज़', 'वकील', 'अदालत', 'फ़ौज' आदि अरबी के शब्द हैं। 'चाकू', 'कुर्त्ता', 'तोप', 'कुली' आदि तुर्की के शब्द हैं। 'कार', 'बस', 'फ़ीस', 'टेलीफ़ोन' जैसे सैकड़ों अंग्रेजी के शब्दों को इसने अपना लिया है। 'बाल्टी', 'बोतल', 'पादरी', 'कमरा', 'अलमारी' इत्यादि पुर्तगाली के शब्द हैं। ये सभी शब्द हिन्दी में घुल-मिल गये हैं, विदेशज होते हुए भी।

आज मानकीकरण की प्रक्रिया ने इन सभी शब्दों को ग्रहण तो कर लिया है, पर एक नियम-सा बन गया है कि भविष्य में मुख्यतः संस्कृत के ही शब्दों को ग्रहण किया जाना चाहिए और अंशतः ही दूसरी भाषाओं के शब्दों को। सम्भवतः यह शुद्धतावाद का दुराग्रह है। यही नहीं, यह भी आग्रह (या दुराग्रह) है कि हिन्दी में जितने भी फ़ारसी, तुर्की, अरबी और पुर्तगाली के शब्द हैं उनको हटा दिया जाय और उनकी जगह पर संस्कृत के शब्दों को लिया जाय। सिर्फ़ उन्हीं शब्दों को न हटाया जाय जो हमारी दैनिक चर्या के अभिन्न अंग बन गये हों। ऐसे शब्दों का ज़िक्र ऊपर किया जा चुका है। इसी प्रकार का सख़्त नज़रिया उर्दू के मामले में भी देखने को मिलता है। उर्दू भाषी भी बोल-चाल के हिन्दुस्तानी शब्दों का इस्तेमाल करना पसन्द नहीं करते हैं और वे वैसे नये शब्दों से परहेज करते हैं जिनकी पैदाइश संस्कृत से हुई है। (उनकी जगह अंग्रेजी के शब्द उन्हें प्रीतिकर लगते हैं।) जो भाषाएँ कभी एक थीं, आज दो लिपियों में लिखी जाने की वजह से दो भिन्न भाषाएँ लगती हैं। तत्सम शब्दावली तथा

अरबी-फ़ारसी के अप्रचलित शब्दों के प्रयोग से यक़ीकन ये आपसी दुर्बोधता की शिकार हो गयी हैं।

1.7 निष्कर्ष

इस अध्याय में हिन्दी के मायने को स्पष्ट करने की हमने कोशिश की है। हिन्दी विभिन्न 10 रूपों में देश में ही नहीं विश्व के विभिन्न भागों में बोली जाती है। यह अंग्रेजी की तरह भारत की राजकीय (राष्ट्रीय नहीं) भाषा है और देश के विभिन्न राज्यों में काम-काज की भाषा है। इसके अलावा हिन्दी की ध्वनियों, वाक्य-संरचनाओं, शब्दावलियों का उल्लेख किया गया है। हिन्दी की देवनागरी लिपि का भी संक्षिप्त परिचय दिया गया है।

अध्याय- 2

हिन्दी वाक्य - संरचना

साधारण वाक्यों में कर्त्ता और विधेय होते हैं। विधेय में क्रिया होती है और वैकल्पिक रूप से कर्म भी मौजूद रहता है। इस अध्याय में हम हिन्दी वाक्यों के कर्त्ता, कर्म और क्रिया जैसे बुनियादी घटकों का उल्लेख करेंगे। साथ ही, वाक्य के विभिन्न घटकों के आपसी अनुबन्धों की प्रकृति तथा संज्ञा, क्रिया, क्रिया-विशेषण और परसर्गात्मक पदबन्धों एवं उनकी विशेषताओं की भी चर्चा करेंगे। इसी अध्याय में विधानवाचक (सकारात्मक और नकारात्मक), प्रश्नात्मक, आदेशात्मक एवं विस्मयात्मक वाक्यों का भी विवेचन होगा।

2.1 शब्द-क्रम

अध्याय-1 के 1.4 परिच्छेद में मैंने हिन्दी वाक्य का संक्षेप में उल्लेख किया है। सामान्यतः अंग्रेजी कर्त्ता-क्रिया-कर्म अनुक्रमवाली भाषा है। ये दोनों कर्त्ता-क्रिया का अनुक्रम कर्म की अनुपस्थिति में हासिल कर लेती हैं। लेकिन हिन्दी कर्त्ता-कर्म, क्रिया अनुक्रम की भाषा है। अंग्रेजी वाक्य 'Ram eats an apple' में कर्त्ता पहले, क्रिया बीच में और कर्म अन्त में मौजूद है। इसी तरह के हिन्दी वाक्य पर विचार करें :

1. राम सेब खाता है।

इस वाक्य में अंग्रेजी के समान ही कर्त्ता पहले स्थान पर ही आया है पर क्रिया और कर्म का स्थान बदल गया है। क्रिया और कर्म की बजाय कर्म और क्रिया का अनुक्रम बना है। यानी कर्म 'सेब' बीच में आ गया है और क्रिया 'खाता है' अन्त में।

अधिकांश भाषाओं की तरह ही हिन्दी वाक्यों की संरचना भी साधारण कथन, प्रश्न, नकारने, विस्मय या आदेश के प्रति संवेदनशील है। यह पुरुष, वचन, लिंग, कारक, पक्ष, काल और क्रिया-भाव के बदलाव के प्रति भी संवेदनशील है। चूँकि प्रश्नों तथा नकारों से छोटे-छोटे ही बदलाव होते हैं, इसलिए पहले हम सरल वाक्य की चर्चा करेंगे।

2.2 कर्त्ता-क्रिया अनुबन्ध

यद्यपि इस विषय पर अध्याय 10 और 11 में पुनः बात करेंगे तथा इस पुस्तक

के भाग 5 और 6 के अनेक अध्यायों में भी बातें होंगी। यहाँ हम सबसे पहले हिन्दी अनुबन्धों के सर्वाधिक महत्वपूर्ण पक्षों का उल्लेख करेंगे जो हिन्दी के साधारण वाक्यों में कर्त्ता और क्रिया के बीच मिलते हैं। सामान्य नियम यह है कि जब संज्ञा-पद के साथ कोई परसर्ग मौजूद न हो तो क्रिया संज्ञा-पद का अनुकरण करती है। जब तक कि कर्त्ता के बाद 'ने' परसर्ग न हो क्रिया कर्त्ता के ही लिंग, वचन और पुरुष के अनुसार होती है। नीचे के उदाहरणों से इसे स्पष्ट किया जा सकता है :

2. सीता रोज़ नहाती है।
3. लड़कियाँ मैदान में खेल रही हैं।
4. मैं किताब पढ़ रहा हूँ।
5. आप बहुत तेज़ चलती हैं।
6. तुम रोज़ मुझे परेशान करते हो।
7. राम ने रोटी खायी।

1 से 6 वाक्यों से स्पष्ट है कि क्रिया में बदलाव कर्त्ता के पुरुष, वचन और लिंग में बदलाव के चलते होता है, जैसाकि वाक्य संख्या 1 में कर्त्ता अन्य पुरुष, एकवचन पुल्लिंग है उसके अनुसार ही क्रिया में 'ता' का प्रयोग हुआ है जबकि 2 में कर्त्ता अन्य पुरुष, एकवचन व स्त्रीलिंग है तो उसके अनुसार क्रिया में 'ती' दिखायी देता है। वाक्य संख्या 3 में कर्त्ता अन्य पुरुष, बहुवचन व स्त्रीलिंग है तो क्रिया अवस्थासूचक 'रही हैं' के साथ मौजूद है। 'रही हैं' में क्रिया-पद 'रही' इस बात का सूचक है कि कर्त्ता स्त्रीलिंग है (अगर कर्त्ता पुल्लिंग होता तो क्रिया पद 'रहे' हो सकता था) और सहायक क्रिया 'हैं' (काल सूचक) यह दिखाती है कि कर्त्ता बहुवचन है। अन्य वाक्यों में यह भी बताता है कि घटना वर्तमान काल की है। वाक्य 4 में कर्त्ता प्रथम, पुरुष व एकवचन है।

इसलिए क्रिया-पद 'रहा हूँ' का प्रयोग हुआ है। यहाँ 'रहा हूँ' से ही मालूम होता है कि कर्त्ता पुल्लिंग है, क्योंकि हिन्दी में 'मैं' स्त्रीलिंग और पुल्लिंग दोनों के लिए इस्तेमाल होता है। वाक्य संख्या 5 और 6 में मध्यम पुरुष के सर्वनाम का प्रयोग हुआ है। आगे हम देखेंगे कि विनम्रता के पदानुक्रम से हिन्दी में मध्यम पुरुष के लिए तीन शब्द होते हैं। सर्वाधिक विनम्रता-प्रदर्शन के लिए 'आप' शब्द का, सामान्य विनम्रता-प्रदर्शन के लिए 'तुम' शब्द का तथा 'तू' शब्द का प्रयोग अविनम्रता-प्रदर्शन के लिए होता है। यह विनम्रता-पदानुक्रम क्रियाओं में भी दिखायी देता है (जिसकी चर्चा हम विस्तार से अध्याय - 18 में करेंगे)। वाक्य संख्या 6 में 'तुम' के साथ 'ते हो' का प्रयोग हुआ है। वाक्य संख्या 5 में 'आप' मध्यम पुरुष और एकवचन सम्मानसूचक शब्द है। फिर यहाँ क्रिया से ही पता चलता है कि 'आप' किसी औरत का प्रतिनिधित्व करता है क्योंकि 'ती हैं' स्त्रीलिंग के लिए इस्तेमाल होता है (अगर कर्त्ता पुल्लिंग होता तो 'ती हैं' की जगह 'ते हैं' का प्रयोग होता)। इन सभी वाक्यों में सहायक क्रिया 'होना' के

रूप से पता चलता है कि सभी वर्तमान काल के वाक्य हैं। वाक्य संख्या 7 में कर्त्ता के बाद उसका परसर्ग 'ने' आया है, इसलिए कर्त्ता के साथ क्रिया का सम्बन्ध टूट गया। अब उसका सम्बन्ध कर्म से हो गया। कर्म 'रोटी' है जो स्त्रीलिंग संज्ञा है, इसलिए क्रिया 'रोटी' के लिंग और वचन के अनुसार बदली है।

आगे के अध्यायों में अनुबन्धों के व्याकरण पर विस्तारपूर्वक चर्चा करेंगे। कर्त्ता जब परसर्गरहित होता है तभी उसका क्रिया से अनुबन्ध रहता है, अन्यथा खण्डित हो जाता है (2.3.2 अनुच्छेद भी देखें)। क्रिया से कर्त्ता की कुछ विशेषताओं की जानकारी मिलती है। क्रिया से ही पता चलता है कि कार्य किस अवस्था में है। वाक्य संख्या 3, 5 और 6 की मुख्य क्रिया में 'ता' जैसे सूचक से कार्य के पक्ष यानी अपूर्णता का पता चलता है। वाक्य संख्या 3 और 4 में आये 'रहा' रूपों से स्पष्ट होता है कि कार्य जारी है, प्रगति पर है। कार्य के पक्ष यानी ये दोनों कर्त्ता के लिंग की भी सूचना देते हैं।

2.3 घटकों का रैखिक अनुक्रम

2.3.1 विशेषण और संज्ञा

अनेक कारणों से हिन्दी वाक्यों के शब्दों एवं पदों के रैखिक क्रमों की जानकारी महत्वपूर्ण है, जबकि प्रायः इनके क्रमों में पर्याप्त परिवर्तनशीलता पायी जाती है। विशेषण, सम्बन्धवाचक सर्वनाम एवं संख्यासूचक ये सभी मुख्य-संज्ञा पद से पहले आते हैं। मगर इनकी तुलना अंग्रेजी के आर्टिकल a, an और the से नहीं हो सकती। हिन्दी में विशेषण संज्ञा-पदों के अनुसार बदलते हैं और कई बार अपरिवर्तनशील भी रहते हैं। उदाहरण संख्या 8 में संज्ञा पुल्लिंग है और 9 में स्त्रीलिंग, फिर भी उनके विशेषण 'लाल' के रूप में कोई बदलाव नहीं आता। संज्ञा के लिंग और वचन के अनुसार विशेषण उदाहरण संख्या 10 से लेकर 12 तक में अपना रूप बदल लेते हैं :

8. लाल कपड़ा
9. लाल साड़ी
10. लम्बा लड़का
11. लम्बे लड़के
12. लम्बी लड़कियाँ
13. मेरा घर
14. मेरी किताब
15. दस लम्बी लड़कियाँ

8 से 15 तक के उपर्युक्त उदाहरणों से स्पष्ट है कि विशेषण, सम्बन्धवाचक सर्वनाम और संख्या सूचक संज्ञा-पदों से पहले लिखे जाते हैं। यदि संख्यासूचक और विशेषण दोनों ही एक साथ आते हैं तो सामान्यतः संख्यासूचक विशेषण से पहले

आता है। संज्ञा-पद की सामान्य संरचना संख्या या मात्रासूचक + विशेषण + संज्ञा के क्रम में होती है जैसाकि 15 वें उदाहरण में दिखाया गया है। मगर संज्ञा की विशेषता को बतानेवाले विशेषण एक से हमेशा ज़्यादा होने चाहिए। 'लाल' अपरिवर्तनशील वर्ग का विशेषण है; संज्ञा पुल्लिंग हो या स्त्रीलिंग, एकवचन हो या बहुवचन दोनों स्थितियों में इसमें बदलाव नहीं आता। लेकिन इसके विपरीत 'लम्बा' परिवर्तनशील विशेषण है। यह संज्ञा के लिंग, वचन के अनुसार अपनी शक्ल बदलता रहता है। चाहे संज्ञा एकवचन या बहुवचन स्त्रीलिंग हो दोनों ही स्थितियों में स्त्रीलिंग रूप विशेषण 'लम्बी' होगा। पुल्लिंग और बहुवचन की स्थिति में 'लम्बे' होगा जैसाकि उदाहरण 11 में दिखाया गया है। संज्ञा एकवचन हो तो विशेषण भी एकवचन के अनुसार यानी लम्बा' होता है जैसाकि उदाहरण 10 में हम देख रहे हैं। सम्बन्धवाचक सर्वनाम भी विशेषण की तरह ही व्यवहार करते हैं। जैसे : मेरा घर, इसमें घर पुल्लिंग एकवचन है। इसमें 'मेरा' का प्रयोग हुआ है (उदाहरण 13) मगर किताब स्त्रीलिंग है, इसलिए उदाहरण 14 में 'मेरी' सम्बन्धवाचक सर्वनाम का प्रयोग हुआ है।

2.3.2 संज्ञाएँ, परसर्ग तथा अनुबन्ध

रैखिक क्रम की दूसरी महत्वपूर्ण विशेषता अनुबन्ध से जुड़ी है। अगर कर्त्ता संज्ञा-पद के साथ परसर्ग का प्रयोग हो तो क्रिया अगली संज्ञा के अनुसार होती है बशर्ते कि उसके साथ परसर्ग न हो। निम्नलिखित वाक्यों में

16. मोहन ने केले खाये।

17. मोहन ने चीनी खायी।

मोहन कर्त्ता संज्ञा के साथ उसका परसर्ग 'ने' है और दूसरी (संज्ञा) कर्म 'केले' परसर्ग रहित है। इसलिए क्रिया कर्म के लिंग, वचन के अनुसार 'खाये' इस्तेमाल हुई है। उदाहरण 17 में 'चीनी' स्त्रीलिंग, एकवचन है, इसलिए क्रिया 'खायी' का प्रयोग है। दोनों ही उदाहरणों में संज्ञा कर्त्ता पद की स्थिति एक है। अगर किसी वाक्य के सभी संज्ञा-पदों के साथ परसर्ग मौजूद रहते हैं तो क्रिया इन अनुबन्धों का पालन नहीं करती। इसकी चर्चा यथास्थान की जायेगी। कुछ ऐसे भी विलक्षण कोशगत शेष होते हैं जो इन अनुबन्धों के सामान्य नियमों का उल्लंघन करते हैं, प्रसंगवश उनकी चर्चा आगे की जायेगी। यहाँ फिलहाल हम यह नोट कर सकते हैं कि क्रिया से पक्ष के पूरे होने का पता चलता है। 16 और 17 में खाने का काम पूरा हो चुका है।

2.3.3 शब्द-क्रम की लोचशीलता

अंग्रेजी के विपरीत हिन्दी में संज्ञा-पदों के साथ उनके परसर्ग आते हैं। इसलिए वे एक दूसरे से अलग पहचाने जाते हैं और शब्द-क्रम को बदला जा सकता है तथा वाक्य के आशय में कोई अन्तर भी नहीं आता मगर अंग्रेजी में स्थान बदलने से अर्थ

बदल जाता है। जैसे :

(क) Mohan hits Sita. (ख) Sita hits Mohan.

यहाँ संज्ञा-पदों के बदलाव से अर्थ बदल गया है। पहले वाक्य 'क' में सीता को चोट लगती है दूसरे वाक्य 'ख' में मोहन को है। मगर हिन्दी में ऐसा नहीं होता उदाहरण से यह बात और साफ़ हो जाती है :

18. मोहन ने सीता को मारा।

19. सीता को मोहन ने मारा।

उदाहरण 18-19 में परसर्गों सहित संज्ञा-पदों के क्रम बदल गये हैं पर दोनों ही उदाहरणों में वाक्य का आशय नहीं बदला है।

2.3.4 प्रत्यक्ष और परोक्ष कर्म

हिन्दी वाक्यों के घटकों के रैखिक अनुक्रम की दूसरी विशेषता प्रत्यक्ष और परोक्ष कर्मों के क्रम में दिखायी देती है। सामान्यतः परोक्ष कर्म प्रत्यक्ष कर्म के पहले आता है। उदाहरण 20 में :

20. सीता ने मोहन को किताब दी।

'किताब' प्रत्यक्ष कर्म है और 'मोहन' परोक्ष कर्म। यानी परोक्ष कर्म प्रत्यक्ष कर्म से पहले आया है। दरअसल अधिकांश कर्त्ता-कर्म-क्रिया अनुक्रम की भाषाओं की यह विशेषता है।

2.3.5 तुलनात्मक चिह्न का प्रयोग

हिन्दी में तुलनात्मक चिह्न तुलना के मानक के बाद इस्तेमाल होता है।

21. मोहन सोहन से लम्बा है।

इसमें सोहन तुलना का मानक है और 'से' तुलनात्मक चिह्न है। इसलिए 'से' मोहन के बाद आया है।

2.3.6 क्रिया-विशेषण

अगर आप दूसरे, तीसरे और पाँचवें वाक्य पर ध्यान देंगे तो आपको 'रोज़' (समय और आवृत्तिवाचक), 'मैदान में' (स्थानवाचक) और 'तेज़' (रीतिवाचक) क्रिया-विशेषणात्मक व्यंजक मिलेंगे। ग़ौरतलब है कि ये सभी क्रिया-विशेषण या तो संज्ञा के तुरन्त बाद में आये हैं नहीं तो क्रिया-पदों के ठीक पहले। हिन्दी वाक्य में क्रिया-विशेषणों के स्थान तय नहीं हैं, कारण कि क्रिया-विशेषणों का प्रयोग अपने आशय पर ज़ोर देने के लिए किया जाता है (9, 12 और 14 बाँ अध्याय देखें)। वे प्रायः प्रमुखता हासिल करने के लिए वाक्य के शुरू या अन्त में अपना डेरा डाल देते हैं। समय और स्थानवाचक क्रिया-विशेषण किसी भी भाषा में आरोही या अवरोही क्रम में ही आते हैं। आरोही क्रम का मतलब होता है 'छोटे से बड़े की ओर' और

अवरोही क्रम का अर्थ होता है 'बड़े भाग से छोटे भाग की तरफ़'। समयवाचक क्रिया-विशेषण स्थानवाचक क्रिया-विशेषण से पहले आते हैं लेकिन हिन्दी में उनका क्रम अवरोही होता है। वाक्य 22 को देखें :

22. वह रोज़ शाम चार बजे क्लब में होता है।

He is in the club at four in the evening every day.

हिन्दी और अंग्रेजी में क्रिया-विशेषणात्मक घटक एक-दूजे के बिम्ब-प्रतिबिम्ब हैं। अंग्रेजी में क्रिया-विशेषणों का क्रम आरोही होता है 'Four PM', 'evening' and 'day' । 'Four PM', 'evening' का और 'evening', 'day' का एक काल-खण्ड है। स्थानवाचक क्रिया-विशेषणों का भी यही अनुक्रम होता है। बड़े स्थानवाले पहले रखे जाते हैं और इसके बाद छोटे स्थानवाले क्रिया-विशेषण। जैसाकि पहले हम कह चुके हैं कि हिन्दी वाक्यों में क्रिया-विशेषणों का स्थान-निर्धारण काफ़ी लचीला होता है। अगर हम समयवाचक क्रिया-विशेषण पर ज़ोर देना चाहते हैं तो उसे हमें शुरू में ही रखना होगा। जैसे :

23. रोज़ शाम चार बजे वह क्लब में होता है।

He is in the club at four in the evening everyday.

2.4 वाक्यों के प्रकार

साधारण विधानवाचक वाक्य के बारे में पहले हमने बात की है। अब यहाँ दूसरे प्रकार के वाक्यों की चर्चा करेंगे जिनमें प्रत्येक का उल्लेख अगले अध्यायों में होगा। स्पष्ट शैक्षणिक कारणों से हमारी चर्चा संरचनागत होगी और सैद्धान्तिक भी; मगर मूलभूत उद्देश्य होगा विभिन्न प्रकार के वाक्यों के स्वरूप और संरचना को समझना। सामान्य आदेशात्मक वाक्यों का प्रयोग आदेश देने के लिए या निवेदन करने के लिए होता है। ऐसे वाक्यों में आदेश और निवेदन मध्यम पुरुष को ही सम्बोधित होते हैं और अकसर यह पुरुष क्रिया में ही शामिल होता है। जैसे :

24. जाओ।

25. जागो।

26. जाइए। (विनम्रता प्रदर्शन के लिए)

नकारात्मक वाक्यों में अक्सर 'नहीं', 'न' और 'मत' प्रत्ययों का प्रयोग होता है, पर ख़ास तौर से नकारात्मक प्रत्यय के रूप में 'नहीं' का ही प्रयोग किया जाता है। हम दूसरे, तीसरे और चौथे उदाहरणों के ही नकारात्मक वाक्यों पर विचार करें :

27. सीता रोज़ नहीं नहाती।

Sita does not bathe everyday.

28. लड़कियाँ मैदान में नहीं खेल रही हैं।

Girls are not playing in the garden.

29. मैं किताब नहीं पढ़ रहा हूँ।

I am not reading a book.

स्पष्ट है कि अंग्रेजी के नकारात्मक वाक्यों में 'not' सहायक क्रिया और मुख्य क्रिया के बीच में आता है जबकि हिन्दी में 'नहीं' समूचे क्रिया-पदों के पहले आता है।

अब हम प्रश्नात्मक वाक्यों की बात करेंगे (अध्याय 4 देखें)। अन्य भाषाओं की तरह ही प्रश्नात्मक वाक्य दो प्रकार के होते हैं। हाँ और नहीं उत्तरवाले प्रश्नात्मक वाक्य और दूसरा सूचनात्मक उत्तरवाले प्रश्नात्मक वाक्य। अंग्रेजी में हाँ और नहीं उत्तरवाले प्रश्नात्मक वाक्य मुख्य वाक्य-खण्ड की संज्ञा और सहायक क्रिया को उलट कर बनाये जाते हैं। जैसे :

Are you coming to office tomorrow?

यह You are coming to office tomorrow वाक्य से बना है। इसका उत्तर हाँ और नहीं में ही सम्भव है। मगर हिन्दी में हाँ तथा नहीं उत्तरवाले प्रश्नात्मक वाक्य, वाक्य के शुरू में 'क्या' जोड़ कर बनाये जाते हैं। जैसे :

30. क्या आप कल दफ़्तर जायेंगे?

Will you go to office tomorrow?

सूचनात्मक उत्तरवाले प्रश्नात्मक वाक्य 'ककार' शब्दों में से किसी एक को (जैसे अंग्रेजी में wh-words के द्वारा) जोड़ कर बनाये जाते हैं। जैसे : क्या 'what', कौन 'who', कहाँ 'where', कब 'when' इत्यादि। नीचे के वाक्य को देखें :

31. आप कल कब दफ़्तर जायेंगे?

When will you go to office tomorrow?

'कब' से पता चलता है कि यह प्रश्नात्मक वाक्य सूचनात्मक उत्तरवाला है। इस वाक्य में 'कब' अंग्रेजी की तरह वाक्य के शुरू में नहीं आया।

इस अध्याय में हमने हिन्दी वाक्यों की बिलकुल सामान्य विशेषताओं का उल्लेख किया है। आगे के अध्यायों में विस्तार से इन पर विचार करेंगे।

2.5 निष्कर्ष

हिन्दी वाक्यों में कर्त्ता और विधेय होते हैं। इस अध्याय में वाक्यों के विभिन्न प्रकारों, उनके शब्द-क्रमों और विभिन्न घटकों के अनुबन्ध पैटर्न का उल्लेख किया गया है। हमने यह भी नोट किया कि 'कर्त्ता-कर्म-क्रिया' अनुक्रम की भाषा होने के कारण कुछ संरचनागत विशेषताएँ हिन्दी में भी पायी जाती हैं।

अध्याय- 3

नकारात्मक वाक्य

सामान्यतः किसी भी सकारात्मक वाक्य को नकारात्मक बनाने के लिए तीन पद्धतियों का इस्तेमाल होता है। पहली पद्धति वाक्यात्मक कहलाती है। इसमें सुव्यक्त और स्वतन्त्र भाव से नकारात्मक शब्द 'नहीं' और अंग्रेजी में 'not' शब्द का इस्तेमाल होता है। दूसरी पद्धति रूपात्मक कही जाती है। इसमें धनात्मक शब्द के ही प्रतिरूपात्मक शब्द का इस्तेमाल होता है। जैसे : 'unkind', 'kind' शब्द का प्रतिरूप है। तीसरी पद्धति कोशगत है। कुछ ऐसे शब्द ही होते हैं जिनमें नकारात्मक भाव स्वभावतः मौजूद होते हैं। जैसे : हिन्दी में 'घटिया', अंग्रेजी में 'cheap' । पहले अंग्रेजी का एक वाक्य लें और देखें कि उसके कैसे तीन प्रकार से नकारात्मक वाक्य बनाये गये हैं। सकारात्मक वाक्य है : The story is true.

1. This story is not true. (वाक्यात्मक निषेध)
2. This story is untrue. (रूपात्मक निषेध)
3. This story is false. (कोशगत निषेध)

पहले वाक्य में हम देखते हैं कि निषेधसूचक 'not' का प्रयोग हुआ है। दूसरे वाक्य में 'true' की जगह 'untrue' शब्द का प्रयोग हुआ है। तीसरे वाक्य में रूपात्मक दृष्टि से भिन्न 'false' शब्द का प्रयोग हुआ है। सिद्धान्ततः ठीक ये ही तरीके हिन्दी में भी अपनाये जाते हैं। निषेधात्मक वाक्य बनाने के लिए एक वाक्य 'यह कहानी सत्य है' लें :

4. यह कहानी सत्य नहीं है।
5. यह कहानी असत्य है।
6. यह कहानी झूठी है।

चौथे वाक्य में 'नहीं' के द्वारा वाक्यात्मक निषेध है, पाँचवें वाक्य में रूपात्मक निषेध 'असत्य' तथा छठे वाक्य में कोशगत निषेध 'झूठी' शब्द का प्रयोग हुआ है।

3.1 निषेध

फिर भी निषेधात्मक वाक्य बनाने के लिए हिन्दी में निषेध की पहली प्रणाली का

ही सबसे ज़्यादा प्रयोग होता है। हिन्दी में ऐसे निषेधसूचक शब्द हैं : 'नहीं', 'न' और 'मत'। इन सबका अर्थ 'नहीं' ही होता है, लेकिन सभी सन्दर्भों में इन सबका प्रयोग आपसी बदलाव से नहीं किया जा सकता। अधिकांश प्रत्ययों की तरह ये भी अपरिवर्तनशील हैं। 'मत' और 'न' का प्रयोग अधिकांशतः आदेशात्मक वाक्यों में आदेश, अनुरोध, चेतावनी और सलाह देने के लिए होता है।

7. आप कृपया यहाँ पर शोर मत करें। (अनुरोध)
8. आप कृपया यहाँ शोर न करें। (अनुरोध)
9. मत बोलो। (आदेश)
10. तुम यहाँ मत बैठो। (सख़्त आदेश)
11. यहाँ आपको सिगरेट नहीं पीनी चाहिए। (सलाह)
12. बिजली के नंगे तार से बचिए। (चेतावनी)

व्यावहारिक तौर पर 'मत' शब्द का प्रयोग वैसे सन्दर्भों में होता है जिनमें तात्कालिकता का भाव शामिल होता है। 'मत' का इस्तेमाल वाक्य में तब किया जाता है जब बात-चीत करने वालों के बीच का दर्जा साफ़-साफ़ हो। केवल उम्र, ओहदा या दर्जा में बड़ा व्यक्ति ही अपने से छोटे व्यक्ति (उम्र, ओहदा या दर्जा में) के लिए 'मत' वाले वाक्य बोल सकता है। ऐसे वाक्यों में 'मत' शब्द का प्रयोग क्रिया के वर्तमानकालिक रूप में ही सम्भव होता है। जैसे :

13. देखो, तुम वहाँ मत जाना।

'मत' का स्थान-क्रम सामान्यतः शब्द से पहले या आगे निर्धारित है। जैसे :

14. मत बोलो।
15. बोलो मत।

14 और 15 दोनों ही वाक्यों का लगभग एक ही अर्थ है और पर 'न' के साथ यह बात नहीं है। 16 में यक़ीनन 17 के विपरीत अर्थ है। 16 में स्पष्ट है कि 'न' का महत्व संयुक्त प्रत्यय के समान है।

16. बोलो न।
17. न बोलो।

3.2 'नहीं' का प्रयोग

जैसाकि पहले हमने संकेत किया है कि 'नहीं' हिन्दी का सर्वाधिक प्रयुक्त होनेवाला नकारात्मक प्रत्यय है। सहज और सामान्य कथन तथा लेखन में क्रिया से जुड़ा होता है। जैसे :

18. अब मुझसे और दर्द सहा नहीं जाता।
19. वह कल स्कूल नहीं जायेगी।

20. मुझे अभी भूख नहीं लगी।
21. हम कल बाज़ार नहीं गये थे।

सूचनात्मक उत्तर चाहनेवाले प्रश्नात्मक वाक्यों में नकारात्मक प्रत्यय प्रश्नात्मक शब्द और क्रिया के बीच रखा जाता है।

22. आप जल्दी घर क्यों नहीं आते?
23. मैं तुम्हें देखने कहाँ-कहाँ नहीं गया?

अब वाक्य संख्या 24 पर विचार करें :

24. वह कब स्कूल नहीं जाता?

सन्दर्भ के अनुसार वाक्य संख्या 24 का निम्नलिखित दो में से एक ही अर्थ सम्भव है :

(क) किन-किन दिनों और कब वह स्कूल नहीं जाता?
(इससे अनुमान होता है कि प्रायः वह स्कूल नहीं जाता।)
(ख) वह हमेशा स्कूल जाता है।
(ऐसा अनुमान होता है कि ऐसा एक भी अवसर नहीं है जिस दिन स्कूल न गया हो।)

3.3 'न' का प्रयोग

अब हम 'न' के भावात्मक प्रयोग पर बात करें। हमने पहले देखा है कि इसमें विश्वास और अनुनय का भाव मौजूद रहता है। इस बारे में कुछ और उदाहरणों को देखें :

25. दे दो न।
26. वो जो दूर घर है न वो मेरा है।

उदाहरण सं. 16 की तरह ही उदाहरण संख्या 26 के 'न' में प्रश्नात्मक भाव निहित है। पर यह 'घर' के अस्तित्व को नकारता नहीं, बल्कि उसे सन्तुष्ट (पुख़्ता) करता है कि 'कुछ दूरी पर उस घर को तुम देख रहे हो'। 'न' के सटीक इस्तेमाल पर अधिकार किसी व्यक्ति की हिन्दी पर नियन्त्रण-क्षमता में वृद्धि करता है। 'न जाने' अत्यन्त सामान्य व्यंजक है। 27 में इस पर ध्यान दें :

27. न जाने क्या बात है, बच्ची रोती जा रही है।

'कभी-न-कभी', 'कहीं-न-कहीं,' 'कोई-न-कोई' ऐसे सामान्य व्यंजक हैं जिनमें 'न' का प्रयोग होता है। लेकिन इनमें नकारात्मक भाव ग़ायब रहता है। हिन्दी के प्रसिद्ध सदाबहार पार्श्वगायक मुहम्मद रफ़ी का प्रसिद्ध गीत है जिसे उन्होंने 'शराबी' फ़िल्म के लिए गाया है जो इस प्रकार है :

कभी-न-कभी
कहीं-न-कहीं
कोई-न-कोई तो आयेगा

अपना मुझे बनायेगा

इस उदाहरण से स्पष्ट है कि नकारात्मक प्रत्यय 'न' का 'नहीं' के अर्थ में प्रयोग नहीं है। इस गीत के अंग्रेजी अनुवाद से यह बात आईने की तरह साफ़ हो जाती है।

'Sometimes or the other
Somewhere or the other
Somebody or the other will come
Make me his own'

इसमें नकारात्मक प्रत्यय 'not' का इस्तेमाल अनुवाद करते समय नहीं हुआ है। गीत के अर्थ से ही ज़ाहिर होता है कि इसमें 'न' की उपस्थिति कितनी तर्कसंगत है।

3.4 निषेधध्रुवी शब्द

अब अन्त में हम निषेधध्रुवी शब्दों का परिचय प्राप्त करें। यह एक ऐसा शब्द-समूह या व्यंजक है जो नकारात्मक प्रत्ययों को आकर्षित करता है और सामान्य परिस्थितियों में बिना सुस्पष्ट नकारात्मक संकेतकों के इस्तेमाल नहीं होता। अंग्रेजी में, budge या red cent ऐसे ही शब्द हैं। सामान्यतः कोई यह नहीं कह सकता :

She budged an inch.

I have a red cent.

इनके बदले में उसे कहना पड़ेगा :

She did not budge an inch.

I don't have even a red cent.

इसी प्रकार हिन्दी में कई ऐसे शब्द और व्यंजक हैं जो नकारात्मक प्रत्ययों को आकर्षित करते हैं। उनमें से कुछ प्रमुख हैं 'हर्गिज़', 'क़तई,' 'फूटी कौड़ी', 'बाल बाँका करना' वग़ैरह। इनमें से कोई भी ऐसा शब्द नहीं है जो सामान्य स्थिति में बिना सुस्पष्ट नकारात्मक संकेतकों के प्रयुक्त होते हों। जैसे :

28. मुझे आपकी बात हर्गिज़ मन्जूर नहीं।
29. उसे यह किताब क़तई पसन्द नहीं।
30. मेरे पास तो एक फूटी कौड़ी भी नहीं।
31. तुम मेरा बाल भी बाँका नहीं कर सकते।

28 से लेकर 31 तक के उपर्युक्त शब्दों और व्यंजकों का नकारात्मक संकेतकों के अभाव में प्रयोग किया जायेगा तो वह न केवल अव्याकरणिक होगा बल्कि निरर्थक भी होगा - बिलकुल अर्थहीन।

3.5 निष्कर्ष

इस अध्याय में हमने संक्षेप में नकारात्मक प्रत्ययों तथा निषेधध्रुवी शब्दों के प्रयोग और संरचना की जाँच-पड़ताल की है। हिन्दी और अंग्रेजी दोनों में ही किसी बात या विचार को नकारने के तीन तरीक़े हैं : 1. वाक्यात्मक, 2. रूपात्मक और 3. कोशगत। वाक्य के स्तर पर हिन्दी में 'नहीं', 'न' और 'मत' नकारात्मक संकेतकों का प्रयोग होता है। इनमें से प्रत्येक का अलग-अलग विवेचन एवं विश्लेषण हुआ है। यह भी दर्ज किया गया है कि अनेक सन्दर्भों में प्रश्न-टैग प्रत्यय के रूप 'न' का इस्तेमाल होता है। अध्याय 8 में विस्तारपूर्वक रूपात्मक निषेध की चर्चा की जायेगी।

अध्याय- 4

प्रश्नात्मक वाक्य

किसी भी भाषा में सामान्यतः प्रश्नात्मक/प्रश्नवाचक वाक्य दो प्रकार के होते हैं : 'हाँ-ना' उत्तरवाले प्रश्नात्मक वाक्य और सूचना की अपेक्षा करनेवाले प्रश्नात्मक वाक्य। पहलेवाले प्रश्नात्मक वाक्य का उत्तर 'हाँ' होता है अथवा 'नहीं' यानी उसमें स्वीकृति या अस्वीकृति की ही सम्भावना रहती है। बाद वाले में हमेशा कुछ नयी सूचनाओं की उम्मीद रहती है। ऐसे वाक्य को सूचना चाहनेवाले प्रश्नात्मक वाक्य भी कहा जा सकता है। कुछ और प्रश्नात्मक वाक्य दो प्रकार के होते हैं : विकल्पात्मक उत्तरवाले प्रश्नात्मक वाक्य और अन्त्य प्रश्न। विकल्पात्मक उत्तरवाले प्रश्नात्मक वाक्य में दो या दो से अधिक विकल्प होते हैं जिनमें से किसी एक को चुनना होता है। अन्त्य प्रश्न में एक कथन रहता है और इसके अन्त में कथन पर सुननेवाले की अनुक्रिया के लिए कुछ जुड़ा रहता है।

4.1 'हाँ-ना' उत्तरवाले प्रश्नात्मक वाक्य :

अंग्रेजी में जब हम कहते हैं :

Are you coming with me ?

तो उत्तर होगा 'हाँ' अथवा 'नहीं', इससे अधिक जवाब की ज़रूरत नहीं महसूस होती। अंग्रेजी में सामान्य वाक्य के कर्त्ता और सहायक क्रिया की जगह बदलने से प्रश्नात्मक वाक्य बना दिया जाता है। इस प्रकार 'हाँ-ना' उत्तरवाले प्रश्नात्मक वाक्य को बनाने के लिए you की जगह पर are और are की जगह पर you को दर्ज कर देना होता है। जैसे वाक्य है : You are coming तो इसका प्रश्नात्मक वाक्य हो जाता है : Are you coming? यहाँ, पूर्णविराम की जगह प्रश्नवाचक चिह्न ले लेता है। जिन वाक्यों में सहायक क्रियाएँ नहीं होती हैं उसमें 'do' की मदद लेनी पड़ती है। (do सन्दर्भ के अनुसार does या did भी हो जाता है) जैसे, you go to school everyday वाक्य का प्रश्नात्मक वाक्य हो जाता है :

Do you go to school everyday ?

हिन्दी में प्रश्नात्मक वाक्यों के शुरू में 'क्या' ('हाँ- ना' उत्तरवाले प्रश्न-संकेतक) जोड़ा

जाता है (आगे शीघ्र ही संकेत किया जायेगा कि सूचना की अपेक्षा करनेवाले प्रश्नात्मक वाक्य में 'क्या' संकेतक प्रयोग होता है)। उदाहरण 1 और 2 पर विचार करें :

1. क्या आप मेरे साथ चल रहे हैं?

   Are you coming with me ?

2. क्या आप रोज़ स्कूल जाते हैं?

   Do you go to school everyday ?

दोनों ही प्रश्नात्मक वाक्यों का उत्तर या तो 'हाँ' होगा अथवा 'नहीं'। 'मत' किसी भी सूरत में नहीं हो सकता, यद्यपि जैसाकि अध्याय तीन में हमने देखा कि कुछ सन्दर्भों में 'न', 'नहीं' और 'मत' में आपसी परिवर्तन सम्भव था। अंग्रेजी की तरह हिन्दी में do जैसा कोई सहायक शब्द नहीं होता।

3. वह अभी बाज़ार गया।

   He just left for the market.

इस वाक्य का 'हाँ- ना' उत्तरवाला प्रश्नात्मक वाक्य बनेगा :

4. क्या वह अभी बाजार गया?

   Did he just leave for the market?

सामान्य बात-चीत में 'क्या' शब्द को नहीं बोला जाता है और अंग्रेजी की तरह केवल जोर से बोलने से ही प्रश्नात्मक वाक्य बनाया जाता है।

4.2 सूचना की अपेक्षा रखनेवाले प्रश्नात्मक वाक्य

जैसाकि अंग्रेजी में ऐसे प्रश्नात्मक वाक्य बनाने के लिए 'wh-word' का उपयोग किया जाता है, वैसे ही हिन्दी में 'क्-ध्वनि' का सहारा लिया जाता है। ऐसे शब्द हिन्दी में 'कौन', 'कहाँ', 'किसका', 'कब', 'क्यों', 'क्या', 'किधर' हैं। अंग्रेजी में ऐसे wh शब्द विधानवाचक वाक्य की संरचना में हस्तक्षेप करते हैं। ये शब्द वाक्य के शुरू में रखे जाते हैं और संज्ञा तथा क्रिया के स्थान में आपसी बदलाव कर दिया जाता है। अंग्रेजी का एक विधानवाचक वाक्य लें:

You are going to the hospital to see a doctor.

इस वाक्य में 'to see a doctor' उत्तर पाने के लिए यह प्रश्नात्मक वाक्य बनाना होगा :

Why are you going to the hospital ?

हिन्दी में जो सवाल का उत्तर होता है ठीक उसके स्थान पर सटीक शब्द रखने होते हैं। उदाहरण के नीचे लिखे वाक्यों पर विचार करें :

5. मोहन कल रात राम के साथ धीरे-धीरे सोहन के घर गया।

इसके प्रश्नात्मक वाक्य बनेंगे :

6. कौन कल रात राम के साथ धीरे-धीरे सोहन के घर गया?

   (उत्तर होगा : मोहन)

7. मोहन कब राम के साथ धीरे-धीरे सोहन के घर गया?
(उत्तर होगा : कल रात)
8. मोहन कल रात किसके साथ धीरे-धीरे सोहन के घर गया?
(उत्तर होगा : राम के साथ)
9. मोहन कल रात राम के साथ कैसे सोहन के घर गया?
(उत्तर होगा : धीरे-धीरे)
10. मोहन कल रात राम के साथ धीरे-धीरे कहाँ गया?
(उत्तर होगा : सोहन के घर)

इस प्रकार हम 'क् शब्द' ठीक उसी जगह पर रखते हैं जहाँ पर प्रश्नोत्तर रहता है। उपर्युक्त उदाहरणों में उत्तर 'मोहन' की जगह पर 'कौन', 'कल रात' की जगह पर 'कब', 'सोहन' की जगह पर 'किसके साथ', 'धीरे-धीरे' की जगह पर 'कैसे', 'सोहन के घर' की जगह पर 'कहाँ' आया था। इस प्रकार हिन्दी का यह सामान्य नियम अंग्रेजी के प्रश्नात्मक शब्दों के व्याकरण से अपनी विशिष्टता दर्ज करता है।

कहने की ज़रूरत नहीं कि अंग्रेजी की तुलना में हिन्दी में शब्दों का क्रम ज़्यादा लचीला है। बात-चीत में हिन्दी का प्रश्नात्मक शब्द यथासम्भव क्रिया के पास रहना चाहता है। इसलिए निम्नलिखित प्रकार के वाक्य सहज स्वीकृत हैं :

- कल रात राम के साथ धीरे-धीरे सोहन के घर कौन गया?
- मोहन राम के साथ धीरे-धीरे सोहन के घर कब गया?
- मोहन कल रात धीरे-धीरे सोहन के घर किसके साथ गया?
- मोहन कल रात राम के साथ सोहन के घर कैसे गया?
- मोहन कल रात राम के साथ धीरे-धीरे कहाँ गया?

चूँकि हिन्दी वाक्यों में शब्द-क्रम सहज ही लचीला है, इसलिए सूचना की तलाश में रहनेवाला प्रश्नात्मक शब्द मुख्य क्रिया से पहले वाक्य के किसी भी घटक के शुरू और अन्त में आता है। वाक्य 5 को निम्नलिखित पदों या घटकों में बाँटा जा सकता है :

- मोहन/कल रात/राम के साथ/धीरे-धीरे/सोहन के घर/गया।

अगर हम चाहें तो 'कौन' प्रश्नात्मक शब्द को किसी भी घटक के आगे-पीछे रख कर (क्रिया के बाद नहीं) अपना अभीष्ट उत्तर 'मोहन' प्राप्त कर सकते हैं और ये स्वीकार्य भी होंगे :

- कल रात/कौन/राम के साथ/धीरे-धीरे/सोहन के घर/गया?
- कल रात/राम के साथ/कौन/धीरे-धीरे/सोहन के घर/गया?
- कल रात/राम के साथ/धीरे-धीरे/कौन/सोहन के घर/गया?
- कल रात/राम के साथ/धीरे-धीरे/सोहन के घर/कौन/गया?

4.3 विकल्पात्मक उत्तरवाले प्रश्नात्मक वाक्य

जैसाकि हमने देखा है, हिन्दी में बात-चीत के दौरान प्रश्नात्मक शब्द प्रायः ग़ायब रहते हैं। विकल्पात्मक प्रश्नों में भी उनकी अनुपस्थिति आम बात है। उदाहरणार्थ, नीचे लिखे वाक्य में प्रश्न अपने श्रोता को चुनने का मौक़ा देता है कि घर पर खाया जाये या होटल में :

11. घर चलें या होटल में ही खा लें?
12. तुम कल रात जयपुर जाओगे या उदयपुर?

इन दोनों वाक्यों में प्रश्नात्मक शब्द नहीं हैं और दोनों ही अपने श्रोताओं के लिए विकल्प भी प्रस्तुत करते हैं। ध्यान देने की बात है कि वाक्य संख्या 12 के अन्त में विकल्प के बाद पूरा वाक्य-खंड 'तुम कल रात जाओगे' ग़ायब हो गया है। मगर यह समझने में किसी को कठिनाई नहीं होती कि चुनाव दो जगहों के बीच करना है। अंग्रेजी के विकल्पात्मक प्रश्नवाचक वाक्यों में भी प्रश्नात्मक शब्दों को प्रायः छोड़ दिया जाता है। जैसे, आरोही स्वरोच्चारण के साथ हम कह सकते हैं :

घर चलें या यहीं खा लें?

Shall we go home or eat here ?

4.4 अन्त्य प्रश्नात्मक वाक्य

अनुच्छेद 3.3 में जैसाकि संकेत किया गया है कि केवल नकारात्मक प्रत्यय 'न' (नहीं या 'मत' कदापि नहीं) अन्त्य प्रश्न के रूप में प्रायः आता है। इसका मक़सद सिर्फ़ पुष्टीकरण या पहले कही गयी बात की प्रतिक्रिया जानना होता है। उदाहरणार्थ :

13. वह कल बाज़ार गया था, है न?
14. यह सन्तरा अच्छा है न ?
15. तुम कल करनाल जाओगे न ?

जैसाकि हम जानते हैं, अंग्रेजी में अन्त्य प्रश्नात्मक वाक्यों का व्याकरण थोड़ा कठिन है। हिन्दी में सहजतापूर्वक 'है न' वाक्यांश का या 'न' का इस्तेमाल किया जाता है जैसाकि हम क्रमशः 13, 14 तथा 15 में देखते हैं। भारत के अधिकांश वक्ता अंग्रेज़ी के अन्त्य प्रश्नात्मक वाक्यों की मानक श्रेणी को ही बदल दें तो हमें आश्चर्य नहीं करना चाहिए। वे प्रायः अन्त में 'isn't it?' या सीधे 'no ?' लिख कर सन्तुष्ट हो जाते हैं। इसलिए भारतीय अंग्रेजी में अगर कोई कहता है कि :

He went to the market, isn't it?

तो यह असाधारण बात नहीं होगी। निश्चित रूप से अंग्रेजी के दूसरे प्रकार ने भी इसी तरह की शक्ल अख़्तियार कर ली है।

4.5 निष्कर्ष

इस अध्याय में हिन्दी के विभिन्न प्रकार के प्रश्नात्मक वाक्यों की चर्चा की गयी है : 'हाँ-ना' उत्तरवाले सूचना की अपेक्षा करनेवाले, सूचनापेक्षी, विकल्पात्मक तथा अन्त्य प्रश्नात्मक इसमें शामिल हैं। हमने नोट किया है कि सामान्य तौर पर हिन्दी में प्रश्नात्मक वाक्य बनाने में पर्याप्त लचीलापन है। हिन्दी के सूचनाप्रधान प्रश्नात्मक शब्द अपेक्षित उत्तर के स्थान पर ही प्रयुक्त होते हैं। बावजूद इसके हिन्दी के 'क्-शब्दों' को मुख्य क्रिया का साथ ही अच्छा लगता है।

अध्याय- 5

आदेशात्मक वाक्य और विनम्र अन्दाज़

अक्सर हम आदेशात्मक वाक्यों का प्रयोग निम्नलिखित चार उद्देश्यों के लिए करते हैं : आज्ञा देने के लिए, अनुरोध करने के लिए, सलाह देने के लिए या किसी को कोई काम करने से मना करने के लिए। हम इनका इस्तेमाल अनुशंसा करने या सुझाव देने के लिए भी करते हैं। ऐसे वाक्य सामान्य तौर पर मध्यम पुरुष 'तुम' को ही सम्बोधित होते हैं। जैसाकि हमने अनुच्छेद 1.5 में देखा है हिन्दी वाक्यों का सहज अनुक्रम कर्त्ता-क्रिया- कर्म ही होता है। यह क्रम आदेशात्मक वाक्यों में भी सुरक्षित रहता है। चूँकि कर्त्ता की अनुपस्थिति में भी 'तुम' को कर्त्ता मान लिया जाता है इसलिए अक्सर 'तुम' का प्रयोग नहीं किया जाता। आदेशात्मक वाक्य हमेशा बलाघातात्मक प्रत्यय, नकारात्मक तथा अन्य प्रश्नात्मक के साथ इस्तेमाल किये जाते हैं। चूँकि हिन्दी में मध्यम पुरुष सर्वनाम के तीन रूप मिलते हैं, इसलिए उनके अनुसार ही क्रिया-रूपों का भी व्यवहार होता है (अध्याय 18 को देखें)।

5.1 'तू' वाले आदेशात्मक वाक्य

समान दर्जेवाले समूह तथा अभिजात श्रेणी के लोग जब समाज के निम्न श्रेणी के लोगों से बातें करते हैं तो इस सार्वनामिक रूप का इस्तेमाल अकसर करते हैं। निम्नलिखित वाक्यों को लें :

1. उठ बेटा, घर जा।
2. उठ बेटी, घर जा

कोई पिता अपने बेटा (1) या बेटी (2) से इस तरह का वाक्य बोल सकता है। इन दोनों वाक्यों में 'बेटा' और 'बेटी' के अलावा समरूपता है यानी दोनों में कोई अन्तर नहीं है। दरअसल इस प्रकार के उदाहरण क्रिया के लघुतम रूप का ही प्रयोग करते हैं जिनमें लिंग और काल का ध्यान नहीं होता। 1 और 2 : दोनों वाक्यों में 'उठ' और 'जा' का प्रयोग किया गया है जो क्रिया के आदेशात्मक रूप हैं और इनसे कर्त्ता और क्रिया के लिंग तथा काल का बोध नहीं होता।

क्रिया के इस रूप का प्रयोग काफ़ी सतर्कता से किया जाना चाहिए। इस क्रिया

का उपर्युक्त प्रयोग मित्रों तथा अत्यन्त अनौपचारिक रिश्तों के साथ ही किया जा सकता है। जैसाकि उपर्युक्त वाक्यों में 'पिता' ने 'बेटा-बेटी' के साथ किया है। हाँ, कभी-कभी ऐसे क्रिया-रूपों का प्रयोग निम्न वर्ग के सदस्य भी करते हैं, पर आजकल यह प्रयोग कम होता जा रहा है। यह जानवरों के लिए भी इस्तेमाल होता है। गाली-गलौज की भाषा में इस क्रिया-रूप का अकसर इस्तेमाल होता है। सुखद आश्चर्य की बात यह है कि इसी क्रिया-रूप का प्रयोग आत्मीयता प्रदर्शन के लिए माँ तथा प्रार्थना के लिए ईश्वर के साथ भी किया जाता है। नीचे के उदाहरणों से ये बातें पुष्ट होती हैं :

3. ओ रिक्शेवाले, जल्दी कर।
4. अरे ऊँट, अब पानी पी।
5. ओ कमीने, इधर आ।
6. हे प्रभु! कृपा करो।

उपर्युक्त सभी वाक्यों में आये क्रिया-रूप क्रिया के मूल रूप हैं और मध्यम पुरुष के अवज्ञात्मक रूप 'तू' के लिए इस्तेमाल हुए हैं। जैसाकि सामान्य रूढ़ि है कि ऐसे वाक्यों में मध्यम पुरुष का कर्त्ता सर्वनाम अनुपस्थित रहता है। पर कभी-कभी इन वाक्यों में मध्यम पुरुष की सार्वनामिक संज्ञा का प्रयोग भी होता है। जैसे : अत्यन्त प्रीतिकर सम्बन्धों में या क्रोधावेश में। इन उदाहरणों को देखें :

7. बेटी, अब तू सो जा।
8. अबे, अब तू चुप रह।

वाक्य संख्या 7 में बुजुर्ग व्यक्ति पिता, माता, सम्बन्धी या पारिवारिक मित्र, अपनी छोटी बेटी या उसकी मित्र को स्नेहवश सोने के आग्रह-अभिव्यक्ति करने में करते हैं। दूसरी तरफ़ उदाहरण 8 में यह क्रिया-रूप क्रोधावेश में और निश्चयात्मक अन्दाज़ में प्रयोग किया गया है। ऐसे वाक्यों में स्वरोच्चारण का पैटर्न तथा पराभाषिक अभिलक्षण महत्वपूर्ण रखते हैं।

5.2 'तुम' वाले आदेशात्मक वाक्य

मध्यम पुरुष सर्वनाम 'तुम', 'तू' से बहुत ज़्यादा विनम्र सर्वनाम है और इसमें अन्तरंगता बोध के साथ-साथ बहुवचन का बोध भी जुड़ा रहता है। सुविज्ञ और सुपरिचित लोगों के बीच 'तुम' का प्रयोग शिष्ट और सुसंगत माना जाता है। बहुवचन के प्रसंग में 'तू' का प्रयोग नहीं होता। यह व्याकरण सम्मत नहीं माना जाता। एक बात यह भी है जब 'तुम' सर्वनाम का प्रयोग किया जाता है तो क्रिया के सामान्य रूप का प्रयोग नहीं होता। अगर क्रिया के अन्त में व्यंजन होता है तो वर्ण विन्यास की दृष्टि से उसमें 'ी' तथा स्वर होता है तो 'ओ' जोड़ना पड़ता है। इस प्रकार 'तू चल' अनौपचारिक वाक्य है तथा विनम्र तो क़तई नहीं है मगर 'तुम चलो' में काफ़ी

औपचारिकता तथा विनम्रता भी है। इसी प्रकार के वाक्य 'तू खा' तथा 'तुम खाओ' भी हैं। इनमें भी औपचारिकता तथा विनम्रता का ही अन्तर है। निम्नलिखित वाक्यों पर विचार करें :

9. तुम सब लोग अब घर जाओ।
10. बेटी, थोड़ा-सा पानी दे दो।
11. बेटी, अब तू सो जा।

वाक्य संख्या 9 का प्रयोग उसी हालत में सम्भव है जब कोई वरिष्ठ व्यक्ति अपने अधीनस्थ व्यक्तियों को स्नेहवश सलाह देना चाहता हो कि उनको घर जाने के लिए देर हो रही है। उन्हें शीघ्र जाना चाहिए। वाक्य संख्या 10 में एक पिता का अपनी बेटी से एक गिलास पानी लाने के लिए निवेदन है। यहाँ अधिक उम्र व ऊँचा दर्जा होने के कारण अधिकार-भावना जुड़ी है। वाक्य संख्या 11 में माता या पिता का अपनी बेटी से आग्रह है जो सम्भवतः परीक्षा की तैयारी में देर रात तक पढ़ती रही है।

कभी-कभी चेतावनी के तौर पर भी आदेशात्मक वाक्यों का प्रयोग किया जाता है। कल्पना करें कि रात अँधेरी हो और बारिश के कारण राह में फिसलन हो, उस पर कोई गिरते-गिरते बच जाये तो कोई आदमी वाक्य संख्या 12 के द्वारा उसे चेतावनी दे सकता है।

12. अरे, देख कर चलो।

5.3 'आप' वाले आदेशात्मक वाक्य

'आप' सर्वनाम के प्रयोगवाले आदेशात्मक वाक्य अनुरोध के स्वर में बोले जाते हैं। अनुरोध का लहज़ा तभी तक सुरक्षित रहता है जब तक ऐसे वाक्यों को व्यंग्यात्मक जैसा कोई दूसरा स्पर्श देना न चाहते हों। वस्तुतः 'आप' का प्रयोग हमें ऐसे वाचिक कार्यों से उबार लेता है जो श्रोता को आहत करते हैं।

13. आप अब आराम कीजिए।

वाक्य 13 का प्रयोग उस वरिष्ठ व्यक्ति के लिए किया गया है जो एक लम्बे अर्से से कार्य करता रहा है। मगर कभी-कभी 'आप' सर्वनाम का प्रयोग व्यंग्य में भी किया जाता है। मान लीजिए कोई वरिष्ठ अधिकारी किसी दिन अपने अधीनस्थ या सचिव के अन्यमनस्क कार्यों से तंग आकर कहता है :

14. अब आप आराम कीजिए।

तो सचिव को साफ़ ज़ाहिर हो जाता है कि मेरा बॉस मुझसे नाराज़ है। कारण कि वह सामान्य बात-चीत में 'तुम' कह कर ही सम्बोधित किया करता था।

5.4 निष्कर्ष

इस छोटे से अध्याय में मैंने आदेशात्मक वाक्यों के स्वरूप की चर्चा की है और

सोदाहरण उल्लेख किया है कि ऐसे वाक्यों का प्रयोग, अनुनय, आदेश और चेतावनी के प्रसंग में किया जाता है। मध्यम पुरुष के तीनों सर्वनामों सहित आदेशात्मक वाक्यों की विशेषताओं की पड़ताल भी की है। अध्याय 11 में विस्तार से उल्लेख किया जायेगा कि किस प्रकार आदेशात्मक क्रिया-रूप एक दूसरे से जुड़े हैं। यहाँ यह भी संकेत किया गया है कि अगर किसी अजनबी से बात करनी हो या ऐसे व्यक्ति को चेतावनी देनी हो जो सम्भावित ख़तरे के प्रति सतर्क नहीं हो तो ऐसे वाक्यों में मध्यम पुरुष 'आप' सर्वनाम (आदरसूचक) का प्रयोग करना सबसे सुरक्षित होता है।

अध्याय- 6

विस्मयात्मक वाक्य

विस्मयात्मक वाक्यों के द्वारा गहरे आश्चर्य, अनुमोदन, प्रशंसा और नफ़रत के भावों को बताया जाता है। लेखन में ऐसे वाक्यों का अन्त विस्मयादिबोधक चिह्न (!) के द्वारा होता है। अंग्रेजी में ये भावनाएँ एकल शब्द में ही शामिल होती हैं। जैसे : 'what', 'how' व्यवहार में कहा जाता है : 'How pretty !' पर हिन्दी में ऐसी अभिव्यक्तियों के लिए एक या एक से अधिक शब्दों का प्रयोग किया जाता है। वे शब्द अपने चरित्र में अनुरणनात्मक होते हैं या ऐसे वाक्यों में संज्ञा, सर्वनाम, विशेषण, क्रिया-विशेषण भी शामिल होते हैं। विस्मयादिबोधक चिह्न तीव्र भावाभिव्यंजक शब्द के ठीक बाद में या वाक्य के अन्त में आते हैं। कभी-कभी भावाभिव्यंजक शब्द को शेष वाक्य खण्ड से अल्पविराम के द्वारा अलग भी कर दिया जाता है। विस्मयात्मक वाक्य और उसके प्रतिरूप विधानवाचक वाक्यों की संरचना में कोई ख़ास अन्तर नहीं पाया जाता। इसलिए उनके उद्देश्य की अभिव्यक्ति अर्थगत या संकेतगत शब्दावली पर ही ज़्यादा निर्भर होती है, तो भी सबसे पहले हम विस्मयादि बोधक भावनाओं के कोशगत स्रोतों की बात करेंगे। ये वाक्य मुख्य रूप से ख़ास शब्दों के इस्तेमाल के बारे में है बनिस्बत कोई ख़ास वाक्य-रचना के बारे में।

6.1 कोशगत स्रोत

विस्मयात्मक अभिव्यक्तियों की एक अपूर्व शब्दावली है। उसमें भिन्न-भिन्न अन्तर्वस्तुवाले शब्द हैं (संज्ञा, क्रिया, विशेषण और उनके अनुसार लिंग, वचन इत्यादि) कारण कि वे अपरिवर्तनशील होते हैं। वे व्याकरणिक तत्व के प्रकार्यात्मक शब्द की श्रेणी में भी नहीं आते, ('का' और 'कि' जैसे अपरिवर्तनशील शब्द) कारण कि उनमें कोई व्याकरणिक सम्बन्ध भी नहीं होता। वे पिरोये गये वक्तव्य पर मात्र प्रभावी टिप्पणी करते हैं। विस्मयात्मक अभिव्यक्तियाँ स्वरोच्चारण मात्र भी हो सकती हैं: जैसे- विस्मय तथा पीड़ा ज़ाहिर करने के लिए 'ओ', 'ओह', 'अरे' तथा ओहो या अस्वीकृति और अवमानना के लिए 'हत', 'धत' इत्यादि। 'शाबाश', 'हे भगवान', 'अफ़सोस', 'सच' जैसी संज्ञाएँ भी विस्मयात्मक घटक मानी जाती हैं। 'देख कर',

'देखना' आदि क्रियाएँ चेतावनी के अर्थ में इस्तेमाल होती हैं तथा 'हट यार' का प्रयोग एकान्त चाहनेवाले और अस्वीकारनेवाले व्यक्तित्व कर सकते हैं। 'अच्छे', 'होशियार', 'सावधान' और 'बढ़िया' विशेषण भी चेतावनी और प्रशंसा के भाव को बताने में समर्थ होते हैं। 'क्या', 'कैसा', 'कितना' जैसे प्रश्नात्मक शब्द भी प्रभावी तरीक़े से विस्मयात्मक वाक्यों में आते हैं।

6.2 आश्चर्य की अभिव्यक्ति

हिन्दी में आश्चर्य की अभिव्यक्ति के अनेक तरीक़े हैं :

1. अरे, तुम घर पर हो!
2. अच्छा! आपका हार मिल गया।
3. वाह! आप तो बहुत समझदार निकले।
4. देखो! दादी को क्या हो गया।
5. वह कितना भाग्यशाली है!

इन वाक्यों में अनुरणनात्मक 'अरे', विशेषण 'अच्छा', विस्मयादिबोधक 'वाह', क्रिया 'देखो' तथा प्रश्नात्मक 'कितना' का प्रयोग चाहे गये भावाभिव्यंजक कथनों के प्रति आश्चर्य व्यक्त करने के उद्देश्य से हुआ है। ध्यान देने की बात यह भी है कि इन शब्दों तथा विस्मयादिबोधक चिह्नों के अलावा सामान्य वाक्य में कोई बदलाव नहीं हुआ है। हाँ, पाँचवें वाक्य में संज्ञा के बाद 'कितना' प्रश्नात्मक शब्द आया है।

6.3 दुख की व्यंजना

विस्मयात्मक वाक्यों का प्रयोग प्रायः दर्द, दुख तथा असहाय-बोध की अभिव्यक्ति के लिए भी होता है। इन उदाहरणों पर विचार करें :

6. हाय, वह तो बरबाद हो गयी!
7. हे राम, बहुत दर्द है!
8. अफ़सोस! आपकी कार चोरी हो गयी।
9. हे भगवान, अब और क्या होना बाक़ी है!

उदाहरण-6 का प्रयोग उसी स्थिति में किया जा सकता है, जब किसी औरत ने युद्ध में या बाढ़, आग और भूकम्प जैसे प्राकृतिक प्रकोप में अपना सर्वस्व गँवा दिया हो। यानी समानुभूति और सहानुभूति दिखाना ही इस वाक्य के वक्ता का उद्देश्य है।

वाक्य संख्या 7 में एक लम्बी पीड़ा की अभिव्यक्ति है। वाक्य सं. 8 में अपने प्रिय व्यक्ति की प्रिय वस्तु के खो देने पर दुख का इज़हार है। उदाहरण संख्या 7-9 का प्रयोग अक्सर अपनी दीनता को दिखाने के लिए होता है। वक्ता का कहना है कि पहले से ही मैं बुरी तरह परेशान था, आज तो अपना सर्वस्व ही खो दिया। इससे बड़ी मेरे साथ त्रासदी क्या हो सकती है! मैं तो बिलकुल असहाय हो गया।

6.4 अनुमोदन की अभिव्यक्ति

विस्मयात्मक वाक्यों से व्यक्ति की अनुमोदन और अनुशंसा की भावनाओं की भी व्यंजना सम्भव है। उदाहरण के तौर पर नीचे के वाक्यों पर ग़ौर करें :

10. वाह, क्या आवाज़ पायी है!
11. शाबाश बेटे, तुमने कमाल कर दिया!
12. सच! उमा की शादी हो गयी!

उपर्युक्त सभी वाक्य अनुमोदन और प्रशंसा के भावों को बता रहे हैं। 10 वें वाक्य का प्रयोग कोई भी व्यक्ति किसी की विशेषता बताने के लिए कर सकता है। वाक्य संख्या 11 में एक ऐसे पिता का हार्दिक उद्गार है जिसके बेटे ने परीक्षा में अप्रत्याशित सफलता हासिल की है। उदाहरण संख्या 12 की अन्तर्वस्तु है कि किसी वजह से उमा की शादी कठिन थी या उसके विवाह की सूचना समय पर वक्ता को नहीं मिल सकी तो वह सूचना पाते ही प्रसन्नता से फूल गया है। विचारणीय है कि उपर्युक्त सभी वाक्यों को व्यंग्यार्थ के सन्दर्भ में इस्तेमाल किया जा सकता है। स्पष्टीकरण के लिए वाक्य संख्या 10 को ही लें। उपर्युक्त सन्दर्भ में इस वाक्य का अर्थ यह भी हो सकता है : 'क्या कर्कश आवाज़ पायी है इस शख़्स ने!'

6.5 निन्दा की अभिव्यक्ति

निम्नलिखित वाक्यों की विस्मयजन्य अभिव्यक्तियों से निन्दा और नफ़रत का पता चल रहा है :

13. छिः! अपने पिता से ऐसे बोलते हो।
14. हट परे! तू अपने आपको क्या समझता है।
15. धत! फिर कप तोड़ दिया।
16. उफ! इस घर में तो मेरा दम घुटता है।

उदाहरण संख्या 13 से पता चलता है कि एक बेटे को अपने पिता से बात करने की तहज़ीब नहीं मालूम है। वक्ता को उसका कहने का तौर-तरीक़ा नागवार लगता है और वह उसकी निन्दा करता है। वाक्य 14 में वक्ता के आक्रोश और चुनौती का इज़हार है। वाक्य संख्या 15 एक लापरवाह बाई को सम्बोधित है जिसने धोने की प्रक्रिया में एक और कप तोड़ दिया है। वाक्य संख्या 16 घर से परेशान व्यक्ति की आवाज़ है।

6.6 प्रश्नात्मक शब्दों का प्रयोग

जैसाकि पहले कहा गया है 'क्या', 'कौन' जैसे अपरिवर्तनशील तथा 'कितना' और 'कैसा' जैसे वचन और लिंग के अनुसार परिवर्त्तनशील प्रश्नात्मक शब्दों का

इस्तेमाल तीव्र प्रतिक्रियाओं को बताने के लिए भी होता है। जैसे : किसी ने कोई गीत सुना और उसे बड़ा मज़ा आया तो वह कह सकता है :

17. क्या गाना गाया है!

कल्पना कीजिए किसी ने आपसे कहा कि मैंने तुम्हारे बारे में कुछ अश्लील बातें सुनी हैं, तो प्रतिक्रिया में आप कह सकते हैं :

18 कौन कहता है!

अगर गली-कूचे में आपने किसी बहुत लम्बे आदमी को देखा तो आप आश्चर्य से कह सकते हैं :

19. कितना लम्बा आदमी!

मान लीजिए, आपसे कोई अचानक कहे कि आपने मुझसे पैसे लिये हैं जिसे आप भूल गये हों तो उससे आप कह सकते हैं :

20. कैसे पैसे !

6.7 निष्कर्ष

इस अध्याय के साथ इस पुस्तक का पहला भाग ख़त्म हो रहा है। इस भाग में मैंने हिन्दी का सामान्य परिचय देते हुए हिन्दी वाक्यों की मूल संरचनागत विशेषताओं को बताया है। इसके अलावा विस्तार से नकारात्मक, प्रश्नात्मक, आदेशात्मक तथा विस्मयात्मक वाक्यों के स्वरूप एवं संरचना पर भी विचार किया है। इन बातों से ज़ाहिर होता है कि प्रयोग के सही सन्दर्भ में ही व्याकरण की संकल्पना को बेहतर तरीक़े से समझा जा सकता है। अगले भाग में हम शब्दों और उनके आपसी रिश्तों की बातें करेंगे।

शब्द : संज्ञा, क्रिया, विशेषण और क्रियाविशेषण

संज्ञाएँ

जैसाकि संकेत किया है इस पुस्तक का भाग दो 'सिंह और अग्निहोत्री 1997' पर पूरी तरह आधारित है। इस भाग में हिन्दी शब्दों के स्वभाव और उनके आपसी सम्बन्धों का विश्लेषण किया गया है। शब्दों को दो बड़े वर्गों में बाँटा जा सकता है : विकारी और अविकारी। अंग्रेजी में 'walk' विकारी (परिवर्तनशील) शब्द है। कारण कि इससे कई शब्दों का रिश्ता है। जैसे : 'walks', 'walking', 'walked', 'walker', 'walkman' इत्यादि। इसके विपरीत the, and और at जैसे अविकारी शब्द भी हैं जिनमें हर्गिज़ बदलाव नहीं होता। सबसे पहले हम हिन्दी के विकारी शब्दों की प्रकृति पर बात-चीत करेंगे। अविकारी शब्दों की प्रकृति और इस्तेमाल की चर्चा हम भाग-4 में करेंगे। आप देखेंगे कि विकारी शब्द सामान्यतः अर्थवाही होते हैं। अविकारी शब्द अनेक व्याकरणिक कार्य करते हैं। संज्ञा, क्रिया, विशेषण और क्रिया-विशेषण के रूप में आनेवाले शब्द-समूह विभिन्न अर्थों को बतानेवाले होते हैं। ऐसे शब्द-समूह को अर्थवाही शब्द (content word) कहा जाता है और व्याकरणिक भूमिकाओं को अदा करनेवाले शब्दों को प्रकार्य शब्द (function word) कहा जाता है।

7.1 शब्द-निर्माण युक्तियाँ

विकारी शब्दों की उत्कृष्ट जाँच-पड़ताल शब्द-निर्माण की उस युक्ति से ही सम्भव है, जो एक ख़ास शब्द-समूह में दिखाई देती है। शब्द-निर्माण की युक्तियाँ अपने औपचारिक और अर्थवैज्ञानिक (semantic) दृष्टि से निहायत पारदर्शी होती हैं। सामान्य तौर पर विद्वान शब्दों का विवेचन धातु, धातु-रूप (स्टेम), मूल, प्रकृति, रूपिम और मूल शब्द के रूप में करते हैं। शब्द-निर्माण की प्रक्रियाएँ छोटी इकाइयों से तथा इन मूल इकाइयों पर विभक्ति (परसर्ग) और व्युत्पत्ति की क्रिया करने से शुरू होती हैं। ये सभी संकल्पनाएँ तथा क्रियाएँ शब्दों की बुनियादी सच्चाइयों और उनके आपसी रिश्तों को धुँधला बना देती हैं और उनके सरल और पारदर्शी रिश्ते को भी जटिल बना देती हैं। हम शब्दों का अध्ययन उनकी सम्पूर्णता में करने के हिमायती हैं। उनके आपसी रिश्तों का विश्लेषण शब्द-निर्माण की युक्ति को दोनों दिशाओं से करना चाहते

हैं। हमारा अनुभव है कि शब्द मनुष्य के द्वारा स्वीकृत अर्थ की सबसे छोटी इकाई है, इससे कम कुछ भी नहीं। शब्द-निर्माण की युक्ति द्वि-आयामी इसलिए है कि इसके द्वारा सरल शब्दों से जटिल शब्दों का और जटिल शब्दों से सरल शब्दों को प्राप्त करना सम्भव होता है। जैसे : अंग्रेजी के 'worker' शब्द को ही लें। इससे जुड़े शब्द 'work' की पहचान आसान है या इसके उलट 'work' से 'worker' की भी। शब्द-निर्माण युक्तियाँ तीन तरह की प्रक्रियाओं का इस्तेमाल कर सकती हैं यानी बदलाव रहित (आइडेंटिटी), प्रतिस्थापन (सब्सटिट्यूशन), प्रत्यय जोड़ कर। ये सभी प्रक्रियाएँ बिना किसी ध्वनि बदलाव के भी हो सकती हैं और ध्वनि के बदलाव भी। बदलाव रहित का आशय है कि वर्ग या कुछ ख़ास विशेषताओं में बदलाव के बावजूद दिये गये शब्द X में कोई बदलाव न हो। जैसे : अंग्रेजी में walk संज्ञा है और क्रिया भी। प्रतिस्थापन में शब्द X का कोई अंश शब्द निर्माण की प्रक्रिया में अलग हो जाता है। प्रत्यय जोड़ (कर) के अन्तर्गत परम्परागत उपसर्ग और प्रत्यय आते हैं।

विश्लेषण की प्रक्रिया में शब्द-निर्माण की युक्ति को दिये गये उदाहरणों एवं शर्तों के साथ ही समझा जाना चाहिए। कारण कि उदाहरणों में प्रस्तुत शब्द-समूह से ही युक्तियों का जन्म होता है। प्रत्येक शब्द-निर्माण की युक्ति में लघुकोष्ठकों में रखे गये तमाम द्रव्यों से ही शब्द बनते हैं। इस अध्याय में हम हिन्दी के संज्ञा शब्दों के लिंग, वचन और कारक पर चर्चा करेंगे और इन विशेषताओं के सन्दर्भ में उनके बीच के रिश्तों को समझने की कोशिश करेंगे। आगे के कुछ अध्यायों में हम संज्ञाओं की दूसरी संज्ञाओं तथा शब्द के दूसरे वर्गों जैसे : क्रिया, विशेषण और क्रिया-विशेषण के साथ रिश्ते की विस्तार से जाँच-पड़ताल करेंगे।

7.2 लिंग

हिन्दी में किसी संज्ञा के लिंग की जानकारी एकदम ज़रूरी है। किसी भी वाक्य की संरचना संज्ञा के लिंग के द्वारा ही कई प्रकार से निर्धारित होती है। जैसे : क्रिया, विशेषण, परिमाणवाचक और कुछ क्लिटिक्स के अनुबंध-पैटर्न निर्णायक रूप से संज्ञा के लिंग पर निर्भर रहते हैं। संज्ञा के रूप भी वचन (एकवचन या बहुवचन) तथा कारक (कर्त्ता, कर्म या सम्बोधन) के अनुसार बदलते हैं।

यद्यपि संज्ञा के लिंग की पहचान के कुछ महत्वपूर्ण नियम हैं, पर लिंग-निर्धारण प्रायः मनमाना है, जैसाकि फ्रेंच भाषा में मिलता है। दरअसल हर संज्ञा के लिंग को जानना पड़ता है, कोई भी नियम भरोसेमंद नहीं है। यहाँ कुछ ह्यूरिस्टिक डिवाइस (एच.डी., अन्वेषणात्मक उपकरण) दिये जा रहे हैं जो संज्ञा के लिंग की पहचान के लिए काफ़ी महत्वपूर्ण सूत्र हो सकते हैं। लेकिन ध्यान देने की बात यह है कि इन एच. डी. के ढेर सारे अपवाद भी होते हैं।

एच.डी. 1 : अधिकांश नर पुल्लिंग और अधिकांश मादा स्त्रीलिंग होते हैं।

'घोड़ा' और 'मोर' पुल्लिंग हैं और 'घोड़ी' तथा मोरनी' स्त्रीलिंग। लेकिन 'चीता' हर हाल में पुल्लिंग और 'कोयल' हर हाल में स्त्रीलिंग है, चाहे नर हो या मादा। इसी तरह समूहवाचक संज्ञाओं के लिंग-निर्धारण भी मनमाने ढंग से हुए हैं। जैसे : 'झुण्ड' और 'दल' चाहे औरतों का हो या पुरुषों का, हर हाल में पुल्लिंग है। इसके विपरीत भीड़ और 'टोली' चाहे औरतों की हों या पुरुषों की, स्त्रीलिंग होती है।

एच.डी. 2 : अधिकांश आकारान्त शब्द पुल्लिंग होते हैं।

'कमरा', 'लड़का', 'घड़ा', 'कपड़ा', 'गाना', 'पंखा' पुल्लिंग हैं। मगर इस नियम के भी अपवाद हैं। 'हवा', 'माला' आकारान्त होते हुए भी स्त्रीलिंग संज्ञाएँ हैं।

एच.डी. 3 : अधिकांश व्यंजनान्त संज्ञाएँ पुल्लिंग होती हैं।

'घर', 'सन्दूक', 'पहाड़', 'देहात', 'अपराध' आदि पुल्लिंग हैं। मगर 'किताब', 'रात', 'बात', 'चमक' इत्यादि उपर्युक्त संज्ञाओं की तरह ही व्यंजनान्त हैं पर ये सभी स्त्रीलिंग हैं।

एच.डी. 4 : ईकारान्त संज्ञाएँ स्त्रीलिंग होती हैं।

'लड़की', 'घड़ी', 'छड़ी', 'छतरी', 'रस्सी', 'टोपी', 'नदी' इत्यादि स्त्रीलिंग हैं। पर 'पानी', 'सिपाही', 'घी' इत्यादि ईकारान्त संज्ञाएँ होते हुए भी पुल्लिंग माने जाते हैं।

एच.डी. 5 : लेकिन दूसरी स्वरान्त संज्ञाओं के बारे में उपर्युक्त की तरह कोई नियम नहीं बनाया जा सकता।

'आलू', पुल्लिंग हैं पर 'बालू' स्त्रीलिंग; 'जलधि' पुल्लिंग है जबकि 'निधि' स्त्रीलिंग।

एच.डी. 6 : कुछ स्थितियों में दी गयी चीज़ों का अर्थवैज्ञानिक वर्गीकरण संज्ञा के लिंग-निर्धारण में सहायक होते हैं।

पेड़ और अनाज प्रायः पुल्लिंग होते हैं। जैसे : 'नीम', 'देवदार', 'पीपल', 'अनार', 'चांवल', 'धान', 'चना', 'मक्का'।

खनिज पदार्थ और रत्न भी पुल्लिंग होते हैं। जैसे : 'सोना', 'लोहा', 'मोती', 'तेल', 'हीरा', 'नीलम' इत्यादि।

हाँ, नदियों के नाम स्त्रीलिंग होते हैं। जैसे : 'गंगा', 'नर्मदा', 'कावेरी', 'यमुना', 'व्यास', 'गोमती' इत्यादि।

ग्रहों तथा दिनों के नाम अकसर पुल्लिंग होते हैं जैसे : 'शनि', 'बुध', 'सोमवार', 'वीरवार' इत्यादि।

तमाम भाषाओं के नाम स्त्रीलिंग होते हैं। 'हिन्दी', 'अंग्रेजी' (इंगलिश), 'जर्मन', 'तमिल' इत्यादि निरपवाद रूप से स्त्रीलिंग मानी गयी हैं।

मसालों के नाम भी प्रायः स्त्रीलिंग समझे जाते हैं। जैसे : 'मिर्च', 'सौंफ', 'हींग', 'अजवाइन', 'इलायची', 'हल्दी' आदि।

एच.डी. 7 : हिन्दी में चीज़ों के आकार भी लिंग निर्धारण में महत्वपूर्ण होते हैं ; बड़ी चीज़ें पुल्लिंग और छोटी चीजें स्त्रीलिंग होती हैं।

'रस्सा' मोटा होता है तो पुल्लिंग और 'रस्सी' पतली होती है तो स्त्रीलिंग। 'पहाड़' पुल्लिंग और 'पहाड़ी' स्त्रीलिंग इसी नियम का अनुकरण करते हैं। परन्तु इसके भी अपवाद हैं। इसके लिए एक उदाहरण काफ़ी होगा। 'ट्रेन' लम्बी होती है, बड़ी होती है तो उसे स्त्रीलिंग ही माना जाता है। 'स्कूटर' छोटा होता है, ट्रेन की तुलना में सूक्ष्म तो भी उसे पुल्लिंग कहा जाता है।

इस प्रकार यह स्पष्ट है कि हिन्दी में लिंग-निर्धारण का कोई निश्चित नियम नहीं है। अतः हर नयी संज्ञा के लिंग-निर्धारण को सीखना पड़ता है, याद करना पड़ता है। लिंग-निर्धारण के उपर्युक्त नियमों का विशेष सतर्कता के साथ संदर्शिका के रूप में इस्तेमाल किया जा सकता है।

7.3 परिवर्तनशील लिंग

पुरुष और नारी (नर और मादा) के बीच अन्तर पैदा करने के लिए कुछ सजीव संज्ञाओं के अन्त में प्रत्यय जोड़ दिये जाते हैं या इसके विपरीत प्रत्यय हटा दिये जाते हैं। पुल्लिंग संज्ञाओं में 'इन' जोड़ देने से वे स्त्रीलिंग हो जाती हैं या स्त्रीलिंग संज्ञाओं से 'इन' हटा देने से पुल्लिंग हो जाती हैं (जैसाकि हमने ऊपर देखा है, शब्द-निर्माण युक्तियाँ द्वि-आयामी होती हैं)। इस प्रकार शब्दों की दो श्रेणियों के बीच के रिश्ते को बताने के लिए एक शब्द-निर्माण युक्ति हम बना सकते हैं। जैसे (X = कोई भी शब्द) :

शब्द-निर्माण युक्ति 7.1

(X) $_{\text{एकवचन, पुल्लिंग, संज्ञा}}$ ↔ (X इन) $_{\text{एकवचन, स्त्रीलिंग, संज्ञा, X की पत्नी/ स्त्री X}}$

(शर्त : X व्यंजनान्त हो।)

सुनार	सुनारिन
लोहार	लोहारिन

जैसाकि पहले ही दिखाया जा चुका है कि शब्द-निर्माण युक्ति 7.1 एक द्वि-आयामी युक्ति है जिसमें 'X' से 'X इन' और 'X इन' से 'X' प्राप्त किया जा सकता है। इस श्रेणी में 'बाघ', 'साँप' आदि शब्द आते हैं। विचारणीय है कि शब्द-निर्माण युक्ति 7.1 के अन्तर्गत आनेवाले ख़ासकर मानव जाति से जुड़े शब्द सामान्य स्त्रीलिंग संज्ञाएँ नहीं हैं बल्कि पुल्लिंग संज्ञाओं की पत्नी हैं। हम यह भी देख सकते हैं कि इन शब्द-निर्माण युक्तियों में पूर्ण शब्दों का उपयोग किया जाता है न कि धातु, धातु-रूप या शब्दांश का। शब्द-निर्माण युक्ति 7.1 में आये शब्द व्यंजनान्त हैं।

किसी भी शब्द का अन्त किस ध्वनि के साथ होता है, इस पर ध्यान देना भी ज़रूरी है। कुछ शब्दों जैसे 'धोबी-धोबिन', 'तेली-तेलिन', 'नाती-नातिन' आदि में लिंग में बदलाव के लिए प्रथम शब्द में प्रत्यक्षतः कुछ जोड़ने की बजाय शब्दान्त में आये

'ई' को हटा कर उसी जगह पर 'इन' प्रत्यय जोड़ा जाता है। हम देखते हैं कि शब्द-निर्माण युक्ति 7.1 में पुल्लिंग से स्त्रीलिंग बनाने की प्रक्रिया इससे अलग है क्योंकि वहाँ शब्दों से बिना कुछ निकाले सीधे ही 'इन' प्रत्यय जोड़ दिया जाता है। इस प्रकार हम एक नयी शब्द-निर्माण युक्ति 7.2 ईजाद कर सकते हैं जिसमें शब्द के अंत में आये 'ई' को हटा कर 'इन' प्रत्यय जोड़ा जाता है। जैसे :

शब्द-निर्माण युक्ति 7.2

$(X\ \text{ई})_{\text{एकवचन, पुल्लिंग, संज्ञा}} \leftrightarrow (X\ \text{इन})_{\text{एकवचन, स्त्रीलिंग, संज्ञा}}$

धोबी	धोबिन
तेली	तेलिन

इसी तरह शब्द के अन्त में आये 'आ' को 'ई' से बदल करके भी पुल्लिंग से स्त्रीलिंग बनाया जाता है। शब्द-निर्माण युक्ति 7.3 में इसे देखा जा सकता है :

शब्द-निर्माण युक्ति 7.3

$(X\ \text{आ})_{\text{एकवचन, पुल्लिंग, संज्ञा}} \leftrightarrow (X\ \text{ई})_{\text{एकवचन, स्त्रीलिंग, संज्ञा}}$

लड़का	लड़की
बेटा	बेटी
बकरा	बकरी
दादा	दादी
चेला	चेली

यदि कोई प्राणिवाचक संज्ञा व्यंजनान्त हो तो उसके अन्त में सीधे ही 'ई' जोड़ कर उसका स्त्रीलिंग रूप प्राप्त किया जाता है। जैसे : 'कुमार - कुमारी', 'दास - दासी' आदि। हालाँकि इस तरह के बहुत कम ही शब्द हैं जिनके लिंग में बदलाव उपर्युक्त विधि से होता है।

7.4 वचन और कारक

सिद्धान्ततः हिन्दी में वचन (एकवचन या बहुवचन) और कारक (कर्त्ता, कर्म और सम्बोधन) के अनुसार किसी भी संज्ञा के 2 × 3 यानी छह रूप होते हैं। इनमें से कुछ रूप दिखने में एक समान हो सकते हैं किन्तु इनके प्रकार्य भिन्न-भिन्न होते हैं। कर्त्ता कारक सामान्यतः कर्त्ता के साथ तथा सम्बोधन कारक सम्बोधन के साथ जुड़ा होता है। कर्म कारक अन्य सभी कारकों को बताता है तथा हिन्दी में सामान्यतः परसर्गों से पहले आता है।

(क) 'आ' से अन्त होनेवाले पुल्लिंग संज्ञा शब्द 'कमरा' को उदाहरणस्वरूप देखिए :

कारक	वचन	
	एकवचन	बहुवचन

कर्त्ता कारक	कमरा	कमरे
कर्म कारक	कमरे	कमरों
सम्बोधन कारक	कमरे!	कमरो!

विचारणीय है कि 'आ' से अन्त होनेवाली सभी पुल्लिंग संज्ञाओं के चार भिन्न रूप होंगे। 'कमरा' के सन्दर्भ में देखें तो इसके चार रूप हैं : 'कमरा', 'कमरे', 'कमरों' और 'कमरो'। इन सबके छह अलग-अलग प्रकार्य हैं। 'कमरे' शब्द या तो कर्त्ता कारक बहुवचन या कर्म कारक एकवचन या फिर सम्बोधन कारक एकवचन के रूप में इस्तेमाल हो सकता है। इसे हम क्रमशः वाक्य संख्या 1, 2 और 3 में देख सकते हैं :

1. कमरे गन्दे हैं। (कर्त्ता कारक बहुवचन 'कमरे')
2. कमरे में गन्द है। (कर्म कारक एकवचन 'कमरे')
3. ओ कमरे! तू इतना गन्दा। (सम्बोधन कारक एकवचन 'कमरे')

शब्द निर्माण की निम्नलिखित युक्तियाँ हमें 'आ' से अन्त होनेवाले विभिन्न शब्दों के वचन और कारकीय रूपों को निर्धारित करने में मदद करती हैं :

शब्द-निर्माण युक्ति 7.4

$(X\text{आ})_{\text{एकवचन, पुल्लिंग, संज्ञा, कर्त्ता कारक}} \leftrightarrow (X\text{ए})_{\text{पुल्लिंग, कर्म कारक एकवचन/ सम्बोधन कारक एकवचन/ कर्त्ता कारक बहुवचन}}$

कमरा	कमरे
लड़का	लड़के
बेटा	बेटे

शब्द-निर्माण युक्ति 7.5

$(X\text{आ})_{\text{एकवचन, पुल्लिंग, संज्ञा, कर्त्ता कारक}} \leftrightarrow (X\text{ओ})_{\text{बहुवचन, पुल्लिंग, संज्ञा, सम्बोधन कारक}}$

कमरा	कमरो
लड़का	लड़को
बेटा	बेटो

शब्द-निर्माण युक्ति 7.4 में 'आ' को 'ए' से तथा 7.5 में 'आ' को 'ओ' से बदला गया है। शब्द निर्माण के इन तरीक़ों के अन्तर्गत बहुत सारे शब्द आते हैं। जैसे : 'सपना', 'पैमाना', 'इशारा', 'सहारा', 'मामला', 'फ़ैसला', 'टुकड़ा', 'मसाला' आदि।

(ख) व्यंजनान्त पुल्लिंग संज्ञाओं जैसे : 'घर' आदि के रूप इस प्रकार आते हैं :

कारक	**वचन**	
	एकवचन	**बहुवचन**
कर्त्ता	घर	घर
कर्म	घर	घरों
सम्बोधन	घर!	घरो!

विचारणीय है कि कर्त्ता कारक, कर्म कारक एवं सम्बोधन कारक के एकवचन या कर्त्ताकारक के बहुवचन में 'घर' का रूप नहीं बदलता। वह 'घर' ही रहता है लेकिन कर्म कारक एवं सम्बोधन कारक के बहुवचन रूप वह क्रमशः 'घरों और 'घरो' हो जाता है।

(ग) हमें 'ई' से अंत होनेवाली संज्ञाओं जैसे : 'लड़की', 'नदी' आदि के रूपगत नियमों पर भी ध्यान देना चाहिए।

कारक	**वचन**	
	एकवचन	**बहुवचन**
कर्त्ता	नदी	नदियाँ
कर्म	नदी	नदियों
सम्बोधन	नदी!	नदियो!

'आ' से अन्त होनेवाली पुल्लिंग संज्ञाओं की तरह 'ई' से अन्त होनेवाली स्त्रीलिंग संज्ञाओं के चार अलग-अलग रूप हैं जो कि वचन और कारक के छह समूहों के अन्तर्गत आते हैं। हमने देखा कि व्यंजनान्त पुल्लिंग संज्ञाओं के रूप कर्त्ता, कर्म और सम्बोधन कारक के एकवचन में नहीं बदलते। लेकिन सभी कारकों के बहुवचन रूप में काफ़ी अन्तर दिखाई पड़ता है। यदि हम 'नदी' शब्द का उदाहरण लें जो कि 'ई' से अन्त होता है तो उसका कर्त्ता कारक बहुवचन में 'इयाँ' से, कर्म कारक बहुवचन में 'इयों' से तथा सम्बोधन कारक बहुवचन में 'इयो' से अन्त होता है। विचारणीय है कि ऐसे सभी शब्द जिनका अन्त एकवचन में 'ई' से होता है बहुवचन रूप में उसकी जगह पर 'इ' हो जाता है। निम्नलिखित शब्द-निर्माण युक्तियों में इन सम्बन्धों को देखा जा सकता है :

शब्द-निर्माण युक्ति 7.6

(X ई) $_{\text{एकवचन, स्त्रीलिंग, संज्ञा}}$	↔	(X इयाँ) $_{\text{बहुवचन, स्त्रीलिंग, कर्त्ता कारक, संज्ञा}}$
नदी		नदियाँ
लड़की		लड़कियाँ
छड़ी		छड़ियाँ

शब्द-निर्माण युक्ति 7.7

(X ई) $_{\text{एकवचन, स्त्रीलिंग, संज्ञा}}$	↔	(X इयों) $_{\text{बहुवचन, स्त्रीलिंग, संज्ञा, कर्म कारक}}$
नदी		नदियों
कुर्सी		कुर्सियों
छड़ी		छड़ियों

शब्द-निर्माण युक्ति 7.8

(X ई) $_{\text{एकवचन, स्त्रीलिंग, संज्ञा}}$	↔	(X इयो) $_{\text{बहुवचन, स्त्रीलिंग, संज्ञा, सम्बोधन कारक}}$
नदी		नदियो

लड़की	लड़कियो
छड़ी	छड़ियो

इन तीनों शब्द-निर्माण युक्तियों के अन्तर्गत बहुत सारे शब्द आते हैं। जैसे : 'पार्टी', 'कहानी', 'कठिनाई', गली आदि। यदि कोई स्त्रीलिंग संज्ञा 'ई' के बदले 'इ' से अन्त होती है तो कर्त्ता कारक, कर्म कारक एवं सम्बोधन कारक के बहुवचन रूप में ये क्रमशः 'याँ', 'यों', 'यो' हो जाती हैं। निम्नलिखित शब्द-निर्माण युक्ति को देखें :

शब्द-निर्माण युक्ति 7.9

$(X)_{\text{एकवचन, स्त्रीलिंग, संज्ञा}} \leftrightarrow (X\text{याँ})_{\text{बहुवचन, स्त्रीलिंग, कर्त्ता कारक, संज्ञा}}$

तिथि	तिथियाँ
रीति	रीतियाँ

अब इन शब्दों के कर्म कारक और सम्बोधन कारक के बहुवचन रूप के लिए शब्द-निर्माण युक्तियाँ बनाना आसान है।

(घ) हम कुछ ऐसी संज्ञाओं को भी देख सकते हैं जो व्यंजनान्त तो होती हैं मगर स्त्रीलिंग होती हैं। जैसे : 'किताब', 'रात' आदि।

कारक	**वचन**	
	एकवचन	**बहुवचन**
कर्त्ता	किताब	किताबें
कर्म	किताब	किताबों
सम्बोधन	किताब!	किताबो!

उपर्युक्त उदाहरणों और चर्चा के आधार पर कुछ सामान्य नियमों को विकसित किया जा सकता है। लेकिन 'आ' से अन्त होनेवाली पुल्लिंग संज्ञाओं को आधार नहीं बनाया जा सकता क्योंकि कर्त्ता कारक, कर्म कारक एवं सम्बोधन कारक में से किसी में भी उनके एकवचन रूप में कोई बदलाव नहीं होता। व्यंजनान्त संज्ञाओं जैसे : किताब (स्त्रीलिंग), घर (पुल्लिंग) या स्वरान्त संज्ञाओं जैसे : नदी (स्त्रीलिंग), कवि (पुल्लिंग), उल्लू (पुल्लिंग) आदि के रूप तीनों कारकों के एकवचन में से एक जैसे होते हैं।

शब्द-निर्माण युक्ति 7.10 इन सामान्यीकरणों को व्यक्त करता है :

$(X)_{\text{एकवचन, संज्ञा, कर्ताकारक}} \leftrightarrow (X)_{\text{एकवचन, संज्ञा, कर्म कारक/सम्बोधन कारक}}$

(शर्त : X का 'आ' से अन्त नहीं होता)

किताब	किताब (ओ किताब!) (स्त्रीलिंग)
नदी	नदी (ओ नदी!) (स्त्रीलिंग)
तिथि	तिथि (ओ तिथि!) (स्त्रीलिंग)
घर	घर (ओ घर!) (पुल्लिंग)

आदमी आदमी (ओ आदमी!) (पुल्लिंग)

वस्तु वस्तु (ओ वस्तु!) (स्त्रीलिंग)

इस प्रकार हम देखते हैं कि हिन्दी में यदि कोई संज्ञा 'आ' से ख़त्म नहीं होती तो तीनों कारकों के एकवचन में उनका रूप एक समान होता है। वैसी पुल्लिंग संज्ञाएँ जो 'आ' से अन्त नहीं होतीं, उनका कर्त्ता कारक, बहुवचन रूप भी तीनों कारकों के एकवचन रूप के समान ही होता है। जैसे : 'घर' शब्द कर्त्ता कारक, कर्म कारक एवं सम्बोधन कारक के एकवचन रूप में तथा कर्त्ता कारक के बहुवचन रूप में एक समान रहता है।

(ङ) हिन्दी में सम्बोधन कारक का बहुवचन रूप बिलकुल नियमित है। यदि कोई संज्ञा चाहे वह किसी भी लिंग की हो 'इ', ई या 'ऊ' से अन्त नहीं होती तो सामान्यतः उनके कर्त्ता कारकवाले रूप में 'ओ' जोड़ कर उसका सम्बोधन कारक, बहुवचन रूप बनाया जाता है। इसीलिए शब्द-निर्माण युक्ति 7.11 में लिंग को गुण के रूप में नहीं शामिल किया गया है।

शब्द-निर्माण युक्ति 7.11

$(X)_{\text{एकवचन, संज्ञा, कर्त्ता कारक}} \leftrightarrow (X\text{ओ})_{\text{बहुवचन, संज्ञा, सम्बोधन कारक}}$

(शर्त : यदि X पुल्लिंग हो तथा X का 'ई' या 'ऊ' या 'आ' से अन्त नहीं होता हो।)

जैसे : किताबो (ओ किताबो!) स्त्रीलिंग, घरो (ओ घरो!) पुल्लिंग, वस्तुओ (ओ वस्तुओ!) पुल्लिंग, कवियो (ओ कवियो!) पुल्लिंग आदि।

(च) स्त्रीलिंग व्यंजनान्त संज्ञाएँ जैसे : 'किताब' आदि तथा स्वरान्त संज्ञाएँ जो 'ई' के अलावा अन्य किसी स्वर से अन्त होती हैं जैसे 'माला' आदि तो उनका बहुवचन रूप कर्त्ता कारक में 'एँ' जोड़ कर कर्म कारक में 'ओं' जोड़ कर तथा सम्बोधन कारक में 'ओ' जोड़ कर बनाया जाता है। शब्द-निर्माण युक्ति 7.12 में इन प्रक्रियाओं को देखा जा सकता है :

शब्द-निर्माण युक्ति 7.12

$(X)_{\text{एकवचन, स्त्रीलिंग, संज्ञा}} \leftrightarrow (X\text{एँ})_{\text{बहुवचन, स्त्रीलिंग, संज्ञा, कर्त्ता कारक,}}$

किताब किताबें

रात रातें

माला मालाएँ

शब्द-निर्माण युक्ति 7.13

$(X)_{\text{एकवचन, संज्ञा}} \leftrightarrow (X\text{ओं})_{\text{बहुवचन, संज्ञा, कर्म कारक}}$

(शर्त : X का अन्त 'ई' या 'ऊ' से नहीं होता तथा यदि X पुल्लिंग हो तो वह 'आ' से अन्त नहीं होता।)

रात रातों (स्त्रीलिंग)

स्कूल	स्कूलों (पुल्लिंग)
रीति	रीतियों (स्त्रीलिंग)

उपर्युक्त चारों शब्द-निर्माण युक्तियों के अन्तर्गत बहुत सारे शब्द आते हैं। विचारणीय है कि शब्द-निर्माण युक्ति 7.12 के अन्तर्गत केवल स्त्रीलिंग संज्ञाएँ आती हैं जबकि शेष तीनों युक्तियों के अन्तर्गत लिंग का कोई बंधन नहीं है। इन चारों युक्तियों के अन्तर्गत आनेवाले कुछ शब्द इस प्रकार हैं: क़लम (स्त्रीलिंग), फ़िल्म (स्त्रीलिंग), बात (स्त्रीलिंग), सीट (स्त्रीलिंग), सरकार (स्त्रीलिंग), सचिव (पुल्लिंग), आधार (पुल्लिंग), जीवन (पुल्लिंग), गीत (पुल्लिंग), पाठक (पुल्लिंग), सवाल (पुल्लिंग), आरोप (पुल्लिंग), चीज़ (स्त्रीलिंग), ग्राम (पुल्लिंग), राज्य (पुल्लिंग), चुनाव (पुल्लिंग), पत्र (पुल्लिंग), प्रदेश (पुल्लिंग), सरोवर (पुल्लिंग), आकार (पुल्लिंग), झील (स्त्रीलिंग) आदि।

जैसाकि हम लोग पहले ही देख चुके हैं कि 'ई' से अंत होनेवाली स्त्रीलिंग संज्ञाएँ विभिन्न कारकों में अपने बहुवचन प्रतिरूपों से 'ई' की जगह पर 'इयाँ' (कर्त्ता कारक बहुवचन), 'इयों' (कर्म कारक, बहुवचन) और 'इयो' (सम्बोधन कारक, बहुवचन) के प्रयोग द्वारा जुड़ी होती हैं। 'आ' से अंत होनेवाली पुल्लिंग संज्ञाओं जैसे : 'घड़ा' आदि के रूप में कर्म कारक और सम्बोधन कारक के एकवचन में भी बदलाव होता है (इस सन्दर्भ में 'कमरा' के लिए प्रयुक्त पैराडाइम 'क' को देखा जा सकता है)। ऐसे शब्दों के कर्म कारक और सम्बोधन कारक एकवचन रूप का निर्माण 'आ' की जगह पर 'ए' का प्रयोग करके बनाया जाता है। यह 'ए' युक्त रूप कर्त्ता कारक, बहुवचन के समान ही होता है। कर्म कारक, बहुवचन की स्थिति में 'आ' के स्थान पर 'ओं' तथा सम्बोधन कारक, बहुवचन की स्थिति में 'ओ' आता है।

7.5 बहुवचन सूचक - 'लोग'

हिन्दी शब्द 'लोग' का प्रयोग प्राणिवाचक संज्ञाओं के समूह का बोध कराने के लिए किया जाता है। जैसे : 'हम लोग', 'आम लोग', 'साधु लोग', 'साहिब लोग' आदि। विचारणीय है कि ये शब्द लिखित रूप में भले ही दो अलग-अलग शब्दों के रूप में दिखायी देते हैं लेकिन इनका व्यवहार एकल शब्द के रूप में होता है तथा सभी वचनों और कारकों में केवल 'लोग' का रूप बदलता है पहला भाग नहीं बदलता है। 'लोग' शब्द का प्रयोग न तो सजीव अप्राणिवाचक संज्ञाओं जैसे : 'चूहा' आदि के साथ होता है और न ही निर्जीव संज्ञाओं जैसे : 'मेज' आदि के साथ बल्कि इसका प्रयोग केवल प्राणिवाचक संज्ञाओं के साथ होता है।

7.6 निष्कर्ष

इस अध्याय में हिन्दी संज्ञाओं की प्रकृति को लिंग, वचन और कारक के सन्दर्भ

में देखा गया है। संज्ञा के लिंग को जानना कठिन है क्योंकि लिंग- निर्धारण का कोई निश्चित नियम नहीं है। मोटे तौर पर कुछ नियम हैं भी तो उनके कई सारे अपवाद हैं। यही वजह है कि हर संज्ञा के लिंग को याद करना पड़ता है, सीखना पड़ता है। यदि एक बार हम यह जान लेते हैं कि किस संज्ञा के अन्त में कौन-सी ध्वनि आ रही है तथा उस संज्ञा का लिंग क्या है तो यह बताना आसान हो जाता है कि विभिन्न कारकों और वचनों में उसका क्या रूप होगा। हिन्दी की संरचना को समझने के लिए केवल तीन कारकों कर्त्ता कारक, कर्म कारक एवं सम्बोधन कारक को पहचानने की ज़रूरत है। विभिन्न प्रकार के परसर्गों से युक्त कर्म कारक के अन्तर्गत कर्त्ता कारक एवं सम्बोधन कारक के अलावा अन्य सभी कारक आ जाते हैं। सकर्मक क्रिया और पूर्णतावाची पक्ष की स्थिति में इसके (कर्म कारक के) अन्तर्गत तथाकथित कर्तृ कारक भी आ जाता है। वचन के सन्दर्भ में देखें तो व्याकरण की दृष्टि से दो वचन हैं : एकवचन और बहुवचन। इस प्रकार दो वचनों और तीन कारकों के अन्तर्गत प्रत्येक संज्ञा के नियमतः छह रूप होते हैं। हालाँकि इनमें से कुछ रूप प्रायः एक समान होते हैं। एक समूह के शब्दों के सभी रूप शब्द-निर्माण युक्तियों के माध्यम से परस्पर जुड़े होते हैं।

अध्याय- 8

संज्ञा के सम्बन्ध में कुछ और बातें

इस अध्याय में मैंने कुछ उन तरीक़ों की चर्चा की है जिसमें संज्ञाएँ अन्य संज्ञाओं से जुड़ी होती हैं। खण्ड 8.1 के विभिन्न भागों में आप शब्द-निर्माण युक्तियों को पायेंगे जो विभिन्न संज्ञाओं के जैसे : 'X के कर्त्ता/ स्रष्टा/ निर्माता आदि', 'X का रहनेवाला', 'X में विश्वास रखनेवाला', 'अच्छा X', 'बुरा X', 'X के विपरीत' आदि के सम्बन्धों को दिखाता है, जहाँ शामिल दोनों शब्द संज्ञाएँ हैं। खण्ड 8.2 में मैंने वाक्यों में संज्ञाओं के प्रयोग के कुछ पहलुओं पर प्रकाश डाला है। अगले अध्याय में इस पर चर्चा होगी कि किस तरह संज्ञाएँ क्रियाओं, विशेषणों और क्रिया-विशेषणों से सम्बन्धित हैं।

8.1 संज्ञाएँ और संज्ञाएँ

वास्तव में प्रत्ययीकरण शब्दों के भिन्न समूहों के बीच सम्बन्ध दिखाने की अति प्रचलित युक्ति है। यहाँ हम कुछ युक्तियों की सूची बना रहे हैं जो शब्द-समूहों के बीच के अर्थ और रूप की भिन्नता को बताती हैं।

(क) X से सम्बन्धित/का प्रयोगकर्त्ता/का कर्त्ता/का निर्माणकर्त्ता आदि; हिन्दी में इस्तेमाल होनेवाला अधिक प्रचलित प्रत्यय 'वाला' है। सिद्धान्ततः यह किसी भी संज्ञा के साथ जोड़ा जा सकता है। जैसे : 'X से सम्बन्ध रखनेवाला या X का' अर्थ देने के लिए। अतः हमारे पास हिन्दी में अति उत्पादक शब्द-निर्माण युक्ति है:

शब्द-निर्माण युक्ति 8.1

(X) एकवचन, संज्ञा ↔ (X वाला) संज्ञा, एकवचन, पुल्लिंग X से सम्बन्ध रखनेवाला/X का स्वामी

दूध दूधवाला
अख़बार अख़बारवाला
घर घरवाला
कुर्सी कुर्सीवाला

यदि पुल्लिंग संज्ञा आकारान्त हो जैसे : 'घोड़ा', 'घड़ा' इत्यादि, तो 'वाला' प्रत्यय

जोड़ने से पूर्व 'आ' 'ए' में बदल जायेगा, जो हमें 'घोड़ेवाला', 'घड़ेवाला' आदि शब्द देगा। यदि हम इसके स्त्रीलिंग प्रतिरूप का प्रयोग करना चाहें तो उपर्युक्त 'X वाला संज्ञाएँ शब्द-निर्माण युक्ति 7.3 'आ' के स्थान पर 'ई' हो जायेंगी जैसे : दूधवाली, घरवाली, घड़ेवाली आदि।

अध्याय 7 में हमने नोट किया था कि हम अक्सर प्राणिवाचक पुल्लिंग संज्ञाओं के स्त्रीलिंग प्रतिरूप प्राप्त करने के लिए 'ई' का प्रयोग करते हैं। अन्य अनेक संज्ञाएँ इस 'X-X ई' सम्बन्ध के कारण एक-दूसरे से जुड़ी हुई हैं। इस प्रकार की नीति हमें 'X से सम्बन्ध रखनेवाला' अर्थ देती है।

शब्द-निर्माण युक्ति (8.2)

(X) $_{\text{एकवचन, पुल्लिंग, संज्ञा, कर्त्ता, अप्राणिवाचक}}$ ↔ (X ई) $_{\text{एकवचन, पुल्लिंग, संज्ञा, X से सम्बन्ध रखनेवाला}}$

(शर्त : X का व्यंजन से अन्त हो।)

शतरंज	शतरंजी
तेल	तेली
सन्यास	सन्यासी
कबाड़	कबाड़ी

शब्द-निर्माण युक्ति 8.3

(X) $_{\text{एकवचन, संज्ञा}}$ ↔ (X अक) $_{\text{एकवचन, पुल्लिंग, संज्ञा, X का कर्त्ता}}$

(शर्त : X का व्यंजन से अन्त हो।)

भाव	भावक
साध	साधक
लेख	लेखक
उपदेश	उपदेशक

शब्द-निर्माण युक्ति 8.4

(X आ) $_{\text{एकवचन, स्त्रीलिंग, संज्ञा}}$ ↔ (X अक) $_{\text{एकवचन, पुल्लिंग, संज्ञा, X का कर्त्ता}}$

रक्षा	रक्षक
शिक्षा	शिक्षक

शब्द-निर्माण युक्ति 8.5

(X) $_{\text{एकवचन, स्त्रीलिंग, संज्ञा}}$ ↔ (X ची) $_{\text{एकवचन, पुल्लिंग, संज्ञा, X का प्रयोगकर्त्ता}}$

(शर्त : X का व्यंजन से अन्त हो।)

मशाल	मशालची
तोप	तोपची

शब्द-निर्माण युक्ति 8.6

(X) $_{\text{एकवचन, संज्ञा}}$ ↔ (X इया) $_{\text{एकवचन, पुल्लिंग, संज्ञा, कर्त्ता, X से सम्बन्ध रखनेवाला}}$

(शर्त : X का व्यंजन से अन्त हो।)

डाक (स्त्रीलिंग)		डाकिया
कबाड़ (पुल्लिंग)		कबाड़िया

शब्द-निर्माण युक्ति 8.7

(X) एकवचन, संज्ञा	↔	(X कार) एकवचन, पुल्लिंग, संज्ञा, X का स्रष्टा
कला		कलाकार
संगीत		संगीतकार
गीत		गीतकार
पत्र		पत्रकार

शब्द-निर्माण युक्ति 8.8

(X) एकवचन, संज्ञा	↔	(X गर) एकवचन, पुल्लिंग, संज्ञा, X का कर्त्ता
सितम (पुल्लिंग)		सितमगर
जादू (पुल्लिंग)		जादूगर
बाज़ी (स्त्रीलिंग)		बाज़ीगर

शब्द-निर्माण युक्ति 8.9

(X) एकवचन, स्त्रीलिंग, संज्ञा,	↔	(X बाज़) एकवचन, पुल्लिंग, संज्ञा, X का कुशल प्रयोगकर्त्ता
चाल		चालबाज़
जां		जांबाज़

शब्द-निर्माण युक्ति 8.10

(X) एकवचन, संज्ञा, भाववाचक	↔	(X वान) एकवचन, पुल्लिंग, संज्ञा, X का स्वामी
ज्ञान		ज्ञानवान
धन		धनवान
विद्या		विद्यावान

शब्द-निर्माण युक्ति 8.11

(X) एकवचन, संज्ञा	↔	(X साज़) एकवचन, पुल्लिंग, संज्ञा, X का निर्माता
जाल		जालसाज़
घड़ी		घड़ीसाज़

शब्द-निर्माण युक्ति (8.12)

(X) एकवचन, पुल्लिंग, संज्ञा	↔	(X गिरी) एकवचन, पुल्लिंग, संज्ञा, X जो करता है
दादा		दादागिरी
नेता		नेतागिरी

शब्द-निर्माण युक्ति 8.13

(X) एकवचन, पुल्लिंग, संज्ञा	↔	(X कर्त्ता) एकवचन, स्त्रीलिंग, संज्ञा, X का कर्त्ता
अनुमोदन		अनुमोदनकर्त्ता

कार्य	कार्यकर्त्ता
संशोधन	संशोधनकर्त्ता

शब्द-निर्माण युक्ति 8.14

(X) एकवचन, पुल्लिंग, संज्ञा ↔ (X धारी) एकवचन, पुल्लिंग, संज्ञा, X का धारक

केश	केशधारी
तिलक	तिलकधारी
सत्ता	सत्ताधारी

शब्द-निर्माण युक्ति 8.15

(X) एकवचन, पुल्लिंग, संज्ञा ↔ (X वादी) एकवचन, पुल्लिंग, संज्ञा X में विश्वास रखनेवाला

आतंक	आतंकवादी
सुधार	सुधारवादी

ये 'X वादी' संज्ञाएँ हिन्दी में बहुत सामान्य हैं। इन्हें विशेषणों के रूप में भी प्रयोग किया जा सकता है।

(ख) 'X का रहनेवाला' : हिन्दी में शब्द-निर्माण की एक युक्ति ऐसी है जो यह बताती है कि कौन कहाँ का रहनेवाला है/ कहाँ का वासी है। अतः यदि कोई गुजरात में रहता हो तो वह 'गुजराती' है। शब्द-निर्माण युक्ति (8.16) इस सम्बन्ध को दिखाती है :

शब्द-निर्माण युक्ति 8.16

(X) एकवचन, पुल्लिंग, संज्ञा ↔ (X ई) एकवचन, पुल्लिंग, संज्ञा X का रहनेवाला अप्राणिवाचक, कर्त्ता

पंजाब	पंजाबी
देहात	देहाती

(ग) कुछ युक्तियाँ ऐसी भी हैं जो भाववाचक और अभाववाचक संज्ञाओं के बीच सम्बन्ध को दिखाती हैं। जैसे :

शब्द-निर्माण युक्ति 8.17

(X) एकवचन, पुल्लिंग, संज्ञा, कर्त्ता, अप्राणिवाचक ↔ (X ई) एकवचन, स्त्रीलिंग, संज्ञा, X का भाव

(शर्त : X का व्यंजन से अन्त हो।)

दोस्त	दोस्ती
ईमानदार	ईमानदारी
बीमार	बीमारी

शब्द-निर्माण युक्ति 8.18

(X) एकवचन, संज्ञा ↔ (X वाद) एकवचन, पुल्लिंग, संज्ञा, X में विश्वास

आतंक	आतंकवाद
मार्क्स	मार्क्सवाद
पूँजी	पूँजीवाद

(घ) कुछ युक्तियाँ कुछ शब्दों के उन समूहों के लिए बनानी भी ज़रूरी हैं जो 'X' और 'X के स्थान' के बीच के सम्बन्ध को दिखाती है :

शब्द-निर्माण युक्ति 8.19

(X) एकवचन, संज्ञा	↔	(X ख़ाना) एकवचन, पुल्लिंग, संज्ञा, X के लिए स्थान
मय		मयख़ाना
दवा		दवाख़ाना
तोप		तोपख़ाना
बर्फ़		बर्फ़ख़ाना

शब्द-निर्माण युक्ति 8.20

(X) एकवचन, संज्ञा	↔	(X घर) एकवचन, पुल्लिंग, संज्ञा, X के लिए स्थान
नाच		नाचघर
दवा		दवाघर
बन्दी		बन्दीघर
चिड़िया		चिड़ियाघर

(ङ) 'लघुतावाची X' : शब्द निर्माण युक्ति 8.21 दिये गये शब्द-समूहों और उनके अल्पार्थकों के बीच के सम्बन्ध को दिखाती है। जैसे :

शब्द-निर्माण युक्ति 8.21

(X) एकवचन, संज्ञा	←	(X इया) एकवचन, संज्ञा, कर्त्ता, X का अल्पार्थी

(शर्त : यदि X के पहले अक्षर मे दीर्घ स्वर है तो वह ह्रस्व हो जायेगा; 'ओ' 'उ' में और 'ए' 'इ' में बदल जायेगा। शब्द का अन्तिम 'आ' लुप्त हो जायेगा।)

खाट		खटिया
बेटा		बिटिया
लोटा		लुटिया
चूहा		चुहिया
चोंटी		चुटिया

(च) 'अच्छा X' : हिन्दी में 'X' और 'X' के अच्छे प्रतिरूप के लिए शब्द-निर्माण युक्ति 8.2 दी गयी है। इस सन्दर्भ में शब्द 'X' के पीछे कोई प्रत्यय लगाने के बजाय कोई ध्वन्यात्मक उपसर्ग जोड़ दिया जाता है।

शब्द-निर्माण युक्ति 8.22

(X) एकवचन, संज्ञा	↔	(सु X) एकवचन, संज्ञा, अच्छा X
पुत्री		सुपुत्री
पात्र		सुपात्र
मति		सुमति

(छ) 'बुरा X' : कुछ युक्तियाँ 'X' और 'बुरे X' के बीच के सम्बन्ध को दिखाती हैं :

शब्द-निर्माण युक्ति 8.23

(X) एकवचन, संज्ञा	↔	(कु X) एकवचन, संज्ञा, बुरा X
पुत्र		कुपुत्र
कर्म		कुकर्म
मार्ग		कुमार्ग
प्रथा		कुप्रथा

शब्द-निर्माण युक्ति 8.24

(X) एकवचन, संज्ञा	↔	(बे X) एकवचन, संज्ञा, बुरा X
अदब		बेअदब
वफ़ाई		बेवफ़ाई

(ज) 'X का विपरीत' : निम्नलिखित शब्द-निर्माण युक्तियाँ 'X' और 'X' का विपरीत' के सम्बन्ध को दिखाती हैं :

शब्द-निर्माण युक्ति 8.25

(X) एकवचन, संज्ञा, भाववाचक	↔	(अ X) एकवचन, संज्ञा, भाववाचक, X का विपरीत
कीर्ति		अकीर्ति
सत्य		असत्य

शब्द-निर्माण युक्ति 8.26

(X) एकवचन, संज्ञा	↔	(वि X) एकवचन, संज्ञा, भाववाचक, X का विपरीत
माता		विमाता
कृति		विकृति
मत		विमत
पक्ष		विपक्ष

(झ) 'तीव्रतायुक्त X : 'वि' उपसर्ग हिन्दी में अकसर तीव्रता प्रकट करनेवाले उपसर्ग के रूप में प्रयुक्त होता है।

शब्द-निर्माण युक्ति 8.27

(X) एकवचन, संज्ञा	↔	(वि X) एकवचन, संज्ञा, X का तीव्ररूप
मुक्ति		विमुक्ति
मोक्ष		विमोक्ष
नम्रता		विनम्रता

8.2 वाक्यों में संज्ञाओं का प्रयोग

हम वाक्यों का निर्माण नियमानुसार संज्ञाओं, क्रियाओं, विशेषणों, परसर्गों एवं क्रिया-विशेषणों के मेल से करते हैं। हिन्दी में जैसाकि पहले बताया जा चुका है, संज्ञा का वचन और लिंग वाक्य की संरचना और अन्य घटकों के रूपों के निर्धारण में

महत्वपूर्ण भूमिका अदा करते हैं। संज्ञाओं और क्रियाओं के बीच के सम्बन्ध को निम्नलिखित वाक्यों में देखा जा सकता है :

1. लड़का सेब खाता है।

(लड़का पुल्लिंग, कर्त्ता, एकवचन है। सेब पुल्लिंग, कर्म, एकवचन है किन्तु क्रिया के साथ सम्बन्ध के सन्दर्भ में कोई भूमिका अदा नहीं कर रहा है। पक्ष-चिह्न 'ता' है जो कर्त्ता 'लड़का' के साथ जुड़ रहा है। 'है' वर्तमान काल को बता रहा है।)

2. लड़की सेब खाती है।

('लड़की' स्त्रीलिंग है। पक्ष चिह्न 'ती' का सम्बन्ध 'लड़की' के साथ है जो अन्य पुरुष, एकवचन है।)

3. लड़के ने सेब खाया।

(चूँकि यहाँ कर्त्ता चिह्न 'ने' का प्रयोग हुआ है तथा 'लड़का' के बाद परसर्ग आया है, इसलिए क्रिया का सम्बन्ध यहाँ 'कर्त्ता' से न हो कर कर्म 'सेब' पुल्लिंग के साथ है।)

4. लड़की ने सेब खाया।

(यहाँ क्रिया में वाक्य संख्या 3 की ही तरह कोई बदलाव नहीं हुआ है। हालाँकि यहाँ कर्त्ता पुल्लिंग न हो कर स्त्रीलिंग है।)

5. लड़के ने रोटी खायी।

(रोटी स्त्रीलिंग है। यहाँ क्रिया के पक्ष चिह्न का सम्बन्ध इसके साथ है।)

6. लड़की ने रोटी खायी।

(यहाँ क्रिया में वाक्य संख्या 5 की ही तरह कोई बदलाव नहीं हुआ है, हालाँकि कर्त्ता पुल्लिंग से स्त्रीलिंग में बदल गया है।)

7. लड़की ने लड़के को मारा।

(यह व्यतिक्रम सम्बन्ध के अन्तर्गत आता है। यहाँ क्रिया न तो कर्त्ता 'लड़की' और न ही कर्म 'लड़के' के साथ जुड़ी है। क्रिया समान ही रहेगी यदि कर्त्ता 'लड़का' हो जाये और कर्म 'लड़की'। यदि संज्ञाएँ 'ने', 'को', 'से' आदि परसर्गों द्वारा बाधित हों तो क्रिया का सम्बन्ध अन्य पुरुष, पुल्लिंग, एकवचन के साथ होता है। वाक्य संख्या 8 में क्रिया का रूप नहीं बदलेगा।)

8. लड़के ने लड़की को मारा।

(संज्ञा के वचन रूपों के लिए वाक्य संख्या 9 को देखिए।)

9. लड़के खेल रहे हैं।

(क्रिया में होते हुए बदलाव को देखिए क्योंकि कर्त्ता यहाँ बहुवचन रूप में है।)

इन उदाहरणों से यह स्पष्ट है कि संज्ञा का वचन, लिंग और कारक हिन्दी की वाक्य संरचना को सार्थक रूप से प्रभावित करते हैं। 3 से 8 तक के वाक्यों में कर्त्ता के बाद 'ने' (कर्त्ता कारक) को देखें। हिन्दी में परसर्ग सामान्यतः उस स्थिति में प्रयुक्त

होते हैं जब सकर्मक क्रिया हो और पूर्णतावाची पक्ष हो। अन्य परसर्गों के सन्दर्भ में 'ने' संज्ञा के बाद आनेवाली क्रिया से उसके सम्बन्ध को भी बाधित करता है। क्रिया का सम्बन्ध तो भी कर्म के साथ होता है, यदि कर्म से पहले परसर्ग आ रहा हो, यहाँ व्यतिक्रम सम्बन्ध होता है। पूरे तौर पर देखा जाए हिन्दी में सम्बन्ध और संरचना की प्रणाली अधिक जटिल है। इन मुद्दों पर हम अन्य अध्याय में लौटेंगे।

8.3 निष्कर्ष

इस अध्याय में हमने यह समझने की कोशिश कि कैसे हिन्दी में एक संज्ञा अन्य संज्ञाओं से जुड़ी है। एक बार आप इन शब्द-निर्माण की युक्तियों को समझ जायें तो आप अपने शब्द-भंडार को तेज़ी से बढ़ा सकते हैं। यह विचारणीय है कि ये गणित के नियम नहीं हैं जो हमेशा शत-प्रतिशत ठीक बैठेंगे। ये वे युक्तियाँ हैं जो लगभग उन सभी स्थितियों को शामिल कर लेती हैं जिनमें इनका उपयोग होता है। इस अध्याय में हमने यह भी जानने का कोशिश की कि कैसे साधारण वाक्य में संज्ञा कार्य करती है और कैसे संज्ञा का वचन, लिंग और कारक हिन्दी की वाक्य संरचना को प्रभावित करते हैं।

अध्याय- 9

संज्ञाएँ और क्रियाएँ तथा विशेषण और क्रिया-विशेषण

जैसाकि हमने अध्याय 8 में देखा कि हिन्दी में शब्दों के सम्बन्धित समूह हैं जिनमें संज्ञाएँ नियमानुसार अन्य संज्ञाओं से जुड़ी हुई हैं। इसी प्रकार शब्दों के दूसरे समूह भी हैं जिनमें संज्ञाएँ एकरूपता, प्रतिस्थापन और प्रत्यय जोड़ (उपसर्ग और प्रत्यय दोनों) की प्रक्रिया द्वारा क्रिया, विशेषणों और क्रिया-विशेषणों से जुड़ी होती हैं। इस अध्याय में संज्ञा और क्रिया के बीच के सम्बन्ध की खण्ड 9.1 में, संज्ञा और विशेषणों के बीच के सम्बन्ध की खण्ड 9.2 में तथा संज्ञा और क्रिया-विशेषणों के बीच के सम्बन्ध की खण्ड 9.3 में चर्चा की जायेगी।

9.1 संज्ञाएँ और क्रियाएँ

अंग्रेजी में एकरूपता के आधार पर शब्द-निर्माण की ऐसी सामान्य युक्तियाँ हैं जिनके आधार पर अधिकांश संज्ञाएँ क्रिया के रूप में इस्तेमाल की जा सकती हैं (यह सम्बन्ध दो तरफ़ा है, हम कह सकते हैं लगभग सभी क्रियाएँ संज्ञाओं के रूप में इस्तेमाल की जा सकती हैं)। अतः 'table', 'chair', 'talk', 'pitch', 'call', 'run' आदि सभी शब्द क्रिया और संज्ञा दोनों रूपों में प्रयोग किये जा सकते हैं। हिन्दी में यह स्वतन्त्रता बहुत हद तक बाधित है। केवल कुछ संज्ञाएँ क्रियाओं के रूप में इस्तेमाल की जा सकती हैं। निम्नलिखित शब्द-निर्माण युक्तियों को देखें :

शब्द-निर्माण युक्ति 9.1

$(X)_{\text{एकवचन, संज्ञा}}$ ↔	$(X)_{\text{क्रिया, आदेशात्मक, अनादरसूचक}}$
दौड़ (स्त्रीलिंग)	दौड़
नाच (पुल्लिंग)	नाच
मार (स्त्रीलिंग)	मार
खेल (पुल्लिंग)	खेल

शब्द-निर्माण युक्ति 9.2

(X ना) $_{\text{एकवचन, पुल्लिंग संज्ञा}}$ ↔ (X ना) $_{\text{क्रिया, भावार्थक}}$

दौड़ना (दौड़ने की क्रिया) दौड़ना

नाचना (नाचने की क्रिया) नाचना

जहाँ शब्द-निर्माण युक्ति 9.1 बहुत हद तक बाधित है, वहीं शब्द-निर्माण युक्ति 9.2 भावार्थक क्रियाओं को सिद्धान्ततः शामिल कर लेती है। ये सभी संज्ञाओं की सभी विशेषताएँ न होते हुए भी संज्ञाओं के रूप में इस्तेमाल की जा सकती हैं। निम्नलिखित वाक्य को देखें :

उसका नाचना सबको अच्छा लगा।

हालाँकि संज्ञा के रूप में इस्तेमाल होनेवाले भावार्थक शब्द संज्ञा की दो महत्वपूर्ण विशेषताओं से रहित होते हैं। उनके बहुवचन रूप नहीं होते और न ही सम्बोधन कारक। दूसरी ओर शब्द-निर्माण युक्ति 9.1 की संज्ञाएँ संख्या में सीमित होते हुए भी पूर्ण रूप से संज्ञा की तरह कार्य करती हैं। शब्द-निर्माण युक्ति 9.3 उपर्युक्त शब्द-निर्माण युक्तियों 9.1 एवं 9.2 की ही भाँति संज्ञाओं में 'ना' को जोड़ते हुए भावार्थक क्रियाएँ बनाती है :

शब्द-निर्माण युक्ति 9.3

(X) $_{\text{एकवचन, संज्ञा}}$ ↔ (X ना) $_{\text{क्रिया, भावार्थक}}$

दौड़ (स्त्रीलिंग) दौड़ना

नाच (पुल्लिंग) नाचना

मार (स्त्रीलिंग) मारना

खेल (पुल्लिंग) खेलना

इसी प्रकार शब्द-निर्माण की कुछ अन्य युक्तियाँ हैं जो संज्ञाओं एवं क्रियाओं से सम्बन्धित शब्द समूह बनाती हैं :

शब्द-निर्माण युक्ति 9.4

(X अन) $_{\text{एकवचन, संज्ञा}}$ ↔ (X) $_{\text{क्रिया, आदेशात्मक, अनादरसूचक}}$

लगन (स्त्रीलिंग) लग (काम कर)

जलन (स्त्रीलिंग) जल

मिलन (पुल्लिंग) मिल

शब्द-निर्माण युक्ति 9.5

(X आन) $_{\text{एकवचन, संज्ञा}}$ ↔ (X ना) $_{\text{क्रिया, आदेशात्मक, अनादरसूचक}}$

उड़ान (स्त्रीलिंग) उड़

लगान (पुल्लिंग) लग

शब्द-निर्माण 9.4 युक्ति में 'अन' और शब्द-निर्माण नीति 9.5 में 'आन' प्रत्यय का लोप करके संज्ञा के समानान्तर आज्ञार्थक क्रियाओं का निर्माण किया गया है। यह विचारणीय है कि क्रिया के ये रूप केवल अनादरसूचक सर्वनाम 'तू' के साथ

शब्द-निर्माण युक्ति 9.2

(X ना)$_{\text{एकवचन, पुल्लिंग संज्ञा}}$ ↔ (X ना)$_{\text{क्रिया, भावार्थक}}$

दौड़ना (दौड़ने की क्रिया) दौड़ना

नाचना (नाचने की क्रिया) नाचना

जहाँ शब्द-निर्माण युक्ति 9.1 बहुत हद तक बाधित है, वहीं शब्द-निर्माण युक्ति 9.2 भावार्थक क्रियाओं को सिद्धान्ततः शामिल कर लेती है। ये सभी संज्ञाओं की सभी विशेषताएँ न होते हुए भी संज्ञाओं के रूप में इस्तेमाल की जा सकती हैं। निम्नलिखित वाक्य को देखें :

उसका नाचना सबको अच्छा लगा।

हालाँकि संज्ञा के रूप में इस्तेमाल होनेवाले भावार्थक शब्द संज्ञा की दो महत्वपूर्ण विशेषताओं से रहित होते हैं। उनके बहुवचन रूप नहीं होते और न ही सम्बोधन कारक। दूसरी ओर शब्द-निर्माण युक्ति 9.1 की संज्ञाएँ संख्या में सीमित होते हुए भी पूर्ण रूप से संज्ञा की तरह कार्य करती हैं। शब्द-निर्माण युक्ति 9.3 उपर्युक्त शब्द-निर्माण युक्तियों 9.1 एवं 9.2 की ही भाँति संज्ञाओं में 'ना' को जोड़ते हुए भावार्थक क्रियाएँ बनाती है :

शब्द-निर्माण युक्ति 9.3

(X)$_{\text{एकवचन, संज्ञा}}$ ↔ (X ना)$_{\text{क्रिया, भावार्थक}}$

दौड़ (स्त्रीलिंग) दौड़ना

नाच (पुल्लिंग) नाचना

मार (स्त्रीलिंग) मारना

खेल (पुल्लिंग) खेलना

इसी प्रकार शब्द-निर्माण की कुछ अन्य युक्तियाँ हैं जो संज्ञाओं एवं क्रियाओं से सम्बन्धित शब्द समूह बनाती हैं :

शब्द-निर्माण युक्ति 9.4

(X अन)$_{\text{एकवचन, संज्ञा}}$ ↔ (X)$_{\text{क्रिया, आदेशात्मक, अनादरसूचक}}$

लगन (स्त्रीलिंग) लग (काम कर)

जलन (स्त्रीलिंग) जल

मिलन (पुल्लिंग) मिल

शब्द-निर्माण युक्ति 9.5

(X आन)$_{\text{एकवचन, संज्ञा}}$ ↔ (X ना)$_{\text{क्रिया, आदेशात्मक, अनादरसूचक}}$

उड़ान (स्त्रीलिंग) उड़

लगान (पुल्लिंग) लग

शब्द-निर्माण 9.4 युक्ति में 'अन' और शब्द-निर्माण नीति 9.5 में 'आन' प्रत्यय का लोप करके संज्ञा के समानान्तर आज्ञार्थक क्रियाओं का निर्माण किया गया है। यह विचारणीय है कि क्रिया के ये रूप केवल अनादरसूचक सर्वनाम 'तू' के साथ

प्यास　　　　　　　　　　प्यासा

'अपराधी' शब्द संज्ञा एवं विशेषण दोनों रूपों में इस्तेमाल किया जा सकता है। जैसे : वाक्य संख्या 2 में यह संज्ञा है तो वाक्य संख्या 3 में विशेषण :

2. अपराधी को सज़ा मिली।
3. अपराधी व्यक्ति को सज़ा मिलनी चाहिए।

संज्ञा और विशेषण शब्दों का ऐसा समूह भी है जो एक-दूसरे से 'इत' या 'ईय' प्रत्यय द्वारा X से जुड़े होते हैं :

शब्द-निर्माण युक्ति 9.11

$(X)_{\text{एकवचन, संज्ञा}}$ ↔ $(X\ \text{इत})_{\text{विशेषण}}$

विस्तार　　　　　　विस्तारित
आधार　　　　　　आधारित
जड़　　　　जड़ित

शब्द-निर्माण युक्ति 9.12

$(X)_{\text{एकवचन, पुल्लिंग, संज्ञा}}$ ↔ $(X\ \text{ईय})_{\text{विशेषण}}$

भारत　　　　　　भारतीय
पर्वत　　　　　　पर्वतीय
व्याकरण　　　　　　व्याकरणीय

संज्ञा शब्द में 'गत' प्रत्यय को जोड़ देने से ऐसा विशेषण प्राप्त होता है जिसका अर्थ 'X से सम्बन्धित' होता है, जहाँ X दी गयी संज्ञा है :

शब्द-निर्माण युक्ति 9.13

$(X)_{\text{एकवचन, संज्ञा}}$ ↔ $(X\ \text{गत})_{\text{विशेषण}}$

विषय　　　　　　विषयगत
शैली　　　　　　शैलीगत
विन्यास　　　　　　विन्यासगत

संज्ञा X और विशेषण 'X आत्मक' अकसर ऐसे शब्द समूह बनाते हैं जिनमें विशेषण का अर्थ 'X सहित' होता है। जैसे :

शब्द-निर्माण युक्ति 9.14

$(X)_{\text{एकवचन, पुल्लिंग, संज्ञा}}$ ↔ $(X\ \text{आत्मक})_{\text{विशेषण}}$

(शर्त : X के अन्त में व्यंजन हो।)

प्रतीक　　　　　　प्रतीकात्मक
संकेत　　　　　　संकेतात्मक
विचार　　　　　　विचारात्मक

यदि X संज्ञा आकारान्त हो तो अन्य शब्द-निर्माण युक्ति की ज़रूरत होगी। जैसे :

9.15 शब्द-निर्माण युक्ति

(X) $_{\text{एकवचन, स्त्रीलिंग, संज्ञा}}$ ↔ (X त्मक) $_{\text{विशेषण}}$

(शर्त : X के अन्त में आ हो।)

कला	कलात्मक
भावना	भावनात्मक
सूचना	सूचनात्मक

संज्ञा और विशेषण से सम्बन्धित और भी अन्य प्रकार के समूह हैं किन्तु वे संख्या में बहुत कम हैं। ऐसे शब्द-समूहों में 'शील', 'शाली', 'मय', 'मान' तथा 'वान' का प्रयोग मिलता है। इनसे पता लगता है कि X संज्ञा इन प्रत्ययों के साथ X विशेषण में मौजूद है। जैसे : संज्ञा शब्द 'बल' के लिए हमारे पास 'बलवान' विशेषण शब्द है। यह विशेषण संज्ञा के रूप में भी इस्तेमाल किया जा सकता है। इसी प्रकार संज्ञा शब्द 'स्नेह' से 'स्नेहमय' विशेषण बनता है। किन्तु ये शब्द-समूह संख्या में काफ़ी कम हैं। दूसरी ओर 'शाली' तथा 'शील' प्रत्ययों का प्रयोग अधिक होता है।

शब्द-निर्माण युक्ति 9.16

(X) $_{\text{एकवचन, संज्ञा}}$ ↔ (X शाली) $_{\text{विशेषण}}$

प्रतिभा (स्त्रीलिंग)	प्रतिभाशाली
भाग्य (पुल्लिंग)	भाग्यशाली
बल (पुल्लिंग)	बलशाली

शब्द-निर्माण युक्ति 9.17

(X) $_{\text{एकवचन, संज्ञा}}$ ↔ (X शील) $_{\text{विशेषण}}$

प्रगति (स्त्रीलिंग)	प्रगतिशील
परिवर्तन (पुल्लिंग)	परिवर्तनशील
सृजन (पुल्लिंग)	सृजनशील

कुछ अन्य बड़े संज्ञा-विशेषण शब्द-समूह भी निम्नलिखित शब्द-निर्माण युक्तियों में विचारणीय हैं। 'परक' विशेषण का प्रयोग यह सुनिश्चित करता है कि सम्बन्धित विशेषण के लिए प्रयुक्त की गयी संज्ञा में सभी विशेषताएँ मौजूद हैं।

शब्द-निर्माण युक्ति 9.18

(X) $_{\text{एकवचन, संज्ञा}}$ ↔ (X परक) $_{\text{विशेषण}}$

मूल्य (पुल्लिंग)	मूल्यपरक
संगीत (पुल्लिंग)	संगीतपरक
सौन्दर्य (पुल्लिंग)	सौन्दर्यपरक
वस्तु (स्त्रीलिंग)	वस्तुपरक

'संज्ञा X - विशेषण X पूर्वक' में आया विशेषण यह सुनिश्चित करता है कि संज्ञा द्वारा अंकित किया गया गुण पूरी सच्चाई के साथ प्रयोग किया गया है।

शब्द-निर्माण युक्ति 9.19 को देखें :

शब्द-निर्माण युक्ति 9.19

$(X)_{\text{एकवचन, संज्ञा}}$	↔	$(X\ \text{पूर्वक})_{\text{विशेषण}}$
ध्यान (पुल्लिंग)	ध्यानपूर्वक	
शान्ति (स्त्रीलिंग)	शान्तिपूर्वक	
विश्वास (पुल्लिंग)	विश्वासपूर्वक	

'X - X जनक' पैटर्न बननेवाले संज्ञा-विशेषण शब्द-समूहों की संख्या अधिक है। ये विशेषण 'X के उत्पन्न' होने का भाव दिखाते हैं।

शब्द-निर्माण युक्ति 9.20

$(X)_{\text{एकवचन, संज्ञा}}$	↔	$(X\ \text{जनक})_{\text{विशेषण}}$
आशा (स्त्रीलिंग)	आशाजनक	
आपत्ति (स्त्रीलिंग)	आपत्तिजनक	
उत्साह (पुल्लिंग)	उत्साहजनक	

इसी प्रकार की अन्य शब्द-निर्माण युक्तियों को भी देखा जा सकता है जो बड़ी संख्या में हैं।

शब्द-निर्माण युक्ति 9.21

$(X)_{\text{एकवचन, संज्ञा}}$	↔	$(X\ \text{दायक})_{\text{विशेषण}}$
लाभ (पुल्लिंग)	लाभदायक	
हानि (स्त्रीलिंग)	हानिदायक	
कष्ट (पुल्लिंग)	कष्टदायक	

शब्द-निर्माण युक्ति 9.22

$(X)_{\text{एकवचन, संज्ञा}}$	↔	$(X\ \text{नाक})_{\text{विशेषण}}$
शर्म (स्त्रीलिंग)	शर्मनाक	
दर्द (स्त्रीलिंग)	दर्दनाक	

लोपीकरण की सामान्य प्रक्रिया द्वारा भी संज्ञा-विशेषणों का बड़ी संख्या में शब्द-समूह बनाया जा सकता है। शब्द-निर्माण युक्ति 9.23 को देखें :

शब्द-निर्माण युक्ति 9.23

$(X)_{\text{एकवचन, स्त्रीलिंग, संज्ञा}}$	↔	$(X)_{\text{विशेषण}}$
जटिलता		जटिल
स्वाधीनता		स्वाधीन
चपलता		चपल

इसी प्रकार उपसर्ग जोड़ने की प्रक्रिया द्वारा भी संज्ञा-विशेषण शब्द-समूहों को बनाया जाता है। इन सभी उपसर्गों की एक सामान्य भूमिका यह होती है कि ये हमें संज्ञा के विपरीत विशेषणों का अर्थ देते हैं। ये प्रक्रियाएँ विशिष्ट हैं और बहुत

से वैयाकरण इन्हें एक प्रक्रिया मानते हैं। विशेषरूप से 'नि', 'निर', 'निस' एवं 'निष' के सन्दर्भ में। निम्नलिखित शब्द-निर्माण युक्तियों को देखें :

शब्द-निर्माण युक्ति 9.24

(X) एकवचन, पुल्लिंग, संज्ञा	↔	(नि X) विशेषण, X रहित
डर		निडर
शुल्क		निशुल्क
बल		निबल

शब्द-निर्माण युक्ति 9.25

(X) एकवचन, पुल्लिंग, संज्ञा	↔	(निर X) विशेषण, X रहित
अपराधी		निरपराधी
आधार		निराधार

शब्द-निर्माण युक्ति 9.26

(X) एकवचन, संज्ञा, पुल्लिंग	↔	(निस X) विशेषण, X रहित
स्वार्थ		निस्स्वार्थ
संतान		निस्संतान

शब्द-निर्माण युक्ति 9.27

(X) एकवचन, पुल्लिंग, संज्ञा	↔	(निष X) विशेषण, X रहित
पक्ष		निष्पक्ष
पाप		निष्पाप

यहाँ यह ध्यान दिलाना ज़रूरी है कि हिन्दी के इस प्रकार के शब्दों को जाँचते समय कि शब्द 'साधारण' है या 'जटिल' सावधानी बरतनी चाहिए। ऐसी स्थिति भ्रामक हो सकती है। जैसे : पाँच शब्दों को लीजिए : 1) 'निर्भय', 2) 'निर्णायक', 3) 'निष्पक्ष', 4) 'निर्यात', 5) 'निवास'। यहाँ 1 और 3 जटिल शब्द हैं, पहले का सम्बन्ध शब्द-निर्माण युक्ति 9.25 से तथा तीसरे का सम्बन्ध शब्द-निर्माण युक्ति 9.27 से है। किन्तु 2, 4 तथा 5 साधारण शब्द हैं जबकि ये सभी 'नि' उपसर्ग से शुरू हो रहे हैं। दूसरे के सन्दर्भ में देखें तो हिन्दी में *णायक के समानान्तर अन्य कोई शब्द उपलब्ध नहीं है जो 'नि' प्रत्यय के जोड़ने पर इसके विपरीत अर्थ देता हो। यही स्थिति 'निर्यात' शब्द के साथ है क्योंकि हिन्दी में *यात शब्द का कोई वजूद ही नहीं है। पाँचवें को देखें तो पायेंगे कि यद्यपि हिन्दी में 'वास' शब्द उपलब्ध है किन्तु यह 'निवास' से विपरीत अर्थ नहीं देता, अतः यह शब्द-जोड़ा शब्द-निर्माण युक्ति 9.24 से सम्बन्ध नहीं रख सकता। संज्ञा-विशेषण को जोड़नेवाले अन्य साधारण उपसर्गों में 'ला-' उपसर्ग है जो '× रहितता' का अर्थ देता है :

शब्द-निर्माण युक्ति 9.28

(X) $_{\text{एकवचन, संज्ञा}}$ ↔ (ला X) $_{\text{विशेषण, X रहित}}$

परवाह (स्त्रीलिंग)	लापरवाह
इलाज (पुल्लिंग)	लाइलाज
पता (पुल्लिंग)	लापता

अन्त में बड़े संज्ञा-विशेषण शब्द-समूहों की ओर लौटते हैं। शब्द-निर्माण युक्ति 9.29 में इन्हें देखा जा सकता है :

शब्द-निर्माण युक्ति 9.29

(X) $_{\text{एकवचन, पुल्लिंग, संज्ञा}}$ ↔ (X इक) $_{\text{विशेषण, X से सम्बन्धित}}$

(शर्त : पहले अक्षर का 'अ', 'आ' में तथा 'इ', 'ऐ' में बदल जायेगा।)

मानव	मानविक
विचार	वैचारिक
दर्शन	दार्शनिक
लक्षण	लाक्षणिक
प्रथम	प्राथमिक
शब्द	शाब्दिक

9.3 संज्ञाएँ और क्रिया-विशेषण

बहुत-सी संज्ञाएँ क्रिया-विशेषण के रूप में इस्तेमाल होती हैं। जैसे :

शब्द-निर्माण युक्ति 9.30

(X) $_{\text{एकवचन, संज्ञा}}$ ↔ (X) $_{\text{क्रिया-विशेषण}}$

रात (स्त्रीलिंग)	रात
शाम (स्त्रीलिंग)	शाम

क्रिया-विशेषण के रूप में इस्तेमाल होते समय इन शब्दों के आगे 'में' या 'को' परसर्ग भी अकसर लगाया जाता है। बहुत-सी संज्ञाएँ और क्रिया-विशेषण पुनरावृत्ति की प्रक्रिया द्वारा जुड़ी होती हैं। जैसे :

शब्द-निर्माण युक्ति 9.31

(X) $_{\text{एकवचन, संज्ञा}}$ ↔ (X-X) $_{\text{क्रिया-विशेषण}}$

रात (स्त्रीलिंग)	रात-रात (सारी रातें)
रोज़ (पुल्लिंग)	रोज़-रोज़ (प्रतिदिन)

संज्ञा और क्रिया-विशेषण के कई शब्द समूह उपसर्ग जोड़ने पर शब्द-निर्माण युक्तियों के लिए आधार बनाते हैं।

शब्द-निर्माण युक्ति 9.32

(X) $_{\text{एकवचन, संज्ञा}}$ ↔ (प्रति X) $_{\text{क्रिया-विशेषण}}$

दिन (पुल्लिंग)	प्रतिदिन
माह (पुल्लिंग)	प्रतिमाह

शब्द-निर्माण युक्ति 9.33

$(X)_{\text{एकवचन, संज्ञा}}$	↔	$(\text{बा } X)_{\text{क्रिया-विशेषण}}$
अदब (पुल्लिंग)		बाअदब
आबरू (स्त्रीलिंग)		बाआबरू

शब्द-निर्माण युक्ति 9.34

$(X)_{\text{संज्ञा, एकवचन}}$	↔	$(\text{बे } X)_{\text{क्रिया-विशेषण}}$
असर (पुल्लिंग)		बेअसर
इज़्ज़त (स्त्रीलिंग)		बेइज़्ज़त

शब्द-निर्माण युक्ति 9.35

$(X)_{\text{एकवचन, संज्ञा}}$	↔	$(\text{स } X)_{\text{क्रिया-विशेषण}}$
परिवार (पुल्लिंग)		सपरिवार
क्रम (पुल्लिंग)		सक्रम

9.4 निष्कर्ष

इस अध्याय के साथ हिन्दी में संज्ञाओं के विषय में हम अपनी चर्चा को विराम देते हैं। अब तक हमने संज्ञा की उसके व्याकरणिक वचन, लिंग और कारक, वाक्यों में उसके प्रयोग एवं अन्य संज्ञाओं, क्रियाओं, विशेषणों तथा क्रिया-विशेषणों से उसके सम्बन्ध के सन्दर्भ में चर्चा की है। अब हम हिन्दी में क्रिया की प्रकृति पर बात करेंगे।

अध्याय- 10

क्रिया

किसी भी वाक्य में क्रिया सबसे केन्द्रीय तत्व होती है। क्रिया से ही पता चलता है कि दिये गये वाक्य में क्या हो रहा है। इससे घटना के समय (यानी वर्तमान, भूत या भविष्यत् काल) और प्रकृति (यानी हमें क्रिया से ही इस बात का ज्ञान होता है कि कोई घटना घट रही है घट चुकी है या घटनेवाली है।) का भी पता चलता है। क्रिया से ही वाक्य में इस्तेमाल होनेवाले अनिवार्य संज्ञा-पदों की प्रकृति भी तय होती है। जैसे : 'सोना' क्रिया के साथ केवल एक संज्ञा-पद की ज़रूरत होती है जबकि 'पीना' क्रिया के साथ दो की और 'देना' क्रिया के साथ कम-से कम तीन संज्ञा-पदों की ज़रूरत होती है।

1. मोहन सोया।
2. मोहन ने पानी पिया।
3. मोहन ने गीता को किताब दी।

10.1 काल और पक्ष

मुख्य क्रिया और सहायक क्रिया जैसे : 'होना' के कुछ रूपों के संयोग से बनी क्रियात्मक जटिलता के माध्यम से काल और पक्ष को दिखाया जाता है। हिन्दी में काल यानी घटना के समय को सहायक क्रिया के माध्यम से दिखाया जाता है जबकि पक्ष और वृत्ति को मुख्य क्रिया के माध्यम से। सबसे पहले हम सहायक क्रिया की प्रकृति पर विस्तार से चर्चा करेंगे फिर भविष्यत् काल पर बात करेंगे। अगले अध्यायों, ख़ासकर भाग पाँच में हम विभिन्न पक्षों जैसे : नित्यअपूर्ण, पूर्ण, अविधेयवादी और अपूर्णकालिक पर तथा विभिन्न वृत्तियों जैसे : सन्देहार्थक, आदेशात्मक, हेतुमद और सम्भावनार्थक पर चर्चा करेंगे।

10.2 सहायक क्रिया 'होना'

अंग्रेजी की तरह हिन्दी में सहायक क्रिया शब्दों के सम्बद्ध व्यवस्थित रूप का हिस्सा नहीं होती है। बल्कि हिन्दी में तो सहायक क्रियाओं की 16 असम्बद्ध शब्दों की

एक लम्बी सूची है और इस सूची के आधार पर किसी व्यवस्थित शब्द-निर्माण युक्ति की योजना नहीं बनायी जा सकती। मैं यहाँ संक्षेप में प्रत्येक सहायक क्रिया के प्रकार्य पर चर्चा करूँगा। लेकिन सबसे महत्वपूर्ण बात जो स्मरणीय है वह यह है कि काल को सहायक क्रियाओं के माध्यम से दिखाया जाता है।

(क) 'है' (वर्तमान काल) : सहायक क्रिया का यह रूप वर्तमान काल का सूचक है। इसका इस्तेमाल मध्यम पुरुष, एकवचन 'तू' और अन्य पुरुष, एकवचन 'वह' के साथ होता है। क्रियाहीन वाक्यों में अन्य सहायक क्रियाओं की तरह इसका प्रयोग भी मुख्य क्रिया के रूप में किया जा सकता है। जैसे :

4. वह किसान है।

(ख) 'हैं' (वर्तमान काल) : इसका प्रयोग उत्तम पुरुष, बहुवचन 'हम', मध्यम पुरुष, एकवचन और बहुवचन आदरसूचक 'आप' तथा अन्य पुरुष, बहुवचन 'वे' के साथ होता है।

(ग) 'हूँ' (वर्तमान काल) : केवल उत्तम पुरुष, एकवचन 'मैं' के साथ आता होता है।

(घ) 'हो' (वर्तमान काल) : इसका प्रयोग मध्यम पुरुष सर्वनाम 'तुम' के साथ होता है जो कि भद्रता का सूचक नहीं होता है। यह सम्भावनार्थक वृत्ति में भी मध्यम पुरुष 'तू' और 'तुम' तथा अन्य पुरुष 'वह' के साथ इस्तेमाल होता है।

विचारणीय है कि वर्तमान काल के उपर्युक्त किसी भी सहायक क्रिया पर लिंग का कोई असर नहीं होता है। इसका सम्बन्ध केवल पुरुष, वचन और आदरसूचकता से होता है। जबकि भूत काल में वचन और लिंग की महत्वपूर्ण भूमिका होती है, पुरुष की नहीं।

(ङ) 'था' (भूत काल) : इसका प्रयोग उत्तम पुरुष, मध्यम पुरुष और अन्य पुरुष के एकवचन क्रमशः 'मैं', 'तू' (अनादरसूचक) और 'वह' के साथ होता है।

(च) 'थी' (भूत काल) : इसका प्रयोग उत्तम पुरुष, मध्यम पुरुष और अन्य पुरुष के एकवचन, स्त्रीलिंग क्रमशः मैं, तू (अनादरसूचक) और 'वह' के साथ होता है।

(छ) 'थे' (भूत काल) : सामान्यतः तीनों पुरुषों के पुल्लिंग, बहुवचन कर्त्ता (हम, तुम, आप, वे) के साथ 'थे' का प्रयोग होता है लेकिन मध्यम पुरुष, एकवचन, पुल्लिंग 'आप' और 'तुम' के साथ भी इसका प्रयोग होता है।

(ज) 'थीं' (भूत काल) : तीनों पुरुषों के स्त्रीलिंग बहुवचन कर्त्ता (हम, तुम, आप, वे) के साथ-साथ मध्यम पुरुष, एकवचन, स्त्रीलिंग 'आप' के साथ भी 'थीं' का प्रयोग होता है।

हिन्दी में वर्तमान काल और भूत काल को तो सहायक क्रिया के द्वारा दिखाया जाता है लेकिन भविष्यत् काल को मुख्य क्रिया में भविष्यसूचक प्रत्यय 'गा', 'गे', 'गी' जोड़ कर। दरअसल हिन्दी में इसके लिए निश्चित शब्द-निर्माण युक्तियाँ हैं। इन पर हम अगले अध्याय में चर्चा करेंगे। यहाँ हम सहायक क्रिया के कुछ अन्य असम्बद्ध

रूपों पर बात करेंगे जिनका प्रयोग सन्देहार्थक और सम्भावनार्थक वृत्तियों को दिखाने के लिए किया जाता है। आदेशात्मक वृत्ति को भी दिखाने के कुछ निश्चित तरीक़े हैं। जैसे : क्रिया के सबसे साधारण आदेशात्मक रूप को प्रायः मुख्य क्रिया से भावार्थक चिह्न 'ना' लोप करके प्राप्त किया जाता है (देखिए अध्याय 11)।

किसी वाक्य में कही गयी घटना जब वास्तव में घटित नहीं होती है यानी उसके घटित होने पर सन्देह होता है तो क्रिया के सन्देहार्थक या अनिश्चित रूप का प्रयोग किया जाता है। क्रिया का यथार्थ के साथ सम्बन्ध काल्पनिक है। सम्भावनार्थक वृत्तिवाली दशा में भी स्थिति अवास्तविक होती है। साथ ही इसमें दृढ़ संवेगात्मक विषयवस्तु भी शामिल होती है। वर्तमान काल की सहायक क्रियाओं का रूप पुरुष और वचन के अनुसार होता है और भूत काल की सहायक क्रियाओं का रूप लिंग और वचन के अनुसार होता है जबकि सन्देहार्थकता की स्थिति में पुरुष, वचन और लिंग तीनों का महत्व होता है।

(झ) 'होगा' : इसका प्रयोग मध्यम पुरुष, एकवचन, पुल्लिंग अनादरसूचक 'तू' तथा अन्य पुरुष, एकवचन, पुल्लिंग 'वह' के साथ होता है।

(ञ) 'होगी' : 'तू' और 'वह' के स्त्रीलिंग रूप के साथ 'होगी' का प्रयोग होता है।

(ट) 'होगे' : सहायक क्रिया का यह रूप मध्य पुरुष, एकवचन, पुल्लिंग, अनादरसूचक 'तू' के साथ इस्तेमाल होता है।

(ठ) 'होंगे' : इसका प्रयोग उत्तम पुरुष, बहुवचन 'हम', मध्यम पुरुष आदरसूचक 'आप' और अन्य पुरुष, बहुवचन 'वे' के पुल्लिंग रूप के साथ होता है।

(ड) 'होंगी' : इसका प्रयोग उत्तम पुरुष, बहुवचन 'हम', मध्यम पुरुष, आदरसूचक 'आप' और अन्य पुरुष बहुवचन 'वे' के स्त्रीलिंग रूप के साथ होता है।

(ढ) 'हूँगा' : इसका प्रयोग उत्तम पुरुष, एकवचन, पुल्लिंग 'मैं' के साथ होता है।

(ण) 'हूँगी' : इसका प्रयोग उत्तम पुरुष, एकवचन, स्त्रीलिंग 'मैं' के साथ होता है।

(त) 'हों' : सहायक क्रिया के इस सम्भावनार्थक रूप का प्रयोग स्त्रीलिंग-पुल्लिंग दोनों में उत्तम पुरुष, बहुवचन 'हम', मध्यम पुरुष, आदरसूचक 'आप' और अन्य पुरुष, बहुवचन 'वे' के साथ होता है। विचारणीय है कि सम्भावनार्थक क्रिया- रूपों के साथ लिंग का कोई बंधन नहीं होता है।

इस प्रकार सहायक क्रिया 'होना' के 16 रूप हैं। सामान्यतः सहायक क्रियाएँ ही काल और वृत्ति को दिखाती हैं। लेकिन भविष्यत् काल इसका अपवाद है। उपर्युक्त 16 रूपों को नीचे तालिका में दिया गया है। सहायक क्रियाओं को ऊर्ध्वाधर रूप में सूचित किया गया है और प्रत्येक कॉलम में हमने वर्तमान काल, भूत काल तथा सन्देहार्थक और सम्भावनार्थक वृत्तियों को इंगित किया है। यहाँ प्रयुक्त संक्षेपाक्षरों को समझने के लिए पुस्तक के शुरू में दिये गये संक्षेपाक्षरों को देखें।

हिन्दी की सहायक क्रियाएँ

सहायक क्रिया के रूप	वर्तमान काल	भूत काल	सन्देहार्थक	सम्भावनार्थक
है	II अना., III ए.क.	-	-	-
हैं	I ब.व., II आ., III ब.व.	-	-	-
हूँ	I ए.क.	-	-	-
हो	II	-	-	II अना, II, III
था	-	I, II अना.,III (पु., ए.क.)	-	-
थी	-	II,II अना.,III (स्त्री., ए.क.)	-	-
थे	-	I,II,II आ.,III (पु., ब.व.)	-	-
थीं	-	I,III,II आ.,III (स्त्री., ब.व.)	-	-
होगा	-	-	II अना., III (पु., ए.क.)	-
होगी	-	-	II अना., III (स्त्री., ए.क.)	-
होगे	-	-	II (पु.)	-
होंगे	-	-	I ब.व., II आ., III ब. व. (पु.)	-
होंगी	-	-	I ब.व., II आ., III ब.व. (स्त्री.)	-
हूँगा	-	-	I ए.क. (पु.)	-
हूँगी	-	-	I ए.क. (स्त्री)	-
हों	-	-	-	I ब.व., II आ., III ब.व.

10.3 भविष्यत काल

जैसाकि पहले ही इंगित किया जा चुका है कि हिन्दी में भविष्यत् काल को मुख्य क्रिया के द्वारा दिखाया जाता है। सामान्य क्रिया को भविष्यत्सूचक क्रिया बनाने के लिए हिन्दी में कुछ निश्चित शब्द-निर्माण युक्तियाँ हैं। जैसे : चल - चलेगा यानी 'X -X एगा'। यहाँ हिन्दी की क्रियाओं को भविष्यत्सूचक बनानेवाली लगभग सभी शब्द-निर्माण युक्तियों को दिया जा रहा हैः

शब्द-निर्माण युक्ति 10.1

$(X)_{\text{क्रिया}}$ ↔ $(X\ \text{एगा})_{\text{एकवचन, पुल्लिंग, क्रिया, भविष्यत् काल, II अना., III}}$

(शर्त : यदि X के अन्त में 'ई' या 'ऊ' आता है तो वह क्रमशः 'इ' या 'उ' हो जाता है।)

लिख	लिखेगा, तू (अना.)/ वह
पी	पिएगा, तू (अना.)/ वह
गिर	गिरेगा, तू (अना.)/ वह

शब्द-निर्माण युक्ति 10.2

$(X)_{\text{क्रिया}}$ ↔ $(X\ \text{एगी})_{\text{एकवचन, स्त्रीलिंग, क्रिया, भविष्यत्काल II अना., III}}$

(शर्त : यदि X के अन्त में 'ई' या 'ऊ' आता है तो वह क्रमशः 'इ' तथा 'उ' हो जाता है।)

छू	छुएगी, तू (अना.)/ वह
भाग	भागेगी, तू (अना.)/ वह
रो	रोएगी, तू (अना.)/ वह
मार	मारेगी, तू (अना.)/ वह

शब्द-निर्माण युक्ति 10.3

$(X)_{\text{क्रिया}}$ ↔ $(X\ \text{एँगी})_{\text{बहुवचन, क्रिया, भविष्यत् काल I, II (आ.), III}}$

(शर्त : यदि X के अन्त में 'ई' या 'ऊ' आता है तो वह क्रमशः 'इ' तथा 'उ' हो जाता है।)

सुन	सुनेंगी, हम/ आप (आ.)/वे (स्त्री.)
कह	कहेंगी, हम/ आप (आ.)/वे (स्त्री.)
देख	देखेंगी, हम/ आप (आ.)/वे (स्त्री.)

शब्द-निर्माण युक्ति 10.4

$(X)_{\text{क्रिया}}$ ↔ $(X\ \text{एँगे})_{\text{बहुवचन, पुल्लिंग, क्रिया, भविष्यत् काल, I, II (आ.), III}}$

(शर्त : यदि X के अन्त में 'ई' या 'ऊ' आता है तो वह क्रमशः 'इ' तथा 'उ' हो जाता है।)

जाग	जागेंगे, हम/ आप (आ.)/ वे
रख	रखेंगे, हम/ आप (आ.)/ वे

शब्द-निर्माण युक्ति 10.5

(X) $_{\text{क्रिया}}$ ↔ (X ओगी) $_{\text{स्त्रीलिंग, क्रिया, भविष्यत् काल, II}}$

(शर्त : यदि X के अन्त में 'ई' या 'ऊ' आता है तो वह क्रमशः 'इ' तथा 'उ' हो जाता है।)

चल चलोगी, तुम
बोल बोलोगी, तुम
देख देखोगी, तुम

शब्द-निर्माण युक्ति 10.6

(X) $_{\text{क्रिया}}$ ↔ (X ओगे) $_{\text{पुल्लिंग, क्रिया, भविष्यत् काल, II}}$

(शर्त : यदि × के अन्त में 'ई' या 'ऊ' आता है तो वह क्रमशः 'इ' या 'उ' हो जाता है।)

पी पीओगे, तुम
पढ़ पढ़ोगे, तुम
खेल खेलोगे, तुम

शब्द-निर्माण युक्ति 10.7

(X) $_{\text{क्रिया}}$ ↔ (X ऊँगी) $_{\text{एकवचन, स्त्रीलिंग, क्रिया, भविष्यत् काल, I}}$

(शर्तः यदि X के अन्त में 'ई' या 'ऊ' आता है तो वह क्रमशः 'इ' या 'उ' हो जाता है।)

कर करूँगी, मैं
पका पकाऊँगी, मैं
लिख लिखूँगी, मैं

शब्द-निर्माण युक्ति 10.8

(X) क्रिया ↔ (X ऊँगा) $_{\text{एकवचन, पुल्लिंग, क्रिया, भविष्यत् काल, I}}$

(शर्त : यदि X के अन्त में 'ई' या 'ऊ' आता है तो वह क्रमशः 'इ' या 'उ' हो जाता है।

बोल बोलूँगा, मैं
लड़ लड़ूँगा, मैं
खेल खेलूँगा, मैं

जैसाकि शब्द-निर्माण की युक्तियों 10.3 और 10.4 से स्पष्ट है कि आदरसूचक क्रिया-रूप '× एँगी' का प्रयोग आप (स्त्री.) (शब्द-निर्माण युक्ति 10.3) के साथ किया जाता है तथा '× एँगे' का प्रयोग आप (पु.) (शब्द-निर्माण युक्ति 10.4) के साथ किया जाता है। इन रूपों की व्याख्या हम निम्नलिखित वाक्यों में करेंगे :

5. आप अब एक झील देखेंगी।
6. आप अब एक झील देखेंगे।

किन्तु इसके अलावा एक दूसरा क्रिया-रूप भी है जो श्रोता के साथ भद्रतापूर्ण संवाद को सूचित करता है। इसका प्रयोग सिर्फ़ और सिर्फ़ आप के साथ होता है। वचन और लिंग का इस पर कोई असर नहीं होता है। जैसे :

7. आप पहले आराम से बैठियेगा।

इसका अर्थ मुख्यतः यह है कि 'दूसरी चीज़ें इंतज़ार कर सकती हैं; कोई जल्दबाजी नहीं है; पहले आप तसल्ली से बैठिए।'

इस तरह के वाक्य का प्रयोग सामान्यतः बहुत ही प्रतिष्ठित और सम्माननीय व्यक्ति के लिए किया जाता है। अतः हमारे पास शब्द-निर्माण की एक और युक्ति है जो इस तथ्य की व्याख्या करती है।

शब्द-निर्माण युक्ति 10.9

(X) क्रिया	↔	(X इयेगा) क्रिया, भविष्यत् काल, II आ.
लिख	लिखियेगा	
सोच	सोचियेगा	

10.4 कुछ अपवाद

ऊपर जिन शब्द-निर्माण युक्तियों की चर्चा की गयी है उसके अन्तर्गत हिन्दी के भविष्यत् काल के क्रिया-रूपों का एक बहुत बड़ा भाग शामिल हो जाता है। दो क्रियाएँ : 'दे' और 'ले', जिनका अन्त 'ए' से होता है, अपवाद हैं। चूँकि उनके अन्त में पहले से ही 'ए' है अतः उनके साथ केवल 'गा' और 'गी' जुड़ता है। शब्द-निर्माण युक्तियों 10.1 और 10.4 में 'दे' और 'ले' में आया 'ए', नासिक्य युक्त हो गया है तथा शब्द-निर्माण युक्ति 10.9 के अनुसार 'दे' और 'ले' क्रमशः 'दीजियेगा' और 'लीजियेगा' हो जाते हैं।

यहाँ हम एक चीज़ और देख सकते हैं कि हिन्दी के कुछ रूपों में शब्द-निर्माण की प्रक्रिया के दौरान स्वर ध्वनियों 'आ', 'ई' और 'ए' की जगह पर 'य' ध्वनि का प्रयोग होता है। इसलिए 'जाएगा' और 'जायेगा' जैसे दो वैकल्पिक रूप देखे जा सकते हैं। हम अध्याय 26 में भविष्यत् काल के प्रयोग पर पुनः संक्षेप में चर्चा करेंगे।

10.5 निष्कर्ष

इस अध्याय में मैंने हिन्दी की क्रियात्मक जटिलता के एक अंश की संक्षेप में पड़ताल की है। हिन्दी की सहायक क्रियाओं की प्रकृति पर थोड़े विस्तार से चर्चा यह दिखाने के लिए की है कि कैसे ये सहायक क्रियाएँ किसी घटना के काल (वर्तमान काल और भूत काल) को दिखाती हैं। मैंने सन्देहार्थक और सम्भावनार्थक वृत्तियों को बतानेवाले सहायक क्रिया के विभिन्न रूपों पर भी बात की है। साथ ही मैंने कुछ शब्द-निर्माण युक्तियों को भी निरूपित किया है जो हमें यह दिखाती हैं कि हिन्दी की क्रिया-व्यवस्था में भविष्यत् काल को कैसे बोला जाता है।

क्रिया के सम्बन्ध में कुछ और

शास्त्रीय भाषाओं जैसे : संस्कृत ग्रीक या लैटिन की तुलना में हिन्दी का क्रियात्मक रूपविज्ञान बहुत ही सरल है। लेकिन अंग्रेजी तथा अन्य भारतीय भाषाओं की तुलना में यह जटिल है। जैसाकि पहले भी कहा जा चुका है कि भविष्यत् काल को छोड़ कर शेष दोनों कालों को दिखाने का प्राथमिक श्रेय हिन्दी की सहायक क्रिया 'होना' को प्राप्त है। किन्तु पुरुष, लिंग, वचन, पक्ष और वृत्ति को प्रायः मुख्य क्रिया के द्वारा प्रस्तुत किया जाता है। आगे अध्याय 17 में हम देखेंगे कि प्रेरणार्थक क्रियाएँ, सामान्य क्रियाओं से कैसे जुड़ी हुई हैं।

11.1 आदेशात्मक रूप

हिन्दी का सरलतम क्रिया-रूप वह है जिसका प्रयोग अनादरसूचक मध्यम पुरुष सर्वनाम 'तू' के साथ होता है। यदि हम इस क्रिया-रूप के आगे से कुछ भी निकालने या छोड़ने की कोशिश करते हैं तो उसकी शाब्दिक सत्ता नष्ट हो जाती है। जैसे :

1. तू खेल।

यहाँ यदि हम 'खेल' में से 'ल' को निकाल दें तो केवल *'खे' बचेगा, जोकि हिन्दी का शब्द नहीं है। इसलिए हमारे पास सरलतम क्रिया शब्द अनादरसूचक क्रिया-रूप है। पारदर्शिता के लिए हम अनादरसूचक क्रिया रूप से जुड़े विभिन्न क्रियात्मक शब्द-निर्माण युक्तियों को बना सकते हैं। हिन्दी में अनादरसूचक आदेशात्मक क्रिया-रूप विलोपीकरण की एक सरल प्रक्रिया द्वारा भावार्थक रूप से जुड़ा हुआ है जैसाकि शब्द-निर्माण युक्ति 11.1 में दिखाया गया है :

शब्द निर्माण युक्ति 11.1

$(X\ \text{ना})_{\text{क्रिया, भावार्थक}}$	$\leftrightarrow$	$(X)_{\text{क्रिया, आदेशात्मक, II (अना.)}}$
भागना		भाग, तू (अना.)
रोना		रो, तू (अना.)

हम मध्यम पुरुष अनादरसूचक सर्वनाम 'तू' के साथ इस्तेमाल होनेवाले सरल क्रिया-रूपों से जुड़ी शब्द-निर्माण युक्तियों को दी गयी किसी भी शब्द-निर्माण युक्ति

में बायीं तरफ़ दिखाने की कोशिश करेंगे।

नीचे दी गयी दो शब्द-निर्माण युक्तियों में मध्यम पुरुष के तीनों सर्वनामों तू, तुम और आप तथा उनके साथ आनेवाले आदेशात्मक क्रिया-रूपों के बीच के सम्बन्ध को दिखाया गया है। अध्याय 5 में इन आदेशात्मक रूपों के इस्तेमाल पर पहले ही चर्चा की जा चुकी है।

शब्द-निर्माण युक्ति 11.2

$(X)_{\text{क्रिया}}$ ↔ $(X\text{ओ})_{\text{क्रिया, आदेशात्मक, II}}$

भाग, तू (अना.) भागो, तुम

चल, तू (अना.) चलो, तुम

शब्द निर्माण युक्ति 11.3

$(X)_{\text{क्रिया}}$ ↔ $(X\text{इए})_{\text{क्रिया, आदेशात्मक, II (आ.)}}$

भाग, तू (अना.) भागिए, आप (आ.)

चल, तू (अना.) चलिए, आप (आ.)

11.2 पूर्णकालिक पक्ष

पूर्णतावाची पक्ष को बतानेवाली शब्द-निर्माण युक्तियाँ वैसे शब्द-युग्मों पर आधारित होती हैं जो आपस में प्रत्ययीकरण की प्रक्रिया द्वारा जुड़ी होती हैं। अधिक जटिल रूपों में विभिन्न पुरुष, लिंग, वचन और पाक्षिक विशेषताएँ शामिल होती हैं।

शब्द-निर्माण युक्ति की बायीं ओर हमने सरलतम क्रिया-रूप को रखा है जिसका प्रयोग अनादरसूचक मध्यम पुरुष सर्वनाम के साथ होता है।

शब्द-निर्माण युक्ति 11.4

$(X)_{\text{क्रिया}}$ ↔ $(X\text{ ई})_{\text{एकवचन, स्त्रीलिंग, क्रिया, पूर्णकालिक/ भू.कृ.वि., I, II (अना.), III}}$

भाग भागी, मैं/ तू (अना.)/ वह

बैठ बैठी मैं/ तू (अना.)/ वह

यह युक्ति निम्नलिखित वाक्यों में आये क्रिया-रूपों को स्पष्ट करेगी :

2. मैं भागी।
3. तू बैठी।
4. वह भागी।

'भाग', 'उठ', गिर जैसी क्रियाएँ अकर्मक हैं। ऐसी क्रियाओं को कर्म की आवश्यकता नहीं होती जैसाकि नीचे के वाक्यों में दिखाया गया है :

5. तू उठ।
6. तू उठा।
7. तू गिर।

8. तू गिरा।

हालाँकि वाक्य 6 और 8 में प्रयुक्त 'X आ' रूपों का प्रयोग सकर्मक रूप में भी किया जा सकता है, जोकि कर्म के साथ होगा। इस स्थिति में 'X आ' क्रिया एक बिलकुल ही भिन्न अर्थवाली प्रेरणार्थक क्रिया में बदल जाती है। जैसे :

9. तू मेज़ उठा।

10. तू पेड़ गिरा।

एक बार फिर हम देखते हैं कि एक ही रूप एक से अधिक प्रकार्यों को कर रहा है। 'Xआ' रूप का प्रयोग वर्तमान और भूत दोनों कालों में पूर्णकालिक पक्ष के लिए भी किया जाता है। शब्द-निर्माण युक्ति 11.5 को देखें :

शब्द-निर्माण युक्ति 11.5

$(X)_{\text{क्रिया}}$ ↔ $(X\text{ आ})_{\text{एकवचन, पुल्लिंग, क्रिया, पूर्णताकालिक/ भू.कृ.वि., I, II (अना.), III}}$

(शर्त : यदि X का व्यंजन से अन्त हो।)

भाग	भागा, मैं/ तू (अना.)/ वह
बैठ	बैठा, मैं/ तू (अना.)/ वह

यदि क्रिया स्वरान्त हो तो शब्द-निर्माण युक्ति 11.6 बन सकती है :

शब्द निर्माण युक्ति 11.6

$(X)_{\text{क्रिया}}$ ↔ $(X\text{ या})_{\text{एकवचन, पुल्लिंग, क्रिया, पूर्णकालिक/ भू.कृ.वि., I, II (अना.), III}}$

(शर्त : यदि X का स्वर से अन्त हो।)

खा	खाया, मैं/ तू (अना.)/ वह
सो	सोया, मैं/ तू (अना.)/ वह

शब्द-निर्माण युक्ति 11.4 उत्तम पुरुष, मध्यम पुरुष (अना.) तथा अन्य पुरुष के स्त्रीलिंग, एकवचन रूप के लिए साथ आनेवाले क्रिया-रूप को दिखाता है जबकि शब्द-निर्माण युक्ति 11.7 स्त्रीलिंग, बहुवचन रूप के साथ आने वाले क्रिया-रूप को।

शब्द-निर्माण युक्ति 11.7

$(X)_{\text{क्रिया}}$ ↔ $(X\text{ इ})_{\text{बहुवचन, स्त्रीलिंग, क्रिया, पूर्णकालिक, I, II (आ), III}}$

बेच	बेचीं, हम/ आप (आ.)/ वे
भाग	भागीं, हम/ आप (आ.)/ वे

शब्द-निर्माण युक्ति 11.8 उत्तम पुरुष, मध्यम पुरुष तथा अन्य पुरुष के पुल्लिंग, बहुवचन रूप के साथ आने वाले क्रिया-रूप से जुड़ी हैं :

शब्द निर्माण युक्ति 11.8

$(X)_{\text{क्रिया}}$ ↔ $(X\text{ ए})_{\text{बहुवचन, पुल्लिंग, क्रिया, पूर्णकालिक, भू.कृ.वि. I, II, III}}$

नहा	नहाए, हम/ तुम/ आप/ वे
देख	देखे, हम/ तुम/आप/ वे

ऐसी बहुत कम क्रियाएँ हैं जिनके अन्त में 'ए' आता है जैसे : 'दे' और 'ले'।

इन पर शब्द-निर्माण युक्तियाँ 11.6 और 11.7 कुछ बदलावों के साथ लागू होंगी। शब्द-निर्माण युक्ति 11.6 के सन्दर्भ में इन क्रियाओं के अन्त में 'या' प्रत्यय तो जुड़ेगा लेकिन 'ए', 'इ' में बदल जायेगा। इस प्रकार हमें 'दे' से 'दिया' और 'ले' से 'लिया' प्राप्त होता है। इन क्रियाओं पर शब्द-निर्माण युक्ति 11.7 'ए' की मात्रा के लोप के बाद लागू होगी।

हम यह भी देख सकते हैं कि यदि क्रिया सकर्मक हो जैसे : 'बेच', 'देख' आदि तो पूर्णकालिक संरचना में उसके साथ कर्त्ता के 'ने' चिह्न का प्रयोग होगा (देखिए अध्याय 27)। ऐसी स्थिति में क्रिया का सम्बन्ध कर्म के साथ होगा। उदाहरणस्वरूप निम्नलिखित वाक्यों को देख सकते हैं :

11. सीता ने किताबें बेचीं।
12. मोहन ने घर देखे।

11.3 नित्य अपूर्णकालिक पक्ष

अब तक हमने ऐसे क्रिया-रूपों पर बात की है जो पूर्णकालिक पक्ष को दिखाते हैं। अब हम नित्य अपूणकालिक पक्ष और वर्तमानकालिक कृदन्त विशेषण को दिखानेवाले रूपों पर बात करेंगे।

शब्द-निर्माण युक्ति 11.9

$(X)_{\text{क्रिया}}$ ↔ $(X\ \text{ता})_{\text{एकवचन, पुल्लिंग, नित्य अपूर्णकालिक, व.कृ.वि.}}$

खा खाता

भाग भागता

विचारणीय है कि 'X ता' रूप का प्रयोग उत्तम पुरुष, मध्यम पुरुष (अना.) एवं अन्य पुरुष के पुल्लिंग, एकवचन रूप के साथ होगा, लेकिन क्रिया के इस रूप से युक्त वाक्य तभी पूरा होगा जब उसमें एक उपयुक्त सहायक क्रिया जोड़ी जायेगी। जैसाकि हम 'X ता' रूपवाले वर्तमानकालिक कृदन्त विशेषण के इस उदाहरण में देख सकते हैं :

13 भागता हुआ लड़का

यदि स्त्रीलिंग हो तो 'ती' प्रत्यय जुड़ता है :

शब्द निर्माण युक्ति 11.10

$(X)_{\text{क्रिया}}$ ↔ $(X\ \text{ती})_{\text{स्त्रीलिंग, नित्य अपूर्णकालिक, व.कृ.वि.}}$

नहा नहाती

उठा उठाती

चल चलती

वर्तमानकालिक कृदन्त विशेषण के इस रूप का प्रयोग हम नीचे के उदाहरण में देख सकते हैं :

14 कुर्सी उठाती हुई लड़की

इसी तरह जब संज्ञा या सर्वनाम जिसके साथ क्रिया जुड़ी होती है यदि पुल्लिंग, बहुवचन हो तो 'X ते' रूप का प्रयोग होता है :

शब्द-निर्माण युक्ति 11.11

(X) क्रिया	↔	(X ते) बहुवचन, पुल्लिंग, अपूर्णकालिक, व. कृ.वि.
लड़		लड़ते
रो		रोते

उदाहरणस्वरूप हम निम्नलिखित वाक्य देख सकते हैं :

15. लड़ते हुए लड़के

पिछले अध्याय में चर्चित सहायक क्रिया रूपों के साथ इन शब्द-निर्माण युक्तियों के प्रयोग को इस तालिका में देखें :

वर्तमान काल

एकवचन, पुल्लिंग, कर्त्ता

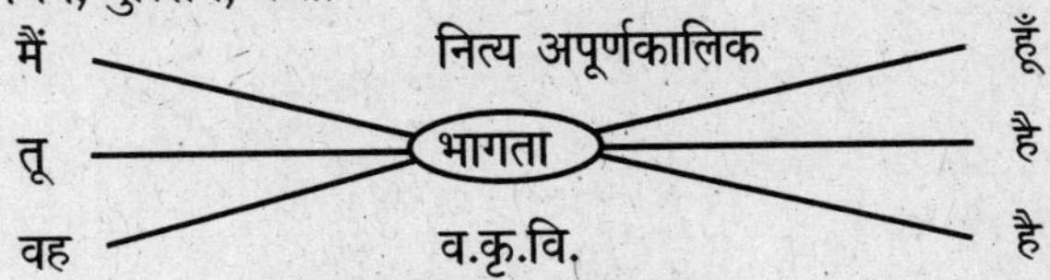

शब्द-निर्माण युक्ति 11.9

बहुवचन, पुल्लिंग, कर्त्ता

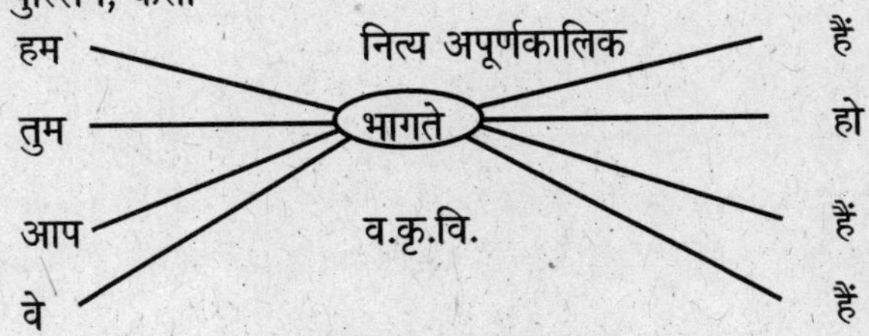

शब्द-निर्माण युक्ति 11.11

एकवचन, स्त्रीलिंग, कर्त्ता

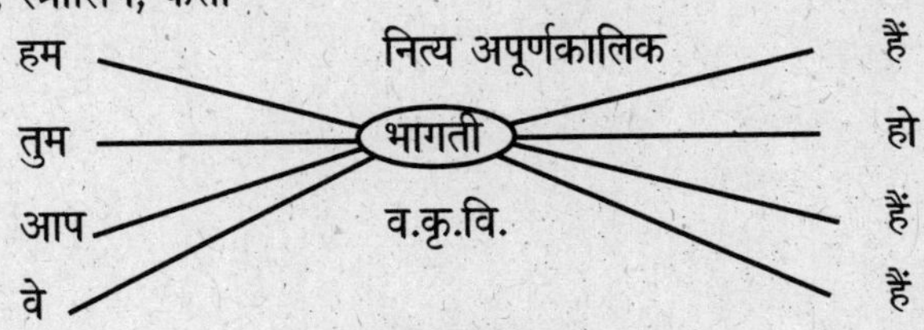

शब्द-निर्माण युक्ति 11.10

बहुवचन, स्त्रीलिंग, कर्त्ता

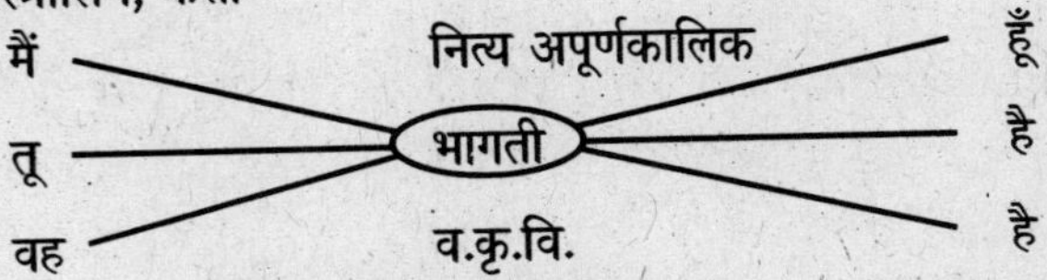

शब्द-निर्माण युक्ति 11.10

भूत काल

एकवचन, पुल्लिंग, कर्त्ता

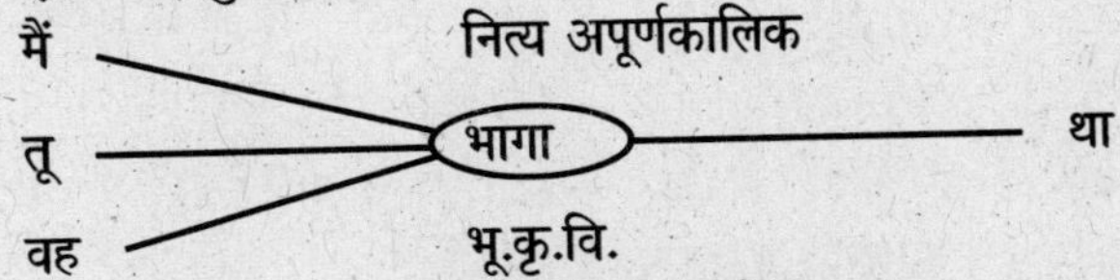

शब्द-निर्माण युक्ति 11.5

बहुवचन, पुल्लिंग, कर्त्ता

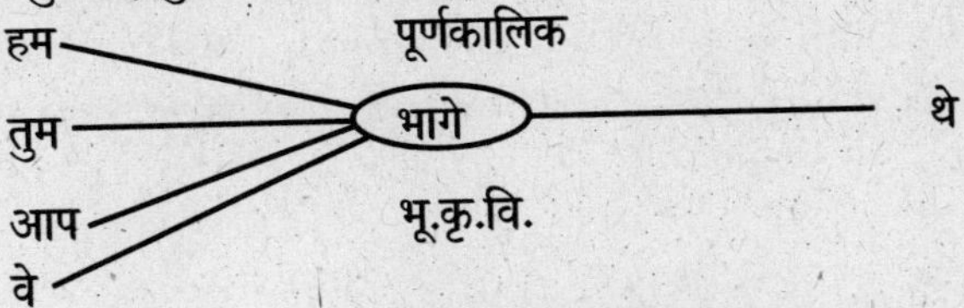

शब्द-निर्माण युक्ति 11.8

एकवचन, स्त्रीलिंग, कर्त्ता

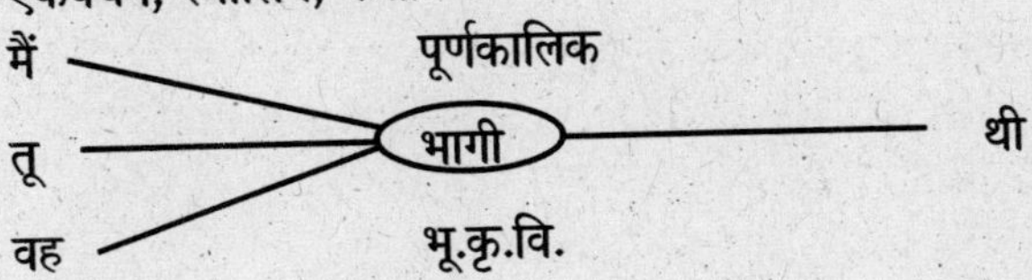

शब्द-निर्माण युक्ति 11.4

बहुवचन, स्त्रीलिंग, कर्त्ता

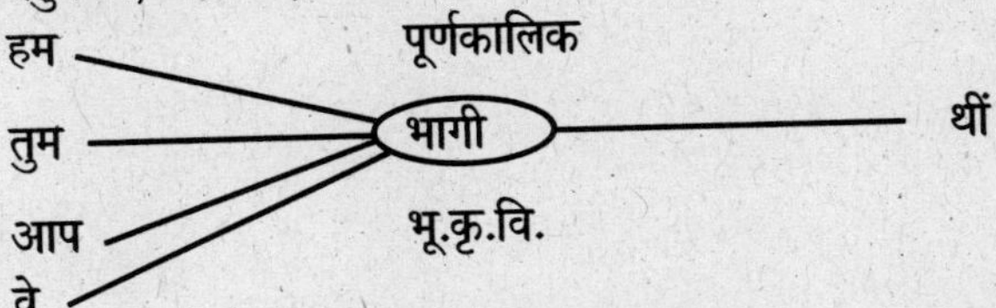

शब्द-निर्माण युक्ति 11.4

हालाँकि मुख्य क्रिया प्राथमिक रूप से पक्ष से जुड़ी होती है तथा सहायक क्रिया काल से लेकिन पक्षसूचक और कालसूचक इन रूपों का यदि वैध तरीक़े से एक साथ प्रयोग किया जाये तो उस पर कोई पाबन्दी नहीं है। उदाहरण के लिए हम आमतौर पर इस्तेमाल होनेवाले इन वाक्यों को देख सकते हैं :

16. गीता भागती है।
17. गीता भागती थी।
18. मोहन सोया है।
19. मोहन सोया था।

11.4 निष्कर्ष

इस अध्याय में मैंने क्रिया के विभिन्न रूपों पर थोड़े विस्तार से चर्चा की है। मूलतः मैंने यह दिखाने की कोशिश की है कि पूर्णकालिक या नित्य अपूर्णकालिक पक्षों को मुख्य क्रिया के द्वारा दिखाया जाता है। साथ ही मैंने आदेशात्मक क्रिया के विभिन्न रूपों एवं वर्तमान तथा भूतकालिक कृदन्त विशेषणों के प्रयोग पर भी बात की है। अध्याय 27 में हम पुनः पूर्णतावाची पक्ष को दिखानेवाले क्रिया-रूपों पर चर्चा करेंगे तथा अध्याय 26 में सम्भावनार्थक वृत्तियों से जुड़ी शब्द-निर्माण युक्तियों पर बात करेंगे।

क्रिया, विशेषण एवं क्रिया-विशेषण

जैसाकि हमने पिछले अध्याय में देखा हिन्दी में क्रियाओं के भीतर बहुत जटिल सम्बन्धों का जाल है क्योंकि मुख्य क्रिया वचन, लिंग, पुरुष, पक्ष, वृत्ति आदि सभी द्वारा चिह्नित की जाती है। हालाँकि इन व्याकरणिक इकाइयों के अलावा एक ओर क्रियाओं में तथा दूसरी ओर विशेषणों और क्रिया-विशेषणों में न्यूनतम शब्द-रूप प्रक्रिया जुड़ी हुई है। विशेषण निकट रूप से संज्ञाओं से जुड़े हुए हैं तथा क्रिया-विशेषण सामान्यतः स्वतन्त्र अपरिवर्तनीय शब्दों के रूप में या अन्य शब्दों के साथ परसर्गों के रूप में दिखायी देते हैं। तो भी क्रिया, क्रिया-विशेषण एवं विशेषणों के बीच कुछ महत्वपूर्ण अन्तर्वर्गीय सम्बन्ध हैं। इस अध्याय में हम इनका परीक्षण करेंगे।

12.1 क्रिया एवं विशेषण

क्रिया एवं विशेषण के अधिकांश शब्द-युग्म प्रत्ययीकरण की प्रक्रिया द्वारा जुड़े हुए हैं। कुछ निम्नलिखित शब्द-निर्माण युक्तियाँ इस प्रकार हैं :

शब्द-निर्माण युक्ति 12.1

$(X)_{\text{क्रिया}}$	$\leftrightarrow$	$(X\ \text{आ})_{\text{विशेषण}}$
रूठ	रूठा	
जल	जला	
फूट	फूटा	

संज्ञा यदि स्त्रीलिंग हो तो 'X - X ई' का सम्बन्ध प्राप्त होता है। जैसे :

शब्द-निर्माण युक्ति 12.2

$(X)_{\text{क्रिया}} \leftrightarrow (X\ \text{ई})_{\text{विशेषण}}$

(शर्त : X का 'ई' या 'ऊ' से अन्त नहीं होता।)

जल	जली
फूट	फूटी

अकसर इस्तेमाल किये जानेवाले विशेषणों को हम कुछ उदाहरणों द्वारा समझा सकते हैं :

1. फूटा घड़ा
2. फूटी किस्मत
3. जला आलू
4. जली रोटी

यदि संज्ञा पुल्लिंग, बहुवचन हो तो 'X-X ए' का सम्बन्ध प्राप्त होता है :

शब्द-निर्माण युक्ति 12.3

$(X)_{\text{क्रिया}}$ ↔ $(X \text{ ए})_{\text{बहुवचन, विशेषण}}$

(शर्त : X का 'ई' या 'ऊ' से अन्त नहीं होता।)

जल	जले
फट	फटे
गल	गले
सड़	सड़े
सज	सजे

नीचे के उदाहरणों में इनका प्रयोग देखें :

5. गले आम
6. फटे कपड़े

यदि आदेशात्मक क्रियाएँ 'आ' से अन्त होती हों तो उन्हें विशेषण बनाने के लिए उनमें 'ऊ' जोड़ दिया जाता है :

शब्द-निर्माण युक्ति 12.4

$(X)_{\text{क्रिया}}$ ↔ $(X \text{ ऊ})_{\text{विशेषण}}$

(शर्त : X का 'आ' से अन्त होता है।)

चला	चलाऊ
कमा	कमाऊ

जैसाकि हमने पिछले अध्याय में देखा था कि 'ती', 'ता' तथा 'ते' का प्रयोग क्रिया के पक्ष को चिह्नित करने के लिए किया जाता है। इनका प्रयोग वर्तमानकालिक कृदन्त विशेषण के रूप में भी होता है। हालाँकि इन प्रत्ययों के मिलने से बने शब्दों का प्रयोग विशेषण के लिए भी होता है।

शब्द-निर्माण युक्ति 12.5

$(X)_{\text{क्रिया}}$ ↔ $(X \text{ ता})_{\text{विशेषण}}$

भाग	भागता
खेल	खेलता

नीचे के उदाहरणों में इनका प्रयोग देखें :

7. भागता लड़का
8. खेलता आदमी

यदि संज्ञा स्त्रीलिंग हो तो हमें शब्द-निर्माण युक्ति 12.6 की जरूरत होगी :

शब्द-निर्माण युक्ति 12.6

(X) क्रिया	↔	(X ती) विशेषण
भाग		भागती
खेल		खेलती

7 एवं 8 के संगत, हमारे पास ये हैं :

9. भागती लड़की
10. खेलती महिला

यदि वाक्य संख्या 9 और 10 की स्त्रीलिंग संज्ञाएँ बहुवचन हों तो भी विशेषण का रूप नहीं बदलता। किन्तु यदि संख्या 7 और 8 की पुल्लिंग संज्ञाएँ बहुवचन हों तो हमें अन्य शब्द-निर्माण युक्ति की आवश्यकता होगी :

शब्द-निर्माण युक्ति 12.7

(X) क्रिया	↔	(X ते) विशेषण
भाग		भागते
खेल		खेलते

संज्ञा के बहुवचन रूपों का प्रयोग करते हुए हम संख्या 7 और 8 के लिए संख्या 11 और 12 के वाक्य पाते हैं :

11. भागते लड़के
12. खेलते आदमी

इसी प्रकार अन्य बड़े शब्द-युग्मों जैसे : 'ख़र्च' क्रिया से 'ख़र्चीला' विशेषण बनाये जाते हैं। इस सम्बन्ध को शब्द-निर्माण युक्ति 12.8 में देखें :

शब्द-निर्माण युक्ति 12.8

(X) क्रिया	↔	(X ईला) विशेषण
ख़र्च		ख़र्चीला
भड़क		भड़कीला
सज		सजीला

12.2 क्रिया एवं क्रिया-विशेषण

क्रिया से क्रिया-विशेषण बनाने के लिए 'कर' प्रत्यय का प्रयोग होता है। निम्नलिखित शब्द-निर्माण युक्ति को देखें :

शब्द-निर्माण युक्ति 12.9

(X) क्रिया	↔	(X कर) क्रिया-विशेषण
भाग		भागकर
चल		चलकर
हँस		हँसकर

वाक्य में इसका प्रयोग देखें :

13. वह भागकर मेरे पास आया।

वाक्य 13 में आया 'भागकर' शब्द क्रिया-विशेषण के रूप में कार्य करता है, जो क्रिया द्वारा किये गये कार्य की रीति को बता रहा है। किन्तु दूसरी बार पढ़ने पर यह संरचना का भाग प्रतीत होता है।

क्रिया से क्रिया-विशेषण प्राप्त करने के अन्य उत्पादक प्रकारों में 'ता', 'ती', 'ते' भी शामिल हैं, जैसाकि हम काल को चिह्नित करने के लिए तथा विशेषण बनाने के लिए करते हैं।

12.3 निष्कर्ष

यह स्पष्ट है कि ऐसे अन्तर्वर्गीय सम्बन्ध जोकि क्रिया को विशेषणों एवं क्रिया-विशेषणों से जोड़ते हैं, सीमित हैं। अगले दो अध्यायों में हम विशेषणों एवं क्रिया-विशेषणों पर बात करेंगे।

अध्याय- 13

विशेषण

जैसाकि हम पहले देख चुके हैं (अध्याय-7) कि हिन्दी संज्ञाओं में स्वभावतः लिंग मौजूद होता है या तो वे पुल्लिंग होती हैं या स्त्रीलिंग। किन्तु हिन्दी विशेषणों में लिंग स्वभावतः नहीं होता। इनका लिंग उस संज्ञा पर निर्भर करता है जिसे ये रूपान्तरित करते हैं। परम्परागत रूप से हिन्दी विशेषणों को मोटे तौर पर दो भागों में बाँटा गया है : 'लाल' एवं 'काला'। 'लाल' विशेषण शब्दों की कोटि अपरिवर्तनीय होती है तथा 'काला' विशेषण शब्दों का वर्ग (किन्हीं अपवादों के साथ) रूपान्तरित की जानेवाली संज्ञा के वचन, लिंग एवं कारक के अनुसार बदलता रहता है। इसका आशय है कि दीर्घ 'आ' स्वरान्त (मुख या नासिक्य) विशेषण परिवर्तनीय होते हैं जबकि व्यंजनान्त अथवा अन्य स्वरान्त विशेषण शब्द अपरिवर्तनीय होते हैं। उदाहरण के लिए 13.1 भाग के 'लम्बा' शब्द को देखें (जो परिवर्तनीय कोटि से सम्बन्धित है)। ये नियम परिमाणवाचक शब्दों जैसेकि 'दस' एवं तीव्रतासूचक शब्दों जैसेकि 'बहुत' पर भी लागू होंगे।

13.1 परिवर्तनीय विशेषण

इस तालिका में हमने दिखाया है कि कैसे 'लम्बा' विशेषण 'लड़का', 'लड़की' संज्ञा शब्द के वचन और कारक के अनुसार बदल रहा है। विकारी शब्द के सन्दर्भ में हम 'ने' प्रत्यय का प्रयोग भी करते हैं, ये स्पष्ट करने के लिए कि विकारी संज्ञा-पद तभी प्रयोग किये जाते हैं जब संज्ञा के बाद परसर्ग आता हो (कर्तृता की अभिरचना के लिए अध्याय 27 को देखें)।

	पुल्लिंग		स्त्रीलिंग	
	एकवचन	बहुवचन	एकवचन	बहुवचन
कर्त्ता कारक	लम्बा लड़का	लम्बे लड़के	लम्बी लड़की	लम्बी लड़कियाँ
विकारी कारक	लम्बे लड़के ने	लम्बे लड़कों ने	लम्बी लड़की ने	लम्बी लड़कियों ने
सम्बोधन कारक	लम्बे लड़के	लम्बे लड़को	लम्बी लड़की	लम्बी लड़कियो

विचारणीय है कि 'काला' विशेषण वर्ग में भी परिवर्तनीयता अतिसीमित है।

कारक में परिवर्तन के अलावा, 'लम्बा' विशेषण शब्द से केवल दो सम्बन्धित रूप बनाये जा सकते हैं; 'लम्बे', पुल्लिंग (कर्त्ता, एकवचन को छोड़ कर) एवं 'लम्बी' स्त्रीलिंग शब्द। वास्तव में यदि संज्ञा 'स्त्रीलिंग' हो तो सभी कारकों और वचनों में विशेषण का रूप अपरिवर्तनीय होता है। यदि हम ऐसी अनेक विशेषताओं को अंकित न करें जो समझने योग्य तथा अति सामान्य हैं, तो हमें केवल दो शब्द-निर्माण युक्तियों की ज़रूरत है :

शब्द निर्माण युक्ति 13.1

(X आ) $_{\text{एकवचन, विशेषण, कर्त्ता}}$ ↔ (X ए) $_{\text{बहुवचन, विशेषण}}$

काला काले

छोटा छोटे

शब्द-निर्माण युक्ति 13.2

(X आ) $_{\text{एकवचन, विशेषण, कर्त्ता,}}$ ↔ (X ई) $_{\text{बहुवचन, विशेषण}}$

काला काली

छोटा छोटी

कुछ शब्द जैसे : 'बढ़िया', 'ज़िन्दा', 'मादा', 'सवा' ('सवा चार') आदि आकारन्त होते हुए भी 'लाल' विशेषण वर्ग की भाँति अपना रूप नहीं बदलते। 'ज़िन्दा आदमी' एवं 'जिन्दा औरत' पदों के सन्दर्भ में 'ज़िन्दा' के बाद आनेवाले शब्दों का लिंग भिन्न होने पर भी 'ज़िन्दा' शब्द अपरिवर्तनीय रहता है।

13.2 अपरिवर्तनीय विशेषण

'लाल' विशेषण वर्ग में संज्ञा का वचन, लिंग और कारक कोई महत्व नहीं रखता है। निम्नलिखित तालिका को देखें :

	पुल्लिंग		स्त्रीलिंग	
	एकवचन	**बहुवचन**	**एकवचन**	**बहुवचन**
कर्त्ता कारक	लाल कपड़ा	लाल कपड़े	लाल साड़ी	लाल साड़ियाँ
विकारी कारक	लाल कपड़े में	लाल कपड़ों में	लाल साड़ी में	लाल साड़ियों में
सम्बोधन कारक	लाल कपड़े	लाल कपड़ो	लाल साड़ी	लाल साड़ियो

जैसाकि आप इस तालिका में देखेंगे कि संज्ञा का लिंग, वचन या कारक कुछ भी हो, 'लाल' विशेषण शब्द बदल नहीं रहा है। इस तालिका में 'कपड़ा' शब्द पुल्लिंग है तथा 'साड़ी' शब्द स्त्रीलिंग है। 'लाल' शब्द लिंग, वचन या कारक के अनुसार नहीं बदल रहा है। वास्तव में अपरिवर्तनीय विशेषणों की संख्या हिन्दी में अधिक है। जैसे : 'डरपोक', 'सफ़ेद', 'मुश्किल', 'ख़ास', 'गम्भीर', 'कमाऊ', 'आलसी' आदि सभी शब्द अपरिवर्तनीय हैं। इनमें से कोई भी आकारान्त नहीं है। यहाँ तक कि ये सभी विभिन्न व्यंजनों अथवा

स्वरों से समाप्त हो रहे हैं किन्तु सभी सन्दर्भों में ये अपरिवर्तनीय रहते हैं।

13.3 संज्ञा और क्रिया पदबन्धों में विशेषण का प्रयोग

अंग्रेजी में संज्ञा पदबन्धों में विशेषण का प्रयोग गुणवाचक विशेषण के रूप में तथा क्रिया पदबन्ध में विधेयात्मक रूप में होता है। जैसे :

1. लम्बे लड़के खेल रहे हैं।
2. वे लड़के लम्बे हैं।
3. जो लड़के खेल रहे हैं वो लम्बे हैं।

वाक्य संख्या 1 के वाक्य में 'लम्बे' विशेषण का प्रयोग गुणवाचक के रूप में हुआ है। यह कर्त्ता संज्ञा पदबन्ध में संज्ञा को रूपान्तरित कर रहा है। वाक्य संख्या 2 और 3 में यही विशेषण विधेय के रूप में आया है जो क्रिया पदबन्ध का हिस्सा है। यहाँ तक कि वाक्य संख्या 2 और 3 के वाक्य बिना विशेषण के अधूरे हैं। हम चाहें तो वाक्य संख्या 1 के वाक्य से विशेषण का लोप कर सकते हैं। यदि हम वाक्य संख्या 4 के वाक्य में संज्ञा को विशेषण तथा तीव्रतासूचक शब्द से युक्त करना चाहते हैं तो हम देखते हैं कि तीव्रतासूचक और विशेषण दोनों ही संज्ञा के वचन और लिंग से सम्बन्धित होने चाहिए।

4. वे बड़े लम्बे लड़के

13.4 तुलनात्मक एवं अतिशय कोटि के विशेषण

सामान्यतः हम 'ज़्यादा' या 'अधिक' शब्द का प्रयोग तुलनात्मक कोटि को अंकित करने के लिए करते हैं। जैसे :

5 मेरा घर तुम्हारे घर से ज्यादा खुला है।

हम उपर्युक्त वाक्य में 'ज़्यादा' के बजाय 'अधिक' का प्रयोग भी कर सकते हैं।

हिन्दी में तुलनात्मक एवं अतिशय कोटियों को व्यक्त करने के लिए ऐसे शब्द-युग्म भी उपलब्ध हैं जिनमें 'तर' एवं 'तम' आता है। निम्नलिखित दो शब्द-निर्माण युक्तियाँ इन्हीं सम्बन्धों को दिखाती हैं :

शब्द-निर्माण युक्ति 13.3

$(X)_{\text{विशेषण}}$	↔	$(X\ \text{तर})_{\text{विशेषण, तुलनात्मक}}$
निकट		निकटतर
प्रिय		प्रियतर

शब्द-निर्माण युक्ति 13.4

$(X)_{\text{विशेषण}}$	↔	$(X\ \text{तम})_{\text{विशेषण, अतिशयात्मक}}$
निकट		निकटतम
प्रिय		प्रियतम

'निकट' विशेषण शब्द से हम तुलनात्मक एवं अतिशय कोटि के दो रूप क्रमशः

'निकटतर' तथा 'निकटतम' पाते हैं। इन युक्तियों से बनाये गये शब्दों की संख्या अति सीमित है तो भी 'कोमल', 'सुन्दर', 'अधिक' शब्द इसी के अन्तर्गत आते हैं। वास्तव में हिन्दी की ये शब्द-निर्माण युक्तियाँ संस्कृत व्याकरण की अंश हैं जिसमें 'तर' 'ज़्यादा' को तथा 'तम' 'अति' को बताने के लिए विशेषण की भिन्न तुलनात्मक कोटियों का निर्माण किया जाता है। हिन्दी विशेषणों के सन्दर्भ में शब्द-निर्माण युक्ति 13.1 तथा 13.2 एवं 'ज़्यादा' या 'अधिक' शब्द का प्रयोग पर्याप्त हैं।

13.5 शब्द निर्माण युक्तियों का अनुप्रयोग

कुछ अन्य उदाहरणों का परीक्षण करते हैं। आवश्यक विश्लेषण कोष्ठक में दिया गया है।

- अजीब आवाज़ (एकवचन, स्त्रीलिंग, संज्ञा, आकारान्त विशेषण नहीं है, अपरिवर्तनीय है)
- पतली गलियाँ (बहुवचन, स्त्रीलिंग, संज्ञा, ईकारान्त विशेषण, अपरिवर्तनीय है, विशेषण का पुल्लिंग प्रतिरूप 'पतला' है जैसाकि हमने शब्द-निर्माण युक्ति 13.2 में देखा)
- कठिन रास्ते (बहुवचन, पुल्लिंग, संज्ञा, आकारान्त विशेषण नहीं है, अतः अपरिवर्तनीय है।)
- सुखमय जीवन (एकवचन, पुल्लिंग, संज्ञा, आकारान्त विशेषण नहीं है, अतः अपरिवर्तनीय है।)
- लम्बे लड़के (बहुवचन, पुल्लिंग, संज्ञा, आकारान्त विशेषण एकारान्त हो जाता है, जैसाकि हमने शब्द-निर्माण युक्ति 13.1 में देखा)
- बड़े लम्बे रास्ते (बहुवचन, पुल्लिंग, संज्ञा, आकारान्त विशेषण है, तीव्रतासूचक 'बड़ा' शब्द भी आकारान्त है, दोनों अपने बहुवचन रूपों में संज्ञा के वचन एवं लिंग से सम्बन्धित होती हैं)।

13.6 निष्कर्ष

अब तक हमने देखा कि हिन्दी में केवल आकारान्त विशेषण अपना रूप बदलते हैं। पुल्लिंग बहुवचन में 'आ' 'ए' द्वारा तथा स्त्रीलिंग बहुवचन 'आ' 'ई' द्वारा बदला जाता है। हमने यह भी देखा कि हिन्दी में विशेषणों का रूप आनेवाली संज्ञा पर निर्भर करता है। कई बार हिन्दी के सर्वनाम विशेषणों की भाँति व्यवहार करते हैं। जैसाकि हम देखेंगे कि सम्बन्धवाचक, निजवाचक एवं प्रश्नवाचक सर्वनाम आगामी संज्ञा के गुणों की जाँच करते हैं और उसी रूप में इस्तेमाल किये जाते हैं जो स्थायी हों (अध्याय 18 एवं 19 देखें)। तीव्रतासूचक तथा परिमाणवाचक भी संज्ञा के वचन एवं लिंग से जुड़े होने चाहिए।

अध्याय- 14

क्रिया-विशेषण

हिन्दी में क्रिया-विशेषण के ऐसे बहुत कम शब्द-युग्म हैं जो व्यवस्थित रूप से एक-दूसरे से सम्बन्धित हों। अधिकांश स्थितियों में क्रिया-विशेषण या तो अपरिवर्तनीय होते हैं या संज्ञा, क्रिया तथा क्रिया-विशेषण से सम्बन्धित होते हैं। अपवादस्वरूप 'रोज़' एवं 'रोज़ाना' विषम शब्द-युग्म भी उपलब्ध हैं, किन्तु इनसे सामान्यतः बड़ी श्रेणी की शब्द-निर्माण युक्ति नहीं बनायी जा सकती। स्वतन्त्र रूप से नज़दीकी तथा दूरीवाले क्रिया-विशेषण होते हैं। क्रिया-विशेषणात्मक अभिव्यक्तियाँ पूर्ण अथवा आंशिक पुनरुक्ति द्वारा भी बनायी जाती हैं। अधिकांश सन्दर्भों में क्रिया-विशेषण संज्ञा, विशेषण और क्रिया-विशेषण के बाद परसर्ग जोड़ कर बनाये जाते हैं। कभी-कभी अनुरणनात्मक शब्दों का इस्तेमाल भी क्रिया-विशेषण के रूप में होता है।

14.1 पुनरुक्ति क्रिया-विशेषण

अकसर हम ऐसी क्रिया-विशेषणात्मक अभिव्यक्ति देखते हैं जो स्वयं क्रिया-विशेषण का ही पुनरुक्त रूप होता है। यह केवल क्रिया-विशेषणात्मक अभिव्यक्ति को अधिक तीव्र बनाता है। नीचे की शब्द-निर्माण युक्ति को देखें :

शब्द निर्माण युक्ति 14.1

$(X)_{\text{क्रिया-विशेषण}}$ ↔ $(X\text{-}X)_{\text{क्रिया-विशेषण}}$

धीरे — धीरे-धीरे (बहुत धीरे)

जल्दी — जल्दी-जल्दी (बहुत जल्दी)

ऐसी अन्य क्रिया-विशेषणात्मक अभिव्यक्तियाँ भी हैं। जैसे :

उठते -उठते

रोते - रोते

भागते - भागते

हम यह पहले ही देख चुके हैं कि 'Xता, Xते, Xती' जैसे रूप विशेषण, क्रिया-विशेषण तथा कृदन्त विशेषण इन तीनों रूपों में प्रयोग किये जा सकते हैं।

एक अन्य उदाहरण में हम ऐसा क्रिया-विशेषण पाते हैं जो अपने विपरीतार्थक या सम्बन्धित शब्द से जुड़कर एक नयी श्रेणी बनाते हैं :

शब्द निर्माण युक्ति 14.2

$(X)_{\text{क्रिया-विशेषण}} \leftrightarrow (X\text{-}Y)_{\text{क्रिया-विशेषण}}$

(शर्त : Y, X का विपरीत है।)

$(X)_{\text{क्रिया-विशेषण}} \leftrightarrow (X\text{-}Y)_{\text{क्रिया-विशेषण}}$

ऊपर	ऊपर-नीचे (सारी ओर)
आगे	आगे-पीछे (हर तरफ़)
यहाँ	यहाँ-वहाँ

नीचे दिये गये वाक्यों के क्रम पर विचार करें :

1. मेरा हार खो गया है।
2. आगे-पीछे, ऊपर-नीचे, इधर-उधर सब जगह देखो।

वाक्य संख्या 2 में शब्द-निर्माण युक्ति 14.2 में आये क्रिया-विशेषण का प्रयोग हुआ है। विचारणीय है कि शब्द-निर्माण युक्ति 14.2 में दो शब्दों का प्रयोग हुआ है, तो भी परिणामतः एक शब्दीय क्रिया-विशेषण की प्राप्ति हो रही है। इसका अर्थ वास्तव में 'XY' नहीं है क्योंकि 'X' और 'Y' दोनों का स्वतन्त्र अस्तित्व है।

14.2 अपरिवर्तनीय क्रिया-विशेषण

यद्यपि अभी तक जिन क्रियाविशेषणों पर चर्चा की गयी है उनमें कुछ विविधता दिखती है जैसे : 'नीचा' (विशेषण) तथा 'नीचे' (क्रिया-विशेषण), अधिकतर क्रिया-विशेषण अपरिवर्तनीय हैं। नज़दीकी तथा दूरीवाले क्रिया-विशेषण युग्म भी होते हैं जो निम्नलिखित वाक्यों द्वारा बेहतर तरीक़े से दिखाये जा सकते हैं जो पूर्ण रूप से अपरिवर्तनीय हैं :

3. अब जब ट्रेन रायपुर पहुँची है तब उसने चैन की साँस ली है।
4. मेरी किताब न तो यहाँ है न वहाँ।
5. ये दोनों साड़ियाँ मेरे काम की नहीं, न तो यह न वह।
6. तुम ऐसे क्यों नाच रही हो, वैसे नाचो न जैसे होमना नाचती है।

संख्या 3 से 6 तक के वाक्यों में अधिकांशतः आये क्रिया-विशेषण नज़दीकी-दूरीवाले युग्मों से युक्त हैं। अतः 'अब', 'यहाँ', 'यह', 'ऐसे', 'इसके जैसे/इस तरीक़े से' नज़दीकीवाले हैं, क्योंकि ये नज़दीक में होनेवाले क्रियाकलाप को बताते हैं। 'तब', 'वहाँ', 'वह', 'वैसे', 'उसके जैसे/उस तरीक़े से' दूरीवाले हैं, क्योंकि ये कुछ दूरी पर होनेवाले क्रियाकलाप को बताते हैं (अध्याय 19 देखिए)। कृदन्त विशेषण के सन्दर्भ में यदि ये एक शब्द के गुण के बारे में बताते हैं तो ये विशेषणों के रूप में कार्य करते हैं, किन्तु यदि ये हमें उस तरीक़े के विषय में कुछ बताते हैं जिसमें पूरा क्रियाकलाप

घटित हुआ है तो ये क्रिया-विशेषण माने जाते हैं।

14.3 समय और स्थान के विस्तार के लिए अभिव्यक्तियाँ

'से' और 'तक' परसर्ग अकसर क्रिया-विशेषणात्मक अभिव्यक्तियों के रूप में प्रयोग किये जाते हैं जो वाक्य में आये समय एवं स्थान के विस्तार को बताते हैं। इनमें निम्नलिखित अभिव्यक्तियाँ पायी जाती हैं :

7. यहाँ से वहाँ तक
8. ऊपर से नीचे तक
9. बाहर से अन्दर तक
10. सुबह से शाम तक
11. आज से कल तक
12. इस साल से अगले साल तक

संख्या 7-9 तक की अभिव्यक्तियाँ निश्चित स्थानीयता को बताती हैं जबकि संख्या 10-12 तक की अभिव्यक्तियाँ समयपरकता को बताती हैं, जोकि स्थान और समय से निकले हुए स्थानीय और समयपरक टुकड़े हैं।

14.4 अनुरणनात्मक क्रिया-विशेषण

क्रिया-विशेषणों की भाँति कार्य करनेवाले कुछ अनुरणनात्मक शब्दों का वर्ग भी हिन्दी में उपलब्ध है। जैसे :

13. वह गटागट दूध पी गया।
14. राहुल सरपट भागा।
15. झटपट इधर आओ।

हिन्दी में 'गटागट', 'सरपट' आदि शब्द अनुरणनात्मक बल लिये हुए होते हैं।

14.5 निष्कर्ष

इस अध्याय के साथ हम पुस्तक के दूसरे भाग की समाप्ति की ओर आ गये हैं। भाग-2 में मैंने ख़ासतौर से संज्ञाओं, क्रियाओं, क्रिया-विशेषणों का दो दृष्टिकोणों से अध्ययन किया है : प्रत्येक श्रेणी का स्वयं की श्रेणी से सम्बन्ध एवं प्रत्येक श्रेणी और अन्य सभी श्रेणियों के बीच सम्बन्ध। इन्हें अकसर अन्तरश्रेणीगत (श्रेणी के भीतर) एवं श्रेणीगत (सभी श्रेणियों में) सम्बन्ध कहा जाता है। भाग-3 में हम हिन्दी के अनुरणनात्मक, संयुक्त एवं प्रेरणार्थक शब्दों की चर्चा जारी रखेंगे।

शब्दों के सम्बन्ध में कुछ और

अध्याय- 15

पुनरुक्ति

हिन्दी की उत्पादनकारी प्रक्रियाओं में से पुनरुक्ति एक प्रक्रिया है। सिद्धान्ततः किसी भी वर्ग का कोई भी शब्द पुनरुक्त किया जा सकता है। 14.1 में हम पहले ही देख चुके हैं कि क्रिया-विशेषणों को पुनरुक्त किया जा रहा है। हिन्दी की प्रकृति की यह एक ऐसी विशेषता है जो वह अन्य भाषाओं से भी साझा करती है। सिंह (1995) के मतानुसार, हम तीन प्रकार की पुनरुक्तियाँ पाते हैं : पूर्ण, आंशिक, व्यतिरिक्त या आधिक्य बोधक। जब हम पूर्ण पुनरुक्ति की बात करते हैं तो इससे हमारा आशय यह होता है कि हम एक 'X' लेते हैं और 'X-X' के रूप का प्रयोग करते हैं। आंशिक पुनरुक्ति से मतलब है कि हम 'X' लेते हैं और इसे अंशतः रूपान्तरित करते हैं। जैसे : 'X-X" व्यतिरिक्त या आधिक्यबोध पुनरुक्ति से तात्पर्य है कि हम 'X' लेते हैं और उसमें 'Y' जोड़ कर 'X-Y' पाते हैं। यहाँ 'X' और 'Y' लगभग एक ही वस्तु का अर्थ देते हैं, यद्यपि वे विभिन्न ऐतिहासिक स्रोतों से आये हुए होते हैं।

15.1 पूर्ण पुनरुक्ति

निम्नलिखित उदाहरणों को देखें :

1. राम-राम (संज्ञा, प्राणिवाचक)
2. घर-घर (संज्ञा, अप्राणिवाचक)
3. काला-काला (विशेषण)
4. जल्दी-जल्दी (क्रिया-विशेषण)
5. खा-खा (क्रिया)
6. न-न (नकारात्मक निपात)
7. क्या-क्या (प्रश्नसूचक शब्द)
8. या-या (संयोजक)
9. करते-करते (वर्तमान कृदन्त विशेषण)
10. सर्वनाम (मैं-मैं)

इन उदाहरणों से स्पष्ट है कि सिद्धान्ततः हिन्दी में कोई भी व्याकरणिक वर्ग

पुनरुक्त किया जा सकता है। पूर्ण पुनरुक्ति 'प्रत्येक' के विवरणात्मक अर्थ को बताती है। जैसे : 'घर-घर' का अर्थ वाक्य 1 में 'प्रत्येक घर' से है :

1. अख़बारवाला रोज़ घर-घर अख़बार देता है।

वास्तव में पहले बतायी गयीं सभी नौ पुनरुक्त अभिव्यक्तियाँ निम्नलिखित वाक्य की संरचना में पूर्ण रूप से लागू होती हैं :

2. क्या .... लगा रखा/रखी है।

कोई भी शब्द हिन्दी में पुनरुक्त किया जा सकता है।

15.2 आंशिक पुनरुक्ति

पूर्ण पुनरुक्ति (X–X) में जहाँ हम 'प्रत्येक X' का विवरणात्मक अर्थ पाते हैं, वहीं आंशिक पुनरुक्ति (X–X') वह है जहाँ केवल दिये गये शब्द के अंश या भाग की पुनःआवृत्ति करते हैं, जो हमें 'X–आदि' का अर्थ देता है। अतः 'चाय' शब्द से हम (X–X') 'चाय-वाय' की तरह का रूप पाते हैं। यह महत्वपूर्ण बात है कि 'चाय-वाय' एक शब्द है जिसका विशिष्ट अर्थ है। 'वाय' स्वयं में स्वतन्त्र रूप में हिन्दी में नहीं मिलता। यहाँ तक कि शब्द के प्रथम व्यंजन का 'व' से प्रतिस्थापन हिन्दी में बहुतायत में आंशिक पुनरुक्ति के लिए इस्तेमाल की गयी युक्ति है। हम निम्नलिखित शब्द-निर्माण युक्ति बना सकते हैं :

शब्द-निर्माण युक्ति 15.1

(X) ↔ (X-X')

(शर्त : X का प्रथम व्यंजन X' में 'व' द्वारा बदल जाता है।)

खाना	खाना-वाना
दर्द	दर्द-वर्द
चलना	चलना-वलना
जल्दी	जल्दी-वल्दी
पानी	पानी-वानी
बर्फ़	बर्फ़-वर्फ़

यह स्पष्ट हो जाना चाहिए कि पूर्ण पुनरुक्ति की भाँति ही आंशिक पुनरुक्ति में भी किसी वर्गीय सीमा का विचार नहीं किया जाता।

यहाँ तक कि X-X' पैटर्न प्राप्त करने के लिए ऐसे शब्दों के साथ भी 'व' व्यंजन जोड़ा जाता है जो 'स्वर' से शुरू होते हों। जैसे :

अकाल	अकाल-वकाल
आलू	आलू-वालू
आदमी	आदमी-वादमी
ईंट	ईंट-वींट

उस्तरा	उस्तरा-वुस्तरा
ऊँट	ऊँट-वूँट
एड़ी	एड़ी-वेड़ी
ऐनक	वैनक

कुछ शब्दों का वर्ग ऐसा भी है जिसे शब्द-निर्माण युक्ति 15.1 के अन्तर्गत नहीं गिना जा सकता। ये सभी अपवाद हैं और कोई एक पैटर्न नहीं बनाते। ये विशिष्ट हैं तथा इनको सूचीबद्ध करके याद किया जा सकता है। जैसे :

भाग भागमभाग

झूठ झूठ-मूठ

देख देखा-देखी

हमने देखा कि पुनरुक्त किये गये शब्द के भाग अधिक जटिल शब्द के हिस्से हैं किन्तु कोई ऐसा पैटर्न नहीं गढ़ रहे कि उनको अलग कोटि में रखा जा सके।

15.3 व्यतिरिक्त या आधिक्य बोधक पुनरुक्ति

हम (X–X) एवं (X–X') पैटर्नों की बात कर चुके हैं। अब हम (X–Y) पैटर्न पर आते हैं। निम्नलिखित उदाहरणों को देखें :

धन	धन-दौलत
शादी	शादी-ब्याह
धर्म	धर्म-ईमान

विचारणीय है कि यद्यपि अधिक जटिल शब्दों में हमारे पास दो भिन्न स्रोतों अकसर संस्कृत एवं फ़ारसी के शब्द हैं तो भी वे एक अर्थ देते हुए एक शब्दीय होते हैं जिसका अर्थ सरल शब्द के समान ही होता है।

15.4 निष्कर्ष

इस अध्याय में मैंने पूर्ण, आंशिक एवं व्यतिरिक्त या आधिक्य बोधक पुनरुक्ति की प्रकृति एवं संरचना पर चर्चा की। अध्याय-16 में मैं संयुक्त शब्दों पर बात करूँगा।

समास

इस अध्याय में, मैं यह दिखाऊँगा कि यद्यपि समास दो स्वतन्त्र शब्दों से बनते हैं जैसे : X और Y, किन्तु वे व्याकरणिक एवं अर्थवैज्ञानिक की दृष्टि से एक शब्द के घटक होते हैं। भाग 15.3 में मैंने दिखाया था कि व्यतिरिक्त बोधक पुनरुक्ति वास्तव में एक शब्दीय हैं तथा पूर्ण या आंशिक पुनरुक्ति शब्द भी एक शब्दीय हैं। परम्परागत रूप से समास को चार श्रेणियों में बाँटा गया है : द्वन्द्व, बहुव्रीहि, अव्ययीभाव तथा तत्पुरुष। इसी में अन्तःकेन्द्रिक (घटकों के भीतर प्राप्त अर्थ) तथा बहिःकेन्द्रिक (घटकों के बाहर प्राप्त अर्थ) समास की बात भी की जाती है। मैं इन सभी की क्रम से चर्चा करूँगा तथा फिर शब्द-निर्माण युक्तियों के सन्दर्भ में हिन्दी समास का परीक्षण करूँगा।

16.1 समास के प्रकार

ऐसा माना जाता है कि अन्य समासों की ही भाँति बहुव्रीहि समास में भी दो शब्द होते हैं : X और Y, किन्तु इस समास का अर्थ इन दो शब्दों के बाहर स्थित रहता है (अर्थात् ये बहिःकेन्द्रिक हैं)। आप बहुव्रीहि समास का अर्थ अन्दाज़ से नहीं जान सकते हैं क्योंकि प्रयुक्त किये गये शब्द पूर्ण शब्द का घटक नहीं होते। यहाँ X और Y मिल कर एक नये अर्थ Z को जन्म देते हैं। अतः अंग्रेजी में cut-throat जैसाकि 'cut-throat competition' का प्रयोग किया है। इस समास को 'काटने की क्रिया' या संज्ञा 'throat' से कोई लेना-देना नहीं है। अन्य अंग्रेजी बहुव्रीहि समास में 'pickpocket', 'scarecrow' आदि शामिल हैं। इसी प्रकार, हमारे पास हिन्दी में ये शब्द हैं :

दानवीर	=	कर्ण।
नीलकण्ठ	=	भगवान शिव।
दशमुख	=	रावण

यह स्पष्ट है कि हिन्दी में 'दान' और 'वीर' शब्द स्वतन्त्र रूप से मौजूद हैं और इसी प्रकार प्रयोग किये जाते हैं। किन्तु 'दानवीर' शब्द में 'दान' और 'वीर' के बीच कोई स्पष्ट सम्बन्ध नहीं है जो हमें 'प्रसिद्ध एवं दयावान योद्धा कर्ण' का अर्थ दे सके। यद्यपि समय और अभिव्यक्ति के चलते उसकी यह छवि बनी है। 'नीलकण्ठ' शब्द भी

इसी प्रकार है, जहाँ 'नील' का अर्थ 'नीला' तथा 'कण्ठ' का अर्थ 'गला' है। भगवान शिव को हिन्दु पुराणों के अनुसार 'नीलकण्ठ' कहा जाता है, क्योंकि उन्होंने विषपान किया था। अतः बहुव्रीहि समास वास्तव में समास न हो कर नये शब्द हैं। Z का X और Y से कोई सम्बन्ध नहीं है।

अव्ययीभाव समास में X और Y में प्रथम तत्व प्रधान होता है। इन्हें अन्तःकेन्द्रित समास कहते हैं क्योंकि इनमें प्रथम शब्द मूल अर्थ को तय करता है। इन्हें 'निर्धारक क्रिया-विशेषण' कहा जाता है। इस श्रेणी के अन्तर्गत आनेवाले समास हैं :

3. प्रतिमाह
4. प्रतिवर्ष
5. हरसाल
6. समकालीन
7. हमसफ़र

हालाँकि इन शब्दों का प्रथम भाग वास्तव में उपसर्ग होता है जो अपनी प्रकृति में अपरिवर्तनीय होता है। ये पूर्ण शब्द नहीं हैं और स्वतन्त्र रूप से यदा-कदा ही प्रयोग किये जाते हैं। अतः अव्ययीभाव वास्तव में समास नहीं है। तत्पुरुष समास में X और Y में से Y अधिक महत्वपूर्ण होता है। जैसे :

8. राम कहानी
9. समाचार पत्र
10. समाज शास्त्र

संज्ञा की श्रेणी को निर्धारित करनेवाला तत्व दूसरा अर्थात् द्वितीय है। अतः 8 में 'कहानी', 9 में 'पत्र' तथा 10 में 'शास्त्र' महत्वपूर्ण है। विचारणीय है कि व्याकरणिक रूप से 8, 9 और 10 एक शब्द के रूप में कार्य कर रहे हैं। इसी आधार पर उपयुक्त शब्द निर्माण युक्तियों के हिस्से बनते हैं, जिससे उनका अन्त हुआ है।

द्वन्द्व समास में X और Y दोनों समान रूप से महत्वपूर्ण होते हैं। जैसे :

11. माता-पिता।
12. सीता-राम।

द्वन्द्व समास में दो शब्दों के बीच स्पष्ट रूप से 'और' का लोप होता है तथा X और Y के बीच गम्भीर आश्रित सम्बन्ध नहीं होता।

16.2 सन्दर्भगत परिवर्तनीयता

X, Y और Z के रूप में निकट-गणितीय निरूपण के बावजूद समासों का भिन्न प्रकारों में विभाजन हमेशा आसान नहीं होता। एक ही समास सन्दर्भ के अनुसार विभिन्न श्रेणियों में रखा जा सकता है। जैसे : 'सत्यव्रत' शब्द को लें। इस शब्द में दो तत्व 'सत्य' और 'व्रत' शामिल हैं।

यदि इसे हम 'सत्य' और 'व्रत' मानें तो यह द्वन्द्व समास बन जायेगा, यदि इसे व्रत या 'सत्य' या 'व्रत' मानें तो यह तत्पुरुष समास कहलायेगा और यदि इसका अर्थ यह माना जाये कि ऐसा पुरुष जो सदा सत्य के साथ खड़ा हो तो यह बहुव्रीहि समास की कोटि में आयेगा।

16.3 भ्रम से समास कहे जाने वाले शब्द

ऐसे शब्दों का वर्ग जिनमें समास की दृष्टि से त्रुटियाँ होती हैं, वह वास्तव में बड़ा है। वास्तविक समास का आधार यह है कि इसमें दो स्वतन्त्र शब्दों X और Y का संयोजन होता है, जो कि अकसर भुला दिया जाता है। बहुत से लोग इन शब्दों जैसे :

13. घुड़सवार
14. घुड़दौड़
15. चौराहा
16. हथकड़ी

आदि को वास्तविक समास मानते हैं। वे यह नहीं समझ पाते कि यद्यपि हिन्दी में 'घोड़ा' शब्द उपलब्ध है। किन्तु* घुड़ नहीं, इसी प्रकार 'हाथ', 'चार', 'राह' हिन्दी के वैध शब्द हैं किन्तु *'हथ', *'चौ', *'राहा' नहीं। अतः 13-16 में हमारे पास X और Y नहीं है। ये जटिल शब्द हैं किन्तु इन्हें असली तौर पर या तो अपवाद या उपसर्ग की कोटि में रखा गया है। उदाहरण के लिए 13 और 14 के सन्दर्भ में हम निम्नलिखित शब्द-निर्माण युक्ति बना सकते हैं :

शब्द-निर्माण युक्ति 16.1

$(X)_{\text{संज्ञा}}$	$\leftrightarrow$	$(\text{घुड़ } X)_{\text{संज्ञा, घोड़ा सहित}}$
सवार	घुड़सवार	
दौड़	घुड़दौड़	
नाल	घुड़नाल	
मक्खी	घुड़मक्खी	

किन्तु यह उपसर्गीकरण की शब्द-निर्माण युक्ति है, समास शब्दों के निर्माण की नहीं।

16.4 समास

अब हम कुछ शब्द-निर्माण युक्तियों का परीक्षण करेंगे जो दो शब्दों X और Y से मिल कर बनती हैं। हालाँकि निर्मित तत्व शब्द के एकत्व को बनाये रखता है। निम्नलिखित शब्द-निर्माण युक्तियों को देखें :

शब्द-निर्माण युक्ति 16.2

(X) $_{संज्ञा}$ ↔ (X विज्ञान) $_{संज्ञा, X का विज्ञान}$

भाषा भाषाविज्ञान

जन्तु जन्तुविज्ञान

समाज समाजविज्ञान

हालाँकि 'समाज विज्ञान' जैसे शब्द विज्ञान सम्बन्धी शब्द-निर्माण युक्ति का हिस्सा भी होंगे।

अन्य प्रत्ययीकरण द्वारा बनी शब्द-निर्माण युक्ति है :

शब्द-निर्माण युक्ति 16.3

(X) $_{संज्ञा}$ ↔ (X मण्डी) $_{संज्ञा, X की मण्डी}$

अनाज अनाजमण्डी

फल फलमण्डी

सब्ज़ी सब्ज़ीमण्डी

यहाँ अन्य शब्द-निर्माण युक्तियों का एक जोड़ा दिया गया है :

शब्द-निर्माण युक्ति 16.4

(X) $_{संज्ञा}$ ↔ (X भवन) $_{संज्ञा, X का भवन, कार्यालय}$

कृषि कृषिभवन

रेल रेलभवन

सेना सेनाभवन

शब्द-निर्माण युक्ति 16.5

(X) $_{संज्ञा}$ ↔ (X रक्षा) $_{संज्ञा, X की रक्षा}$

प्राण प्राणरक्षा

देश देशरक्षा

धर्म धर्मरक्षा

उपसर्गीकरण से जुड़ी कुछ शब्द-निर्माण नीतियाँ भी हम देख सकते हैं।

शब्द-निर्माण युक्ति 16.6

(X) $_{संज्ञा}$ ↔ (न्याय X) $_{संज्ञा, न्याय से सम्बन्धित}$

शास्त्र न्यायशास्त्र

मूर्ति न्यायमूर्ति

शुल्क न्यायशुल्क

शब्द-निर्माण युक्ति 16.7

(X) $_{संज्ञा}$ ↔ (वायु X) $_{संज्ञा, वायु से सम्बन्धित}$

सेना वायुसेना

यान वायुयान

मण्डल वायुमण्डल

16.5 निष्कर्ष

समास दो शब्दों और X और Y के मिलने से बनता है जो नये शब्द का निर्माण करते हैं। दोनों में से कोई एक शब्द अपनी सत्ता हमेशा खोता है। बहुव्रीहि समास वास्तव में समास नहीं हैं क्योंकि ये शब्द-सम्बन्ध की आधारभूत शर्त को पूरा नहीं करते। X और Y को रूप और अर्थ के धरातल पर Z से सम्बन्धित होना चाहिए। 'घुड़सवार' जैसे शब्द समास नहीं हैं क्योंकि इनमें दो स्वतन्त्र शब्दों का मिलन नहीं होता है। अधिकांश अव्ययीभाव समास भी X और Y का मिलन नहीं होते, बल्कि ये प्रत्ययीकरण की सरल विधि होते हैं। द्वन्द्व समास जैसे : 'सीता-राम', 'शिव-पार्वती' स्पष्ट रूप से समास है क्योंकि इनमें दो शब्दों का मिलन है और आमतौर पर इस्तेमाल होते हैं। इस समास में X और Y वास्तव में 'X और Y' का अर्थ देते हैं। कुछ सन्दर्भों में द्वन्द्व समास वास्तव में बहुव्रीहि समास की तरह व्यवहार करते हैं। जैसे : 'सीता-राम' का सीधा-सा अर्थ 'हे भगवान' भी होता है। कुछ उपसर्गीकरण की शब्द-निर्माण युक्ति के अल्पसंख्यक शब्द समूह भी हैं जिन्हें अव्ययीभाव समास कहा जाता है (इसमें X प्रधान होता है)। प्रत्ययीकरण के सन्दर्भ में तत्पुरुष समास का निर्माण होता है (इसमें Y प्रधान होता है)। इन सभी सन्दर्भों में समास शब्द के एकत्व को बनाये रखते हैं।

अध्याय-17

प्रेरणार्थक क्रियाएँ

वाक्य में अकसर ऐसा होता हैं कि कर्त्ता किसी अन्य व्यक्ति से कोई काम करवाता है या उसे एक निश्चित अवस्था में रहने के लिए प्रेरित करता है। इस घटना को सूचित करनेवाली अभिव्यक्तियाँ प्रेरणार्थक क्रियाएँ कहलाती हैं। व्याकरणिक दृष्टि से उन्हें विशेष सरल क्रिया या क्रिया के प्रेरणार्थक रूप या कुछ अन्य कोशगत या पदात्मक अभिव्यक्तियों से सूचित किया जा सकता है। हिन्दी, संस्कृत और फीनिश जैसी भाषाओं में प्रेरणार्थक क्रियाओं का एक समृद्ध भण्डार है। अंग्रेजी में ऐसी प्रेरणार्थक अभिव्यक्तियों के लिए सामान्य क्रियाओं जैसे : make, get और have का प्रयोग किया जाता है। जैसे :

1. She made me do her homework.
2. I got him to repair my car.

इन दोनों वाक्यों में दो-दो क्रियाओं का प्रयोग किया गया है। पहली में made और do का तथा दूसरी में got और repair का। क्रियाओं का पहला समूह हमें यह बताता है कि 'किसने किससे काम करवाया' और दूसरा समूह 'जो काम करवाया गया' उसके बारे में बताता है। इस प्रकार दोनों ही वाक्यों में 'उसने' (she) और 'मैंने' (I) किसी अन्य से विशेषतः 'मुझसे' (me) और 'उससे' (him) काम करवाया।

दूसरी तरफ़ हिन्दी में प्रेरणार्थक क्रिबाओं के लिए दो क्रियाओं का प्रयोग नहीं करना पड़ता है क्योंकि इसमें प्रेरणार्थक रूप अपने गैर-प्रेरणार्थक रूप से व्यवस्थित रूप से जुड़े होते हैं। जैसे :

3. राम ने मोहन से कार ठीक करवायी।

'कर' मध्यम पुरुष अनादरसूचक सर्वनाम 'तू' के साथ आनेवाला सरल क्रिया-रूप है। यहाँ 'कार' स्त्रीलिंग है इसलिए 'करवायी' का प्रयोग किया गया है। चूँकि यहाँ वाक्य में प्रयुक्त सभी संज्ञा-पद किसी-न-किसी परसर्ग (राम ने, मोहन से) से अवरुद्ध हैं इसलिए क्रिया का सम्बन्ध अनिवार्यतः 'कार' से होगा जो कि अवरुद्ध नहीं है।

17.1 हिन्दी की प्रेरणार्थक क्रियाएँ

हिन्दी के अधिकांश व्याकरणों में प्रेरणार्थक क्रियाओं पर जो चर्चा की गयी है, वह काफ़ी जटिल है। लेकिन यदि हम निम्नलिखित तीन बिन्दुओं को ध्यान में रखें तो

प्रेरणार्थक शब्द-विज्ञान बिलकुल स्पष्ट हो जायेगा :

1. कुछ प्रेरणार्थक रूप विलक्षण होते हैं जिन्हें अलग से सूचित किया जाता है। इन्हें अलग रख कर भी किसी एक कोटि में नहीं रखा जा सकता क्योंकि इनका कोई एक निश्चित पैटर्न नहीं है।

2. मध्यम पुरुष अनादरसूचक सर्वनाम 'तू' के साथ आनेवाले क्रिया-रूप पर ध्यान दें। हमने इस पूरी किताब में इसी पैटर्न को ध्यान में रखा है।

3. सावधानी से उन तरीक़ों को देखें जिसके अन्तर्गत प्रेरणार्थक क्रिया के जोड़े सम्बन्धित हैं। मध्यम पुरुष अनादरसूचक सर्वनाम 'तू' के साथ आनेवाले क्रिया-रूप तथा प्रेरणासूचक उपसर्ग परस्पर जुड़ते हैं। इस प्रक्रिया में उपर्युक्त क्रिया-रूप कुछ ध्वनि परिवर्तनों के सरल संयोजन या प्रत्यय उपसर्ग से जुड़ते हैं। प्रेरणार्थक क्रिया के निर्माण का एक सबसे सामान्य तरीक़ा तो यह है कि शब्द-निर्माण युक्ति की बायीं ओर अनादरसूचक क्रिया-रूप में 'आ' प्रत्यय जोड़ दिया जाये।

शब्द-निर्माण युक्ति 17.1

$(X)_{\text{क्रिया, अकर्मक}} \leftrightarrow (X\ \text{आ})_{\text{क्रिया, प्र. प्रे. रू./सकर्मक}}$

पढ़ पढ़ा
गिर गिरा
तैर तैरा
जग जगा
चल चला

निम्नलिखित वाक्यों को देखें :

4. तू पेड़ गिरा।
5. तू उसको जगा।

स्पष्ट है कि उपर्युक्त दोनों वाक्य सकर्मक भी हैं और प्रेरणार्थक भी। ऐसी प्रेरणार्थक क्रियाओं को प्रथम क्रम की प्रेरणार्थक क्रियाएँ कहते हैं।

गतिविधिसूचक क्रियाओं की स्थिति में द्वितीय क्रम की प्रेरणार्थक क्रियाएँ भी सम्भव हैं। ऐसी प्रेरणार्थक क्रियाओं में 'वा' प्रत्यय जुड़ा होता है। जैसे :

शब्द-निर्माण युक्ति 17.2

$(X\ \text{आ})_{\text{क्रिया, सकर्मक}} \leftrightarrow (X\ \text{वा})_{\text{क्रिया, द्वि प्रे. रू.}}$

पढ़ा पढ़वा
चला चलवा
गिरा गिरवा

शब्द-निर्माण युक्ति 17.2 में 'आ' 'वा' से बदलता है। निम्नलिखित वाक्यों को देखें :

6. तू मोहन से होमना को पढ़वा।

7. तू इशिका से कार चलवा।

इन दोनों वाक्यों में X, Y को कार्य करवाने के लिए कह रहा है। 'गिरा' और 'गिरवा' जैसी क्रियाएँ एक नियमित क्रियात्मक प्रतिमान को प्रस्तुत करती हैं, जोकि 'आ' से अन्त होनेवाली सभी क्रियाओं की शब्द-निर्माण युक्तियों पर लागू होता है। हमारे पास निम्नलिखित तरीक़े के भी वाक्य हो सकते हैं :

8. आप मोहन से होमना को पढ़वाइए।
9. मैं अपनी कार राजू से चलवाता हूँ।

इस प्रकार प्रेरणार्थक क्रियाओं के निर्माण का प्रश्न मूलतः मध्यम पुरुष अनादरसूचक सर्वनाम के साथ आनेवाले क्रिया-रूप में 'आ' या 'वा' प्रत्यय से जुड़ने से सम्बद्ध है।

विचारणीय है कि एक तरफ़ वाक्य 4 और 5 में तथा दूसरी तरफ़ वाक्य 6 और 7 में महत्वपूर्ण अन्तर है। वाक्य 3, 4 और 5 में हालाँकि स्पष्ट प्रेरणार्थकता है लेकिन इनमें कर्त्ता फिर भी कार्यरत है क्योंकि वह किसी अन्य से काम नहीं करवा रहा है। इसलिए हम ऐसी क्रियाओं को अकर्मक क्रियाओं से प्राप्त सकर्मक क्रियाएँ कहते हैं। दूसरी तरफ़ वाक्य 6 और 7 में X, Y से कुछ करवा रहा है। इस स्थिति में क्रिया-रूप निस्संदेह प्रेरणार्थक है। वाक्य 6 में X (तू), Y (मोहन), Z (होमना) को पढ़वाने के लिए कहता है।

इस प्रकार व्यंजनान्त अकर्मक क्रियाएँ निम्नांकित प्रतिमान का हिस्सा हैं :

अकर्मक	व्युत्पन्न सकर्मक (प्रथम प्रेरणार्थक)	प्रेरणार्थक (द्वितीय प्रेरणार्थक)
जग	जगा	जगवा
गिर	गिरा	गिरवा
चल	चला	चलवा
तैर	तैरा	तैरवा

17.2 स्वरान्त क्रियाएँ

कुछ क्रियाएँ स्वरान्त होती हैं। उनमें 'आ' की बजाय 'ला' प्रत्यय का प्रयोग होता है। जैसे :

शब्द-निर्माण युक्ति 17.3

$(X\ \text{आ})_{\text{क्रिया}} \leftrightarrow (X\ \text{ला})_{\text{क्रिया, द्वि प्रे. रू.}}$

(शर्त : 'ई' 'इ' में, 'ओ' 'उ' में तथा 'ए' 'इ' में बदल जाता है।)

सी	सिला
पी	पिला
दे	दिला

इन क्रियाओं का द्वितीय प्रेरणार्थक रूप 'आ' की जगह 'वा' प्रत्यय के प्रयोग से

से प्राप्त होता है। जैसे :

शब्द-निर्माण युक्ति 17.4

(X आ) क्रिया, प्र.प्रे.रू.	↔	(X वा) क्रिया, द्वि प्रे. रू.
सिला		सिलवा
दिला		दिलवा
रुला	रुलवा	
सुला	सुलवा	
पिला	पिलवा	

हालाँकि शब्द-निर्माण युक्ति 17.4 में सूचित क्रियाएँ आकृति में एक जैसी हैं, सबमें 'आ' की जगह 'वा' प्रत्यय का प्रयोग हुआ है, फिर भी इनमें अर्थवैज्ञानिक भिन्नता है। सकर्मक क्रियाओं 'सी' और 'दे' के प्रथम प्रेरणार्थक रूप तथा द्वितीय प्रेरणार्थक रूप में कोई अर्थवैज्ञानिक अन्तर नहीं है। जैसे :

10. तू दर्ज़ी से अपने कपड़े सिला/सिलवा।

'सिला' और 'सिलवा' दोनों ही रूप समान रूप से स्वीकार्य हैं तथा दोनों का अर्थ भी समान है।

दूसरा समूह पी, रो, सो आदि जैसी क्रियाओं का है। इनके प्रथम प्रेरणार्थक रूप से केवल व्युत्पन्न सकर्मक का बोध होता है। इनसे युक्त वाक्य में इस बात का पता चलता है कि कर्त्ता ही कार्यरत है।

निम्नांकित वाक्यों को देखें :

11. तू गीता को पानी पिला।
12. तू मोहन को सुला।

विचारणीय है कि केवल 'वा' युक्त रूपों से ही यह पता चलता है कि कर्त्ता किसी अन्य से काम करवा रहा है। जैसे :

13. तू गीता को सीता से पानी पिलवा।
14. तू मोहन को सोहन से सुलवा।

17.3 ध्वनि परिवर्तन के साथ प्रत्ययीकरण

शब्दों का एक ऐसा समूह भी है जिसमें प्रेरणार्थक क्रियाओं के निर्माण-क्रम में कुछ ध्वनि परिवर्तनों के साथ प्रत्ययीकरण की प्रक्रिया घटित होती है। यह समूह देखें :

क्रिया	प्रथम प्रेरणार्थक	द्वितीय प्रेरणार्थक
भाग	भगा	भगवा
घूम	घुमा	घुमवा
काट	कटा	कटवा
जीत	जिता	जितवा

उपर्युक्त आँकड़ों के आधार पर हम दो शब्द-निर्माण युक्तियाँ बना सकते हैं :

शब्द-निर्माण युक्ति 17.5

$(X)_{\text{क्रिया}} \leftrightarrow (X \text{ आ})_{\text{क्रिया, प्र. प्रे. रू.}}$

(शर्त : दो व्यंजनों के बीच का दीर्घ स्वर ह्रस्व हो जाता है।)

शब्द-निर्माण युक्ति 17.6

$(X \text{ आ})_{\text{क्रिया}} \leftrightarrow (X \text{ वा})_{\text{क्रिया, द्वि. प्रे. रू.}}$

17.4 अपवाद

यह बार-बार स्पष्ट किया जा चुका है कि शब्द-निर्माण युक्तियाँ अपने साथ सूचित शब्दों के समूह पर आधारित हैं। इन समूहों के अन्तर्गत कुछ अन्य शब्द भी आ सकते हैं और कुछ शब्द-निर्माण युक्ति की सारी शर्तों को पूरा करने के बावजूद इसके अन्तर्गत नहीं आ सकते। जैसे : 'टूट' 'ट' क्रिया आसानी से शब्द-निर्माण युक्तियों 17.5 और 17.6 के अन्तर्गत आ सकती है और हम इसके ऐसे रूप प्राप्त कर सकते हैं :

टूट *टुटा *टुटवा

लेकिन 'टूट' क्रिया के लिए सकर्मक रूप 'तोड़' और प्रेरणार्थक रूप 'तुड़ा' तथा 'तुड़वा' हैं (इन दोनों ही प्रेरणार्थक रूपों का अर्थ समान है : किसी से कुछ तुड़वाना)।

हम यह भी देख सकते हैं कि कुछ क्रियाएँ ऐसी भी हैं जो प्रेरणार्थक निर्माण युक्तियों के अन्तर्गत बिलकुल ही नहीं आतीं। जैसे : आ, जा, पा, हो आदि।

17.5 निष्कर्ष

सामान्यतः हिन्दी में एक ही प्रेरणार्थक रूप होता है जो या तो 'आ' युक्त होता है या 'वा' युक्त। 'आ' प्रत्यय का इस्तेमाल प्रायः अकर्मक क्रियाओं की उनके सकर्मक रूपों में बदलने के लिए किया जाता है। तत्पश्चात् हम उनमें 'आ' के स्थान पर 'वा' प्रत्यय का प्रयोग करके प्रेरणार्थक रूपों को प्राप्त करते हैं। केवल सकर्मक क्रियाओं के दो प्रेरणार्थक रूप ('आ' युक्त और 'वा' युक्त) होते हैं। इनका एक-दूसरे के स्थान पर इस्तेमाल किया जा सकता है। ऐसा केवल तभी होता है जब हम दूसरी पार्टी की भूमिका पर ध्यान देना चाहते हैं तब हमें द्वितीय क्रम की प्रेरणार्थक क्रियाओं के प्रयोग की ज़रूरत महसूस होती है। जैसे :

15. तू अपने कपड़े उसी दर्ज़ी से सिलवा।

इस स्थिति में वक्ता इस बात पर ज़ोर देना चाहता है कि 'तुम्हें अपने कपड़े किसी विशेष दर्ज़ी से सिलवाने चाहिए।' इसलिए यहाँ 'वा' युक्त रूप का प्रयोग ज़्यादा सटीक लगता है। हालाँकि यहाँ 'आ' युक्त रूप का प्रयोग भी उतना ही व्याकरणिक होगा।

अपरिवर्त्तनशील शब्द

अध्याय- 18

पुरुषवाचक सर्वनाम

पुरुषवाचक सर्वनामों में वे शब्द शामिल हैं जो वक्ता (प्रथम पुरुष, जैसे : 'मैं'), श्रोता (मध्यम पुरुष, जैसे : 'तुम') एवं वह जो बात-चीत का तात्कालिक हिस्सा नहीं है (अन्य पुरुष, जैसे : यह/वह) को बताते हैं। ये वे अनिवार्य शब्द हैं जो संज्ञा के स्थान पर प्रयोग किये जाते हैं। अन्य भाषाओं की ही तरह हिन्दी में इस वर्ग के शब्द संख्या में सीमित हैं। ये शब्द किसी भी शब्द-निर्माण युक्ति द्वारा एक-दूसरे से सम्बन्धित नहीं हैं। प्रत्येक वक्ता को अन्य सम्बन्धित रूप जैसे : सहायक क्रिया 'होना' (अध्याय-10 देखें) के भिन्न रूप या परसर्गों (अध्याय-20 देखें) की सूची को कण्ठस्थ करना पड़ता है, इसी प्रकार इन्हें भी याद करने की ज़रूरत है। पुरुषवाचक सर्वनामों के तीन पुरुषों, दो वचनों (एकवचन, बहुवचन) एवं चार कारकों (कर्त्ता, विकारी, कर्म और सम्बन्ध) के सन्दर्भ में भिन्न रूप हैं। संज्ञा भी कर्त्ता एवं विकारी कारक द्वारा चिह्नित की जाती है किन्तु कर्म कारक और सम्बन्ध कारक के लिए कोई विशिष्ट संज्ञा-रूप उपलब्ध नहीं है। संज्ञा के लिए हम परसर्गों का प्रयोग करते हैं।

सम्बन्ध कारक रूपों को छोड़ कर जो विशेषण की भाँति आचरण करते हैं और आगामी संज्ञा के अनुसार अपना रूप बदलते हैं, सार्वनामिक रूप लिंग के प्रति संवेदनशील नहीं होते, समान क्रिया-रूप पुल्लिंग और स्त्रीलिंग दोनों रूपों के लिए प्रयोग किया जाता है। कुछ सार्वनामिक रूप भिन्न विनम्रतासूचक कोटियों को इंगित करते हैं (अध्याय-5 देखें)।

18.1 प्रथम पुरुष

निम्नलिखित वाक्यों को देखें :

1. मैं सेब खा रहा हूँ।
2. मुझ में बहुत कमियाँ हैं।
3. मोहन ने मुझे एक किताब दी।
4. यह मेरी किताब है।

ये वाक्य चारों कारकों में प्रथम पुरुष, एकवचन, सर्वनाम के रूपों को दिखा रहे

हैं (नीचे दी गयी तालिका देखें), क्रमशः 'मैं', 'मुझे' (विकारी), 'मुझ' और 'मेरी'। वाक्य संख्या 1 में 'मैं' 'पुरुष' या 'स्त्री' में से किसी को भी बता सकता है, जैसेकि वाक्य संख्या 2 और 3 में क्रमशः 'मुझे' और 'मुझ' कर रहा है। संख्या 2 में 'मुझ' के आगे 'में' परसर्ग लगा है, वाक्य संख्या 3 में 'मुझे' अप्रत्यक्ष कर्म है तथा वाक्य संख्या 4 में 'मेरी' शब्द सर्वनाम का सम्बन्ध कारक रूप है और स्त्रीलिंग भी क्योंकि 'किताब' स्त्रीलिंग शब्द है, इसका पुल्लिंग रूप 'मेरा' होगा। इसी प्रकार प्रथम पुरुष बहुवचन के चार रूप हैं जो हमेशा भिन्न नहीं दिखाई देते। निम्नलिखित तालिका में हम इन सभी रूपों को हम देख सकते हैं :

	एकवचन	**बहुवचन**
कर्त्ता कारक	मैं	हम
विकारी कारक	मुझ (में आदि)	हम
कर्म कारक	मुझे	हमें
सम्बन्ध कारक	मेरा (पुल्लिंग)	हमारा (पुल्लिंग)
	मेरी (स्त्रीलिंग)	हमारी (स्त्रीलिंग)

कुछ वक्ता प्रथम पुरुष, एकवचन के लिए 'हम' का प्रयोग भी करते हैं।

5. हम आपके घर कल आयेंगे।
6. आप कहें और हम न आयें।

वाक्य संख्या 5 और 6 में 'हम' बहुत से लोगों को सम्बोधित कर सकते हैं, क्योंकि क्रिया बहुवचन रूप के साथ सम्बन्धित है। हालाँकि हिन्दी के कुछ रूपों में एकवचन/बहुवचन का अन्तर शामिल नहीं है। बहुत से लोग एकवचन और बहुवचन प्रथम पुरुष दोनों के लिए 'हम' का प्रयोग करते हैं।

18.2 मध्यम पुरुष

मध्यम पुरुष सार्वनामिक व्यवस्था बहुत जटिल विषय है। मैं इसके रूपों और प्रकारों की चर्चा कुछ विस्तार के साथ अध्याय-5 में कर चुका हूँ। यहाँ मैं उस चर्चा को संक्षिप्त रूप से दोहराऊँगा तथा मध्यम पुरुष सर्वनाम के भिन्न कारक और वचन में प्रयोग की सूची उपलब्ध कराऊँगा। हिन्दी में सन्दर्भगत और जटिल विनम्रतासूचक क्रम के अनुसार तीन भिन्न मध्यम पुरुष सर्वनाम उपलब्ध हैं। वास्तव में 'तू' सर्वनाम सबसे अधिक अशिष्टता-सूचक है और बड़ी सावधानी के साथ इसका प्रयोग करना चाहिए। यदि इसे असंवेदनशील तरीक़े से प्रयोग में लाया जाये तो यह अभद्र लग सकता है। मानक हिन्दी के बहुत से 'शिष्ट' वक्ता यह कहने में गौरव अनुभव करते हैं कि वे अपने परिवार में 'तू' का प्रयोग नहीं करते। दूसरी ओर यह रूप नज़दीकी, प्रेम और स्नेह का सूचक है जो अकसर माता, ईश्वर या प्रिय मित्रों के लिए प्रयोग किया जाता है। सिद्धान्ततः यह मित्रों के अनौपचारिक बात-चीत में इस्तेमाल होता

है। इसका प्रयोग तिरस्कार, क्रोध एवं घृणा को जताने के लिए भी किया जाता है। दूसरा रूप 'तुम' विनम्रता के मायने में तटस्थ है और यह समान लोगों, मित्रों एवं अधीनस्थों के लिए सावधानी से प्रयोग किया जाता है। सबसे अधिक आदरसूचक रूप 'आप' है जो आदरणीय एवं विशिष्ट लोगों के लिए प्रयोग में लाया जाता है। कुछ परिवारों में अभिभावक अपने बच्चों को 'आप' कह कर सम्बोधित करते हैं ताकि वे सभी को 'आप' कह कर सम्बोधित करना सीख जायें। व्याकरणिक रूप से 'तू' एकवचन है तथा 'तुम' और 'आप' बहुवचन। मान लीजिए कोई व्यक्ति किसी अजनबी पर क्रोधित हो जाये जो 'आप' द्वारा सम्बोधित किये जाने का अधिकारी था, उसके लिए व्यक्ति 'तुम' और अन्त में 'तू' का प्रयोग करे तो यह अजनबी के प्रति व्यक्ति की घृणा को दिखायेगा। दूसरी ओर एक लड़का और लड़की पहली बार मिलने पर एक-दूसरे के लिए 'आप' शब्द का प्रयोग कर रहे हों और जल्दी ही मित्रता होने पर 'तुम' का और अन्त में प्रेम-सम्बन्ध होने पर 'तू' का प्रयोग करने लगे हों। इनमें से कोई कह सकता है :

7. आप से तुम और तुम से तू पर आ गए।

यही वाक्य निम्नलिखित परिस्थिति में उपयुक्त होगा : मान लीजिए दो अजनबी आदरपूर्वक एक दूसरे से बात-चीत कर रहे हों ; चर्चा के दौरान वे क्रोधित हो जायें और लगभग एक दूसरे पर चिल्लाते हुए पहले 'तुम' और फिर 'तू' का प्रयोग करने लगें। इस दृश्य का साक्षी कोई व्यक्ति घटना की रिपोर्ट में संख्या 7 के वाक्य को शामिल कर सकता है।

संक्षेप में उपर्युक्त चर्चा का सार यह हो सकता है :

- 'तू' का प्रयोग गम्भीर सन्दर्भगत सतर्कता की माँग करता है तथा नौसिखिये इसके प्रयोग से बचते हैं।
- 'तुम' का प्रयोग समानधर्मा एवं अधीनस्थों के लिए उपयुक्त है।
- अन्य स्थान पर 'आप' का प्रयोग होता है।

निम्नलिखित तालिका मध्यम पुरुष सर्वनाम के सभी रूपों को उदाहरणसहित दिखा रही है। जैसाकि आप देखेंगे सम्बन्धकारक रूप आगामी संज्ञा के लिंग और वचन के प्रति संवेदनशील होते हैं :

	एकवचन	बहुवचन
कर्त्ता कारक	तू	तुम, आप
विकारी कारक	तुझे	तुम, आप
कर्म कारक	तुझे	तुम्हें, आपको
सम्बन्ध कारक	तेरा	तुम्हारा (पुल्लिंग)
	तेरी	तुम्हारी (स्त्रीलिंग)
	आपका (पुल्लिंग)	आपकी (स्त्रीलिंग)

8. अरे तू सेब क्यों खा रहा है?

9. तुम कल ज़रूर आना यार।
10. क्या आप कल दिल्ली जा रहे हैं?
11. मोहन ने तुम्हारी किताब गीता को दे दी।

ऐसे वाक्य बहुत-सी स्थितियों में इस्तेमाल किये जा सकते हैं। संख्या 8 के वाक्य का प्रयोग गृह-स्वामी द्वारा किया जा सकता है जो यह देख कर आश्चर्यचकित है कि उसका नौकर सेब खा रहा है। संख्या 9 का वाक्य मित्रों के बीच, संख्या 10 का वाक्य (विचारणीय है कि इस वाक्य में क्रिया अन्य पुरुष बहुवचन रूप में है) आदरपूर्वक वरिष्ठ व्यक्ति से प्रश्न पूछने के लिए प्रयोग किया जा सकता है। संख्या 11 के वाक्य में अधिकारवाचक विशेषण 'तुम्हारी' विशेषण की तरह आचरण कर रहा है, इसका रूप स्त्रीलिंग है क्योंकि 'किताब' स्त्रीलिंग रूप है।

18.3 अन्य पुरुष

अन्य पुरुष रूप निम्नलिखित तालिका में दिखाये गये हैं-

	एकवचन	बहुवचन
कर्त्ता कारक	वह	वे
	यह	ये
विकारी कारक	उस	उन
	इस	इन
कर्म कारक	उसे	उन्हें
	इसे	इन्हें
सम्बन्ध कारक	उसका	उनका
	इसका	इनका

एकवचन और बहुवचन में मौजूद विकल्प नज़दीकी को इंगित कर रहा है। जो वस्तुएँ या व्यक्ति घटना से कुछ दूरी पर हैं उनके लिए 'वह', 'उस' आदि का प्रयोग करते हैं तथा जो वस्तुएँ या व्यक्ति नज़दीक हैं उनके लिए हम 'यह', 'इस' आदि का प्रयोग करते हैं (अध्याय-14 देखें)। यदि नज़दीकी महत्वपूर्ण नहीं हो तो अन्य पुरुष पुल्लिंग और स्त्रीलिंग के लिए 'वह' का प्रयोग होता है। बहुवचन रूप अकसर व्यक्ति के प्रति आदर दिखाने के लिए इस्तेमाल किया जाता है। जैसे : संख्या 12 का वाक्य जिसमें नौकर अतिथि से अपने स्वामी के विषय में कह रहा है।

12. आप इंतज़ार कीजिए, वे खाना खा रहे हैं।
13. मेरे पिताजी दिल्ली में रहते हैं ; वे वहाँ हिन्दी पढ़ा रहे हैं।

संख्या 12 और 13 दोनों वाक्यों में आदर दिखाने के लिए 'वह' को 'वे' द्वारा बताया गया है एवं इसी के अनुसार अन्य पुरुष बहुवचन के लिए क्रिया आयी है।

18.4 सर्वनाम का विकल्पवत विलोपन

अंग्रेजी में संख्या 14 में इस्तेमाल की गयी अभिव्यक्ति अव्याकरणिक होगी।

14. * live in Delhi.

इसके लिए कर्त्ता के स्थान पर सर्वनाम Ièyouèweèthey का प्रयोग करना होगा। यहाँ क्रिया 'live' में सर्वनाम शामिल नहीं माना जा सकता। हिन्दी में अकसर सर्वनाम का प्रयोग नहीं किया जाता क्योंकि यह क्रिया द्वारा चिह्नित होता है। अतः यदि कोई कहे :

15. दिल्ली में रहता हूँ।

इस वाक्य का केवल एक अर्थ 'मैं दिल्ली में रहता हूँ' है क्योंकि 'रहता हूँ' क्रिया से कर्त्ता के उत्तम पुरुष, पुल्लिंग, एकवचन रूप का पता चल रहा है। वास्तव में पाठ/संवाद में सर्वनाम का लोप मददगार साबित होता है जैसेकि संख्या 16 के वाक्य में। लोप किया गया 'वह' सर्वनाम पुनः दूसरे वाक्य में रवि के लिए आया है :

16. रवि कहाँ है?
आ रहा है।

18.5 सर्वनाम : संसक्ति का उपकरण

जैसाकि परिशिष्ट में स्पष्ट हो जायेगा कि पाठ में वाक्य इच्छानुसार व्यवस्थित नहीं किये गये हैं। वे विभिन्न संसक्ति उपकरणों, संयोजकों और आश्रित पदों (अध्याय-22 और 32-34 देखें) कोशगत सम्बन्धों, जहाँ दो भिन्न शब्द एक ही वस्तु को बताते हों, जैसे : 'गुलाब' और 'फूल' का प्रयोग समान वस्तु के लिए करना तथा सर्वनामों के विलोपीकरण या 'भी' का प्रयोग विलोपीकरण को सम्भव करने (खण्ड 21.1 देखें) के प्रयोग द्वारा बुने गये हैं। सर्वनाम भी पाठ को संसक्तिपूर्ण बनाने में हमारी मदद करते हैं। जो कहा जा चुका है तथा जो आगे कहा जायेगा, उसके लिए ये किये जाते हैं। निम्नलिखित को देखें :

17. एक और लड़का था- जयराज। उससे सब डरते थे।

संख्या 17 के वाक्य में 'उस' का प्रयोग 'जयराज' के लिए किया गया है, यह पश्चगामी सन्दर्भ है, 'एक और' का प्रयोग अग्रवर्ती सन्दर्भ है, जब तक हम 'जयराज' पर पहुँचते हैं : हम अनुमान नहीं लगा सकते कि 'एक और' किसे बता रहा है।

18.6 निष्कर्ष

इस अध्याय में हमने प्रथम पुरुष, मध्यम पुरुष एवं अन्य पुरुष के भिन्न रूपों को पहचाना। उन सन्दर्भों को दिखाया जिसमें इनका लोप किया जा सकता तथा पाठ में संसक्ति लाने के लिए इनकी भूमिका को चिह्नित किया।

अध्याय- 19

अन्य सर्वनाम

हिन्दी में सर्वनामों की संख्या बहुत है। ये सामान्यतः निजवाचक, संकेतवाचक, प्रश्नवाचक, अधिकारवाचक, सम्बन्धवाचक, निश्चयवाचक एवं अनिश्चयवाचक सर्वनामों की श्रेणियों में बाँटे गये हैं। मैं अध्याय-4 में प्रश्नवाचक सर्वनाम और अध्याय-18 में पुरुषवाचक सर्वनामों की चर्चा कर चुका हूँ। अध्याय-28 में अधिकारवाचक एवं अध्याय-34 में मैं सम्बन्धवाचक सर्वनामों की चर्चा करूँगा। इस अध्याय में संकेतवाचक सर्वनाम, निश्चयवाचक एवं अनिश्चयवाचक सर्वनाम पर बात की जायेगी। हिन्दी में अंग्रेजी की तरह नकारात्मक सर्वनाम 'nobody', 'none' आदि उपलब्ध नहीं है।

19.1 संकेतवाचक सर्वनाम

संकेतवाचक सर्वनामों में 'यह', 'ये', 'वह', 'वे', 'इतना', 'उतना', 'ऐसा', 'वैसा' आदि शब्द शामिल किये जाते हैं। ये किसी व्यक्ति, वस्तु का निश्चित बोध कराने या एक निश्चित व्यक्ति या वस्तु को इनसे अलग करने के लिए इस्तेमाल किये जाते हैं। इनकी प्राथमिक भूमिका पहचान कराना है। निम्नलिखित वाक्यों को देखें :

1. यह लड़का बहादुर है।
2. वह लड़का बहादुर है।
3. ये लड़के बहादुर हैं।
4. वे लड़के बहादुर हैं।

अतः 'यह' (एकवचन) और 'ये' (बहुवचन) का प्रयोग नज़दीक के व्यक्तियों या वस्तुओं के लिए किया जाता है, 'वह' (एकवचन) और 'वे' (बहुवचन) का प्रयोग दूर के व्यक्तियों या वस्तुओं के लिए। यदि हम पुल्लिंग 'लड़का' के बदले स्त्रीलिंग 'लड़की' इस्तेमाल करें तो भी इन संकेतवाचक सर्वनामों के रूप में परिवर्तन नहीं होता। यदि हम ध्यान दें तो पायेंगे कि हिन्दी के मानक और बोलचाल के रूप दोनों में इस अन्तर का सख़्ती से पालन नहीं किया जाता है। लेखन और बोलचाल में एकवचन के लिए 'ये' का प्रयोग आमतौर पर किया जाता है। 'वह' शब्द को 'वो' भी बोला जाता है।

महत्वपूर्ण बात यह है कि 'ये' एवं 'वे' शब्द अकसर नम्रतासूचक युक्तियों के तहत आदर दिखाने या कठिन परिस्थिति से युक्तिपूर्वक बच निकलने के लिए प्रयुक्त किये जाते हैं। मान लीजिए कि आप हाल ही में जर्मनी से आये अपने अतिथि का नाम भूल जाते हैं तो आप तर्कसंगत तरीक़े से उनका इस प्रकार परिचय दे सकते हैं :

5. ये जर्मनी से आये हैं।

यह आपके अतिथि को अपना नाम बताने का मौक़ा दे देगा।

'इतना' एवं 'उतना' का प्रयोग अकसर नज़दीक एवं दूर के व्यक्तियों या वस्तुओं के माप या परिमाण को बताने के लिए किया जाता है। जैसे :

6. इतना बड़ा घर।
7. उतना बड़ा घर।

जहाँ 'इतना' और 'उतना' नज़दीक एवं दूर के व्यक्तियों तथा वस्तुओं के माप/परिमाण से सम्बन्धित है, वहीं 'ऐसा' और 'वैसा' उनके गुण से सम्बन्धित है। जैसे :

8. ऐसों को दण्ड मिलना ही चाहिए।
9. वैसे लोग अब कहाँ।

19.2 निश्चयवाचक सर्वनाम

वक्ता की पहचान निश्चित करानेवाले कुछ अपरिवर्तनीय शब्दों की सूची भी हिन्दी में उपलब्ध है। इसमें 'खुद', 'स्वयं', 'अपने आप', 'तमाम', 'सब', 'समस्त' इत्यादि शब्द शामिल हैं। इनमें से पहले तीन शब्द प्रकृति में निजवायी है तथा वाक्य के कर्त्ता को बताते हैं। निम्नलिखित वाक्यों को देखें :

10. वह यह काम खुद करेगा।
11. मैं स्वयं स्कूल का निरीक्षण करूँगी।
12. तुम अपने आप घर जाओ।
13. आप अपने आप शिमला जायें।
14. वे लड़कियाँ स्वयं नाचने लगीं।
15. तुम लोग अपने आप ही मार-पीट करने लगे।

निजवाचक सर्वनाम अपरिवर्तनीय होते हैं तथा वचन, लिंग या कारक के प्रति संवेदनशील नहीं होते।

अन्य निश्चयवाचक सर्वनामों के लिए निम्नलिखित उदाहरणों को देखें :

16. सब कहाँ गुम हो गये।
17. उसे तमाम रात नींद नहीं आयी।

वस्तुतः वाक्य संख्या 17 में कोई भी कर्त्ता आ सकता है। चूँकि कर्त्ता अपने

विकारी रूप में है, इसलिए क्रिया का सम्बन्ध परसर्ग रहित 'नींद' के साथ होगा, सभी वाक्यों में 'तमाम' अपरिवर्तनीय रहता है।

19.3 अनिश्चयवाचक सर्वनाम

पुनः असम्बन्धित अपरिवर्तनीय शब्दों का वर्ग यहाँ दिया जा रहा है जो व्यक्ति या वस्तु को अनिश्चित बताता है। इस वर्ग में 'अनेक', 'कई', 'चंद' आदि शब्द शामिल हैं। ये मात्रात्मक सन्दर्भों तथा बहुवचन को बताने के लिए इस्तेमाल होते हैं। जैसे :

18. कवि सम्मेलन में अनेक लोग आये।
19. चंद आदमियों के कारण आप कार्यक्रम स्थगित न करें।

अनिश्चयवाचक सर्वनाम जैसे : 'कोई', 'कुछ' संख्यावाची एवं असंख्यावाची सन्दर्भों में संज्ञा के साथ या संज्ञा रहित प्रयोग किये जा सकते हैं। जैसे :

20. कोई कुछ तो बोलो।

संख्या 20 के वाक्य का प्रयोग कोई तब कर सकता है जब कुछ ग़लत हो रहा है तथा मौजूद सभी लोग मौन हों।

21. यहाँ दूर-दूर तक कोई नहीं है।
22. अब कुछ बात समझ में आ ी।

'यहाँ' कुछ से आशय समझ की मात्रा और गुणवत्ता दोनों से है।

23. अब आपकी बात कुछ साफ़ हुई।

पुनः 'कुछ' यहाँ स्पष्टता की गुणवत्ता को बता रहा है।

19.4 निष्कर्ष

इस अध्याय में मैंने संकेतवाचक, निश्चयवाचक और अनिश्चयवाचक सर्वनामों की प्रकृति एवं उनके इस्तेमाल पर बात की है। विचारणीय है कि ये सभी संख्या में सीमित निश्चित वर्ग हैं तथा सामान्यतः अपरिवर्तनीय हैं।

अध्याय- 20

परसर्ग

संख्या में सीमित परसर्ग हिन्दी के सरल और जटिल शब्दों को वाक्य के घटकों के बीच रखने में हमारी मदद करते हैं (अध्याय-2)। ये संज्ञाओं के बीच तथा संज्ञाओं एवं क्रियाओं के बीच सम्बन्ध बनाते हैं। अध्याय-7 और 8 से हम जानते हैं कि सिद्धान्ततः किसी भी संज्ञा के छह रूप होते हैं। उनमें से दो कर्त्ता कारक (एकवचन और बहुवचन) से सम्बन्धित हैं तथा दो सम्बोधन कारक (एकवचन और बहुवचन) से। शेष दो विकारी कारक (एकवचन और बहुवचन) से सम्बन्धित हैं। संज्ञाओं के बीच बहुत से सम्बन्ध परसर्गों द्वारा अभिव्यक्त किये जाते हें; परसर्ग से पहले आनेवाली संज्ञा हमेशा विकारी कारक में होती है। अंग्रेजी में परसर्गों द्वारा यह सम्बन्ध 'of', 'in', 'on', 'at', 'under', 'from', 'to' आदि शब्दों द्वारा तथा हिन्दी में 'का', 'में', 'पर', 'नीचे', 'से', 'को' आदि शब्दों द्वारा है। ये परसर्ग कारकों के सम्बन्धों को बताने के लिए इस्तेमाल किये जाते हैं जिसे हम कर्त्ता, कर्म करण, अधिकरण, अपादान, सम्प्रदान आदि के नाम से जानते हैं।

20.1 परसर्गों की परिवर्तनशीलता

यद्यपि मैं 'का' और 'ने' की चर्चा स्वामित्व (अध्याय-28) तथा कर्तृवाचक (अध्याय-27) में करूँगा, यहाँ संक्षेप में परसर्गों की परिवर्तनशील प्रकृति का विश्लेषण किया जा रहा है। अधिकांशतः परसर्ग संज्ञा के बाद आते हैं। इनके पास अन्य श्रेणी के शब्दों के बाद आने की क्षमता भी होती है। निम्नलिखित उदाहरणों को देखें :

1. सीता का मकान (संज्ञा का संज्ञा)
2. पढ़ने का कमरा (भावार्थक संज्ञा (विकारी) का संज्ञा)
3. बड़ों का आदर (विशेषण (बहुवचन, विकारी) का संज्ञा)
4. मिलने की आशा (भावार्थक संज्ञा (विकारी) की संज्ञा)
5. राम पर गुस्सा (संज्ञा पर संज्ञा)
6. मेज़ में छेद (संज्ञा में संज्ञा)
7. बड़ों से दूर (विशेषण से क्रिया-विशेषण)

8. कमीज़ को धो (संज्ञा को क्रिया)
9. कान से सुना (संज्ञा से क्रिया)
10. हिमालय से यहाँ तक (संज्ञा से क्रिया-विशेषण तक)

निम्नलिखित वाक्य पर विचार करें :

11. राम ने स्कूल में मोहन को ज़ोर से मारा।

इसमें 'ने' परसर्ग 'कर्त्ता' को (कार्य का कर्त्ता), 'में' स्थान 'अधिकरण' को, 'को' प्राप्तकर्त्ता 'कर्म' को चिह्नित करता है जिस पर किये गये कार्य का फल पड़ रहा है। यहाँ 'से' जिस तरह से क्रिया को अंजाम दिया गया है, उसको बता रहा है।

20.2 'को' परसर्ग

हिन्दी में 'को' परसर्ग के प्रयोग से अनेक प्रकार्य सम्पन्न किये जाते हैं। निम्नलिखित वाक्यों को देखें :

12. सीता ने गीता को किताब दी।
13. सुधा को बुख़ार है।
14. मेरा झील के किनारे घूमने को मन है।
15. तुमने मुझे बोलने को मजबूर किया।
16. पहले आप मकान को देख लें।
17. रात को आइए।

संख्या 11 के वाक्य की ही तरह संख्या 12 के वाक्य में 'को' क्रिया के प्राप्तकर्त्ता (अर्थात् अप्रत्यक्ष कर्म 'गीता' को चिह्नित कर रहा है) ; संख्या 13 में बुख़ार के अनुभवकर्त्ता को ; संख्या 14 और 15 में यह भावार्थक क्रिया-रूपों के बाद इस्तेमाल हुआ है। संख्या 14 में विचार/ क्रिया का स्रोत वक्ता के भीतर ही है किन्तु संख्या 15 में क्रिया अन्य कर्त्ता द्वारा करवायी गयी है। संख्या 16 में 'को' स्थान से तथा संख्या 17 में समय से जुड़ी है।

20.3 'में' परसर्ग

सामान्यतः हम वाक्य में 'में' का प्रयोग अधिकरण, कर्म कारक या क्रिया-विशेषण घटकों को चिह्नित करने के लिए करते हैं। निम्नलिखित उदाहरणों से यह स्पष्ट होता है :

18. सुधा घर में है।
19. वह परीक्षा की तैयारी में लग गया।
20. पचास रुपये में तो बहुत सस्ती है कमीज़।
21. जल्दी-जल्दी में ठीक से काम नहीं होगा।
22. जुलाई में ख़ूब बारिश होगी।

संख्या 18, 21 और 22 में 'में' परसर्ग क्रमशः स्थान, रीति और समय को चिह्नित कर रहा है। संख्या 19 में यह कर्म 'परीक्षा की तैयारी' के लिए एवं संख्या 20 में यह परिमाणसूचक अभिव्यक्ति के साथ इस्तेमाल हुआ है।

20.4 'से' परसर्ग

'से' परसर्ग का प्राथमिक प्रकार्य करण कारक को चिह्नित करना होता है, अर्थात् व्यक्ति या वस्तु जिसके द्वारा क्रिया घटित होती है। जैसे :

23 दरवाज़ा चाबी से ही खुलेगा।

24. साधना ने नौकर से कमरा धुलवाया।

'से' परसर्ग अन्य प्रकार्य भी सम्पन्न करता है :

25. कुएँ से पानी लाओ।

संख्या 25 में 'से' स्रोत की पहचान करा रहा है। संख्या 26 में यह गहरे लगाव को इंगित कर रहा है।

26. उसकी होमना से गहरी दोस्ती है।

यह तुलनात्मक चिह्न के रूप में भी इस्तेमाल किया जा सकता है। जैसे :

27. मेरा भाई मोहन से तीन साल बड़ा है।

कभी-कभी यह असहायता की परिस्थिति की भी सूचना देता है :

28. शशि से अब घर का काम नहीं होता।

जैसाकि पहले भी बताया गया है, 'से' 'तक' के साथ मिल कर समय, स्थान और परिमाण खण्डों को भी चिह्नित करता है :

29. एक हैक्टर में बीस से चालीस क्विंटल तक अंगूर हो सकता है।

30. सुबह से शाम तक यहाँ बहुत गर्मी पड़ती है।

31. कालका से शिमला तक का रास्ता बहुत सुन्दर है।

संख्या 29 में परिमाण, संख्या 30 में समय तथा संख्या 31 में स्थान शामिल हैं।

20.5 'पर' परसर्ग

'स्थान' को साधारण रूप से या व्यंग्यात्मक रूप से चिह्नित करने के लिए 'पर' का प्रयोग करते हैं। निम्नलिखित उदाहरणों को देखें :

32. कलम मेज़ पर रखी है।

33. वह आजकल दुकान पर ही सोता है।

34. कनिका स्कूटर पर आयी।

35. संजय को अतिका की बात पर बहुत गुस्सा आया।

36. वैभव हाथ पर हाथ रखके बैठा रहता है।

वस्तुतः वाक्य संख्या 36 में 'पर' परसर्ग का प्रयोग मुहावरे के रूप में हुआ है।

कुछ मुहावरेदार अभिव्यक्तियाँ इस प्रकार हैं :

37. हाथ पर हाथ धरना
38. सर पर चढ़ाना
39. आँखों पर बिठाना
40. जान पर बन आना
41. सर पर पड़ना
42. रास्ते पर लाना

20.6 संयोजक एवं जटिल परसर्ग

संयोजक परसर्ग की स्थिति में दो परसर्ग जुड़ कर एक नया अर्थ देते हैं। जैसे : संख्या 43 के वाक्य में 'में' और 'से' जुड़ कर नया अर्थ 'अन्दर से' दे रहे हैं :

43. घर में से कुछ भी नहीं मिला।
44. किताब मेज़ पर से ज़मीन पर गिर गयी।

जटिल परसर्ग में परसर्ग 'के' सामान्यतः किसी स्वतन्त्र शब्द से जुड़ता है। जैसे :

45. बिपाशा के बिना बात बनती नहीं।
46. उदयपुर के चारों तरफ़ झीलें हैं।

जटिल परसर्गों में 'के नीचे', 'के ऊपर', 'के अन्दर', 'के बाहर' आदि शामिल हैं।

20.7 निष्कर्ष

कर्तृवाचक एवं सम्बन्धवाचक परसर्गों को छोड़ कर मैंने इस अध्याय में हिन्दी के लगभग सभी परसर्गों और कई कारक सम्बन्धों से सम्बन्ध पर चर्चा की है। मैंने संक्षेप में संयोजक एवं जटिल परसर्गों पर भी बात की है।

अध्याय- 21

बल देनेवाले शब्द

जैसाकि हम पहले भी देख चुके हैं हिन्दी में बहुत से ऐसे शब्द हैं जो अपरिवर्तनीय रहते हैं। वे किसी भी परिस्थिति में अपना रूप नहीं बदलते हालाँकि ये शब्द वाक्य में प्रयुक्त हो कर उसमें अर्थों की छाया जोड़ देते हैं। ऐसे शब्दों में बल देनेवाले तीन शब्द 'ही', 'भी' और 'तो' शामिल हैं। इनमें से 'ही' शब्द 'एकमात्र' का अर्थ देता है जबकि 'भी' 'समावेशन' का। तीसरा शब्द 'तो' के बहुत से भिन्न अर्थ हैं जिनमें 'अन्य सभी के बीच', 'तब', 'अब क्या', और 'जहाँ तक X का सम्बन्ध है', (जहाँ X प्राणिवाचक या अप्राणिवाचक हो सकता है) आदि अर्थ शामिल है। इस अध्याय में मैं इन शब्दों की विशेषताओं को सरल वाक्यों में विश्लेषित करूँगा। मिश्र एवं संयुक्त वाक्यों में इन शब्दों की भूमिका की चर्चा हम आगामी अध्यायों में करेंगे।

21.1 ही और भी में अन्तर

निम्नलिखित दो वाक्यों को देखें :

1. राम सेब ही खाता है।
2. राम सेब भी खाता है।

दोनों वाक्यों में दो शब्द 'भी' और 'ही' आगे आनेवाले शब्दों में अर्थ को बदल रहे हैं; वक्ता के दिमाग़ में यह है कि राम किस प्रकार का फल खा सकता है। पहले वाक्य के सन्दर्भ में कहा जा सकता है कि राम केवल सेब खाता है, कोई अन्य फल नहीं। 'ही' का प्रयोग करके इस वाक्य में विशेष-बल (प्रतिबन्धात्मक बल) लाया गया है। दूसरे वाक्य में 'भी' में समावेशन का प्रभाव है कि राम सेब के साथ-साथ अन्य फल भी खा सकता है। यदि इन दोनों वाक्यों को हम और विस्तार देना चाहें तो क्रमशः 1 और 2 वाक्य इस प्रकार हो सकते हैं :

3. राम सेब ही खाता है केले नहीं।
4. राम सेब खाता है और केले भी।

21.2 'ही' और क्रिया-विशेषण

'ही' में कुछ विशिष्ट शाब्दिक विशेषताएँ हैं। यह कुछ क्रिया-विशेषणों के साथ जुड़ कर एक नया शब्द बनाता है जो अतिरिक्त बल के तत्व से युक्त होता है। जैसे:

- अब अभी, इसी समय
- कब कभी, कभी-कभी
- तब तभी, उसी समय
- जब जभी, केवल उसी समय

क्रिया-विशेषण का यह समूह 'ब' से अन्त होता है। हिन्दी में 'ब + ह' का क्रम शब्दों में खोजना आसान नहीं है। अतः जब ये एक साथ जुड़ते हैं तो हम 'भी' का प्रयोग पाते हैं। अन्य युग्म है :

- यहाँ, यहीं।
- वहाँ, वहीं।

जैसाकि आप देख सकते हैं कि इस समूह के सदस्य आपस में एक-दूसरे से बहुत भिन्न प्रकार से जुड़े हुए हैं। हम कह सकते हैं :

$(X \text{ आँ})_{\text{क्रिया विशेषण}} \leftrightarrow (X \text{ ई})_{\text{क्रिया-विशेषण, बल देनेवाला शब्द।}}$

वाक्य संख्या 5 एवं 6 को देखें :

5. सीता कभी कानपुर नहीं जायेगी।
6. सीता अब यहीं रहेगी।

वाक्य संख्या 5 में से यदि 'नहीं' नकारात्मक शब्द को हटा दिया जाये तो हमें एक और वाक्य मिल जायेगा; जिसका अर्थ होगा 'सीता कभी कानपुर जायेगी'। किन्तु जब 'कभी' का प्रयोग 'नहीं' के साथ किया जाता है तो यह बलात्मक अर्थ 'कभी नहीं' देता है। संख्या 6 में 'यहीं' एकमात्र की ध्वनि दे रहा है, यह बताने के लिए कि 'सीता अब केवल यहीं रहेगी और कहीं नहीं'।

21.3 'ही' का वृत्तिवाचक पक्ष

निम्नलिखित वाक्यों को देखें :

7. राधा चीनी खा ही नहीं सकती।
8. आप अब मोहन की शादी कर ही दीजिए।

वाक्य संख्या 7 में सीता के चीनी न खाने की सम्भावना 'ही' के इस्तेमाल से दबाव दे कर बतायी जा रही है। यह बताता है कि ऐसी कोई वजह नहीं है कि सीता चीनी खा ले। वाक्य संख्या 8 में 'ही' के इस्तेमाल से दबाव दे कर बताया गया है कि यदि ऐसी परिस्थिति है तो इसमें बेहतर यह होगा कि मोहन की शादी करा दी

जाये अर्थात् जो काम अब तक नहीं हुआ है, उसे अब कर ही देना चाहिए।

21.4 'तो' के बारे में

'तो' का सबसे महत्वपूर्ण कार्य है कि इससे बात-चीत का प्रारम्भ होता है। ऐसे सन्दर्भ में यह अंग्रेजी के शब्द 'SO' के समान ही कार्य करता है। यदि इसका आरोही अनुतान के साथ उस समय प्रयोग किया जाये जब किसी ने कोई विचार रखा हो जिससे आप सहमत न हों तो इसका तात्पर्य 'तो क्या?' हो सकता है। यदि आप किसी को उदास या परेशान देखें और इसका कारण जानने की कोशिश करें तो आप निराश हो सकते हैं और कह सकते हैं (मदद करने की कोशिश में) : 'तो भी'। निम्नलिखित वाक्यों को देखें :

9. तो कौन आ रहा है।
10. खाना तो गरम है।
11. मेहमान तो आ गये।

वाक्य संख्या 9 में 'तो' साधारण रूप से अंग्रेज़ी 'so' का अनुवाद है। किन्तु वाक्य संख्या 10 हमें यह बताता है कि 'जहाँ तक खाने का सम्बन्ध है, यह गरम करके परोसा जा चुका है, यह आप पर निर्भर करता है कि आप खाना शुरू करें।' इसी प्रकार वाक्य संख्या 11 में 'तो' इंगित करता है कि 'जहाँ तक मेहमानों का सम्बन्ध है, वे आ चुके हैं, आप सोचिए आगे क्या करना है।'

ये सभी तत्व एक ही वाक्य में प्रयोग किये जा सकते हैं :

12. तो आप ही मोहन से बात भी करें।

वाक्य संख्या 12 में यह माना जा रहा है कि 'आप' मोहन के साथ पहले ही बहुत-सी चीज़ें कर चुके हैं (जैसे : उसको पत्र लिखना आदि), अतः उससे बात करने की ज़िम्मेदारी भी आपकी है।

21.5 निष्कर्ष

ये तत्व मिश्र या संयुक्त वाक्यों में प्रयुक्त होनेवाले शब्दों में बहुत से अर्थ जोड़ते हैं। हम खण्ड 33.3 और 35.2 में इनकी चर्चा करेंगे।

अध्याय- 22

अन्य अपरिवर्तनीय शब्द

बहुत-सी आधुनिक भाषाओं के समान हिन्दी भाषा के विषय में भी यह सत्य है कि हिन्दी में ऐसे शब्दों की संख्या बहुत अधिक है जो किसी भी सन्दर्भ में, अपवादस्वरूप पुनरुक्ति की प्रक्रिया को छोड़ कर, अपना रूप नहीं बदलते हैं। यहाँ तक कि बहुत बार पुनरुक्त शब्द भी अपरिवर्तित रह जाता है। अध्याय-3 में निषेधात्मक, अध्याय-4 में प्रश्नवाचक, अध्याय-6 में विस्मयात्मक, अध्याय-14 में क्रिया-विशेषण, अध्याय-20 में परसर्ग और अध्याय 21 में बल देनेवाले शब्द के सन्दर्भ में हम अपरिवर्तनीय रूपों के विषय में बात कर चुके हैं। इस अध्याय में हमने अपरिवर्तनीय शब्दों के प्रति व्यापक दृष्टिकोण विकसित किया है। ये शब्द पुनरुक्ति सम्बन्धी शब्द-निर्माण युक्तियों (अध्याय-15) को छोड़ कर किसी अन्य युक्ति में भागीदारी नहीं करते।

22.1 क्रिया-विशेषण

क्रिया-विशेषण अकेला सबसे बड़ा शब्दों का वर्ग है जो अधिकांशतः अपरिवर्तनीय रहता है क्रिया-विशेषण न केवल क्रिया बल्कि विशेषण तथा अन्य क्रिया-विशेषणों की भी विशेषता बताता है। क्रिया-विशेषणों को हम स्थान, रीति, समय और निषेध के आधार पर बाँट सकते हैं। परसर्ग भी अकसर अपरिवर्तनीय होते हैं। स्थानवाचक क्रिया-विशेषण जैसे : 'यहाँ', 'वहाँ', 'इधर', 'उधर', 'पास', 'दूर', 'आस-पास', 'किधर', 'आगे', 'पीछे', 'ऊपर', 'नीचे' आदि सभी अपरिवर्तनीय हैं। ये सभी पुनरुक्त किये जा सकते हैं किन्तु पुनरुक्त रूप भी अपरिवर्तनीय ही रहेगा।

समयवाचक क्रिया-विशेषण जैसे : 'आज', 'कल', 'परसों', 'नरसों', 'रोज़', 'जब', 'तब', 'अकसर', 'आख़िर', 'कब', 'दिन-रात', 'एकदम' आदि सभी अपरिवर्तनीय हैं।

रीतिवाचक क्रिया-विशेषण जैसे : 'धीरे', 'जल्दी', 'सचमुच' तथा अनुरणनात्मक शब्दों जैसे : 'फटाफट', 'सरपट', 'झटपट', 'गटागट' आदि में भी किसी तरह का बदलाव नहीं होता।

22.2 सकारात्मक एवं निषेधात्मक तत्व

सभी सकारात्मक तत्व जैसे : 'जी', 'हाँ', 'हूँ' आदि अपरिवर्तनीय रूप हैं। इसी प्रकार सभी निषेधात्मक तत्व 'न', 'नहीं', और 'मत' अपरिवर्तनीय हैं।

22.3 संयोजक

हिन्दी में सभी संयोजक जिनमें समानाधिकरण समुच्चबोधक जैसे : 'और', 'एवं', 'व', 'तथा', इन सभी का अर्थ 'और' है, अन्य संयोजक जैसे : 'पर', 'इसलिए', 'परन्तु', 'लेकिन', 'मगर', 'यदि', सहसम्बन्धी समुच्चयबोधक जैसे : 'जो', 'वो' एवं वियोजक जैसे : 'या', 'अथवा' शामिल हैं, सभी अपरिवर्तनीय हैं।

22.4 विस्मयादिबोधक

विस्मयादिबोधक शब्दों 'वाह!', 'अरे!', 'ख़ूब!, 'आहा!', या पीड़ादायक 'ऊई!' या अफ़सोससूचक 'ओहो!' के अन्य रूप उपलब्ध नहीं हैं।

22.5 परसर्ग

जैसाकि हमने अध्याय 20 में देखा कि अधिकांश परसर्ग ('का' को छोड़ कर) अपरिवर्तनीय रहते हैं। इनमें 'में', 'से', 'पर', 'को', तथा कर्तृवाचक चिह्न 'ने' शामिल हैं।

22.6 निष्कर्ष

अतः हिन्दी शब्दावली का बहुत बड़ा भाग अपरिवर्तनीय रहता है। हमें यह भी ध्यान रखना चाहिए कि ये सभी बहुत अधिक प्रयोग किये जाते हैं, ख़ासकर परसर्ग, संयोजक एवं क्रिया-विशेषण। यदि आप हिन्दी के किसी पाठ को पढ़ें तो यह सम्भव है कि लगभग 45 प्रतिशत शब्द अपरिवर्तनीय शब्दों का वर्ग हो। अतः अपरिवर्तनीय शब्दों के प्रयोग और उनके व्याकरण को समझना एकदम ज़रूरी है। इस अध्याय के साथ हमने हिन्दी के परिवर्तनीय एवं अपरिवर्तनीय शब्दों पर चर्चा समाप्त कर दी है। भाग-I में हिन्दी वाक्यों की प्रकृति एवं संरचना पर प्रारम्भिक जानकारी उपलब्ध करायी गयी है। भाग-V एवं VI में हिन्दी वाक्यों के व्याकरणिक रूप पर अधिक विस्तृत चर्चा उपलब्ध है।

हिन्दी के वाक्यों के सम्बन्ध में कुछ और

अध्याय- 23

स्वाभाविक पक्ष

जैसाकि हम अध्याय 10 (क्रिया) में बता चुके हैं कि हिन्दी में काल भविष्यत् काल को छोड़ कर, सहायक क्रिया द्वारा चिह्नित किये जाते हैं। हालाँकि पक्ष मुख्य क्रिया द्वारा चिह्नित किया जाता है। इस अध्याय में हम अध्याय-11 की शब्द-निर्माण युक्तियों द्वारा स्वाभाविक पक्ष को समझने के लिए कुछ क्रिया-रूपों का प्रयोग देखेंगे। सामान्यतः स्वाभाविक पक्ष किसी भी ऐसे कार्य का संकेत देता है जो रोज़ या प्रतिदिन घटित होता है। जैसे, जब हम अंग्रेजी में कहते हैं :

1. I go to school everyday.

इसका आशय है कि 'आप कुछ समय से स्कूल जाते रहे हैं, आप आज स्कूल जाते हैं और आगे भी स्कूल जाना जारी रखेंगे।

23.1 स्वाभाविक पक्ष के क्रिया रूप

स्वाभाविक पक्ष में शामिल युक्तियाँ शब्द-निर्माण युक्तियों 11.7, 11.8 और 11. 9 में बतायी जा चुकी हैं। इनमें 'X ता', 'X ती' एवं 'X ते' रूप शामिल हैं, जहाँ X क्रिया-रूप अनादरसूचक मध्यम पुरुष 'तू' के साथ आदेशात्मक वाक्य से सम्बन्धित होता है। निम्नलिखित वाक्यों को देखें :

2. राम रोज़ स्कूल जाता है।
3. सुधा रोज़ स्कूल जाती है।
4. हम रोज़ स्कूल जाते हैं।

वाक्य संख्या 2 में 'राम' पुल्लिंग 'वह', 'तू' और 'मैं' ('है' 'हूँ' में बदल जायेगा) द्वारा बदला जा सकता है। वाक्य संख्या 3 में सुधा स्त्रीलिंग 'वह', 'तू' और 'मैं' ('है' 'हूँ' में बदल जायेगा) द्वारा बदला जा सकता है। इसी प्रकार वाक्य संख्या 4 में 'हम' 'वे' (बहुवचन, पुल्लिंग), 'तुम' (पुल्लिंग 'है' 'हो' में बदल जायेगा) और 'आप' (पुल्लिंग, आदरसूचक) द्वारा बदला जा सकता है। स्त्रीलिंग रूप के सन्दर्भ में 'X ता', 'X ती' में बदल जाता है तो हम इस प्रकार के वाक्य पाते हैं :

5. तुम रोज़ स्कूल जाती हो।

6. आप रोज़ स्कूल जाती हैं।
7. मैं रोज़ स्कूल जाती हूँ।

यद्यपि हमें सहायक क्रिया के बदलते रूपों का ध्यान रखना होता है, जहाँ तक मुख्य क्रिया का प्रश्न है, हिन्दी में स्वाभाविक पक्ष को बताने के लिए 'X ता', 'X ती', 'X ते' रूपों का प्रयोग किया जाता है।

23.2 भूत काल की घटनाओं के वर्णन में स्वाभाविक पक्ष का प्रयोग

कभी-कभी वर्तमान के स्वाभाविक पक्ष का प्रयोग भूत काल की घटनाओं को अधिक जीवन्त रूप से दिखाने के लिए किया जाता है। अकसर इसे ऐतिहासिक प्रस्तुति कहा जाता है। जैसे :

8. अकबर लड़ाई के मैदान में उतरता है।
9. चार साल पहले घर आता हूँ और देखता हूँ कि हालत ठीक नहीं।

यद्यपि ऐसा बहुत कम होता है तो भी वर्तमान स्वाभाविक पक्ष से सम्बन्धित रूप भूत काल के पुनर्निमाण में मदद करते हैं।

23.3 सार्वभौमिक सत्य

जो सदा से होता आया है, उसको बताने के लिए अकसर वर्तमान के स्वाभाविक पक्ष का प्रयोग किया जाता है। निम्नलिखित वाक्यों को देखें :

10. हल्की और भारी चीज़ें बराबर गति से धरती पर गिरती हैं।
11. लकड़ी पानी पर तैरती है।

दोनों वाक्यों में 'X ती' रूप का प्रयोग जीवित भूत काल को बताने के लिए किया जाता है।

23.4 स्थायी गुण

वस्तुओं या व्यक्तियों की स्थायी स्थितियों या कार्यों को बताने के लिए भी स्वाभाविक पक्ष का प्रयोग किया जाता है। जैसे :

12. वह कपड़े धोने का काम करता है।
13. हम गर्मियों में अकसर पहाड़ों पर जाते हैं।
14. बसन्त में अकसर फूल खिलते हैं।

संख्या 12 का वाक्य 'वह' के व्यवसाय को बता रहा है, संख्या 13 बताता है कि सामान्यतः गर्मियों में हम क्या करते हैं और वाक्य संख्या 14 बताता है कि सामान्यतः बसन्त में फूलों के साथ क्या होता है।

23.5 पुनरावृत्तिमूलक क्रियाएँ

जो क्रियाएँ बार-बार दोहरायी जाती हों यद्यपि प्रतिदिन नहीं उनके लिए भी स्वाभाविक पक्ष का प्रयोग किया जाता है। जैसे :

15. होमना आए दिन नयी-नयी बातें बोलती है।
16. गीता घर आती है और नहाती है।

23.6 तात्कालिकता

कुछ क्रिया-विशेषणों के साथ जुड़ कर वर्तमान स्वाभाविक पक्ष का रूप तात्कालिकता के प्रभाव को निर्मित कर सकता है। जैसे :

17. मैं अभी आती हूँ।
18. वह जल्दी से दरवाज़ा बन्द कर नीचे आता है।

23.7 सन्देहार्थक के सन्दर्भ में स्वाभाविक पक्ष

सन्देहार्थक या आकस्मिक वृत्ति काल्पनिक परिस्थिति को बताता है। स्वाभाविक पक्ष अकसर ऐसी परिस्थिति को दृढ़ता प्रदान करता है।

19. वह आजकल आगरा में रहता होगा।
20. पता नहीं मेरा बेटा कहाँ खाता होगा।

23.8 सम्भावनार्थक स्वाभाविकता

सम्भावनार्थक वृत्ति भी सामान्यतः कथित परिस्थितियों का अनुमान लगाता है और स्थिति के अनुसार इस्तेमाल होता है। सन्देहार्थक एवं सम्भावनार्थक वृत्ति के बीच की रेखाएँ हमेशा स्पष्ट नहीं होतीं। ध्यान देनेवाली महत्वपूर्ण बात यह है कि जहाँ सन्देहार्थक वृत्ति केवल सहायक क्रिया में चिह्नित किया जाता है वहीं सम्भावनार्थक वृत्ति मुख्य क्रिया के साथ भी जोड़ा जा सकता है। वाक्य संख्या 21 और 22 को देखें :

21. हो सकता है तुम रोज़ चोरी करते हो।
22. श्वेता रोज यही कहती है, मैं जाऊँ।

23.9 मुख्य क्रिया के रूप में 'होना'

'होना' क्रिया मुख्य क्रिया की तरह भी इस्तेमाल की जा सकती है और उपयुक्त सहायक क्रिया-रूप के साथ जुड़ कर स्वाभाविक पक्ष में विशिष्ट अर्थ भी भर सकती है। निम्नलिखित वाक्यों को देखें :

23. मालदा आम बहुत मीठा होता है।
24. कबीर पन्थी शान्त स्वभाव के होते हैं।

वाक्य संख्या 23 और 24 दोनों में स्वाभाविक पक्ष में मुख्य क्रिया 'होना' सामान्य बातों को उकेर रही है जो सामान्यतः इन सन्दर्भों में होता है। यद्यपि ज़रूरी नहीं है कि ये हमेशा सत्य ही हों। इन वाक्यों में 'अकसर', 'सदा' आदि क्रिया-विशेषण रूपों का प्रयोग करना अधिक उचित होगा।

23.10 निष्कर्ष

इस अध्याय में अध्याय-11 में से स्वाभाविक पक्ष के क्रिया-रूप चुने गये तथा उनसे जुड़े विभिन्न प्रकार्यों की चर्चा की गयी। स्वाभाविक पक्ष में मुख्य क्रिया के रूप में 'होना' क्रिया के प्रकार्य को भी देखा गया।

अध्याय- 24

अपूर्णकालिक पक्ष

जैसाकि पहले बताया गया है, काल उस समय बिन्दु को बताता है जिसमें वर्तमान क्षण की दृष्टि से कोई निश्चित घटना घटित होती दिखाई देती है। पक्ष उस घटना की प्रकृति को बताता है। इसे सामान्यतः तीन विशेषताओं : स्वाभाविक एवं पूर्णकालिक पक्ष के रूप में जाना जाता है। हम वर्तमान और भूतकालिक स्वाभाविक पक्ष की बात पहले ही कर चुके हैं (अध्याय-23)। अपूर्णकालिक पक्ष वह है जब हमें घटना एक समय के भीतर निरन्तर घटित होती दिख रही हो। पूर्णकालिक पक्ष वहाँ होता है जब हम एक निश्चित समय में किसी घटना को पूरा होते देखते हैं। अतः जब हम कहते हैं कि 'वह सेब खा रहा है' तो इसका आशय है कि 'वह सेब खा रहा है, जब यह वाक्य कहा गया।' अंग्रेजी व्याकरण में काल-पक्ष के इस संयोजन को 'वर्तमान अपूर्णकाल' कहते हैं। जब हम कहते हैं कि 'वह सेब खा चुका है' तो इसका आशय है कि उसने कुछ समय पहले सेब खाना शुरू किया था और अब वह यह क्रिया पूरी कर चुका है। इसे 'वर्तमान पूर्णकाल' कहते हैं। इस अध्याय में हम हिन्दी में अपूर्णकालिक पक्ष के व्याकरण और उसके प्रयोग का परीक्षण करेंगे।

24.1 अपूर्णकालिक चिह्न

हिन्दी में अपूर्णकालिक पक्ष 'रहना' क्रिया द्वारा इंगित किया जाता है जो प्रयोग में आने पर यही अर्थ देता है। अतः संख्या 1 का वाक्य जैसे :

1. वह दिल्ली में रहती है।

इसका आशय है कि जिसके बारे में बात की जा रही है वह दिल्ली में रहती है। इस वाक्य में 'रहना' मुख्य क्रिया के रूप में इस्तेमाल हुआ है। किन्तु यदि हम कहें।

2. वह सेब खा रही है।

इसका आशय है कि जिस स्त्री की बात की जा रही है, वह अभी भी सेब खाने की क्रिया कर रही है। यहाँ 'खाना' मुख्य क्रिया के रूप में तथा 'रही' अपूर्णकालिक चिह्न के रूप में इस्तेमाल हुआ है। अतः हमने देखा कि 'रहना' दोनों तत्वों के रूप में कार्य कर रहा है : मुख्य क्रिया के रूप में और अपूर्णकालिक पक्ष के सन्दर्भ में सहायक

क्रिया के रूप में। विचारणीय है कि 'खा' मुख्य क्रिया का आधारभूत अंश है जो कि 'ना' भावार्थक चिह्न को हटा देने पर बचता है। यह वास्तव में आदेशात्मक रूप है क्योंकि 'खा' का मतलब है 'तू (अनादरसूचक) खा' (अध्याय-11 देखें)। यहाँ तक कि जैसा हम शीघ्र ही देखेंगे, यह रूप अपूर्णकालिक वाक्यों के सभी सन्दर्भों में समान रहता है। काल, पक्ष और अनुबन्ध का भाव सहायक क्रियाओं जैसे : 'रहना', 'होना' द्वारा उठाया जाता है। 'काल' सहायक क्रिया 'होना' द्वारा तथा 'पक्ष' 'रहना' द्वारा चिह्नित किया जाता है। पुरुष, वचन और लिंग का अनुबन्ध 'रहना' और 'होना' दोनों से होता है।

24.2 वर्तमान एवं भूत अपूर्णकालिक पक्ष

निम्नलिखित चार वाक्यों को लें :

3. राहुल सेब खा रहा है।
4. गीता सेब खा रही है।
5. राहुल सेब खा रहा था।
6. गीता सेब खा रही थी।

वाक्य संख्या 3 और 4 में हम अन्य पुरुष, एकवचन में वर्तमान अपूर्ण काल का प्रयोग देखते हैं। अन्तर यह है कि संख्या 3 में पुल्लिंग कर्त्ता है तो संख्या 4 में स्त्रीलिंग कर्त्ता। यह तथ्य मुख्य क्रिया में नहीं दिख रहा है (जोकि अपरिवर्तित रहती है) किन्तु सहायक पक्ष 'रहा/रही' में दिखायी देता है। विचारणीय है कि भूत पूर्ण काल में, 'भूतता केवल केवल परिधीय सहायक क्रिया 'था/थी' पर चिह्नित होती है जो 'होना' भूत काल रूप है। 'रहना' और 'होना' दोनों पर लिंग, पुरुष और वचन का प्रभाव पड़ता है। इन सभी वाक्यों में हमने क्रिया 'खाना' के रूप में कोई बदलाव नहीं किया है। अतः सहायक क्रिया में बदलाव करके वर्तमान और भूत काल के स्वाभाविक पक्ष बनाये जाते हैं। यदि हम साधारण वर्तमान और भूत काल के वाक्यों को उनके अपूर्णकालिक रूपों में बदलना चाहें तो हमें दो काम करने होंगे : मुख्य क्रिया के आदेशात्मक रूपों के सभी प्रत्ययों को हटाना होगा तथा सहायक क्रिया के रूप को बदलना होगा, जो हम देख चुके हैं कि अनियमित होता है (अध्याय-10)। हम निम्नलिखित वाक्यों में वर्तमान और भूत अपूर्णकालिक कर्त्ता के पुरुष, वचन और लिंग में आये बदलावों का परीक्षण करते हैं :

7. राहुल रोटी खा रहा था।
8. गीता तीन सेब खा रही थी।
9. गीता चार गाजरें खा रही थी।
10. वे लड़के सेब खा रहे थे।

ये वाक्य पुनः बता रहे हैं कि अपूर्णकालिक पक्ष के व्याकरण में काल, पक्ष और अनुबन्ध का भार सहायक क्रिया द्वारा वहन किया जाता है। कर्म का पुरुष, लिंग और वचन क्रिया के लिए ग़ैर ज़रूरी है। वाक्य संख्या 7 में 'रोटी' स्त्रीलिंग, वाक्य संख्या 8 में 'सेब' पुल्लिंग और बहुवचन तथा वाक्य संख्या 9 में 'गाजरें' स्त्रीलिंग एवं बहुवचन रूप में है किन्तु सहायक क्रियाओं का सम्बन्ध केवल कर्त्ता के साथ है। मुख्य क्रिया 'खा' अपरिवर्तनीय रहती है। वाक्य संख्या 10 में कर्त्ता, पुल्लिंग, बहुवचन है तो सहायक क्रिया इसी के अनुसार 'रहे थे' हो गयी। संख्या 11 में हमारे पास अन्य पुरुष, बहुवचन, स्त्रीलिंग, कर्त्ता है और सहायक क्रिया 'रही थीं' में बदल गयी।

11. वे लड़कियाँ सेब खा रही थीं।

निम्नलिख़ित वाक्यों में हम देखते हैं देखा कि उत्तम पुरुष और मध्यम पुरुष के वचन और लिंग पर सहायक क्रिया का रूप बदलना निर्भर कर रहा है :

12. मैं सेब खा रहा था।
13. हम सेब खा रहे हैं।

यदि वाक्य संख्या 12 में कर्त्ता, स्त्रीलिंग होता तो 'रहा था' 'रही थी' में बदल जाता और वाक्य संख्या 13 में 'हम' सर्वनाम बहुत-सी महिलाओं को बताता तो 'रहे हैं' 'रही हैं' में बदल जाता।

14. तुम सेब खा रही हो।
15. आप सेब खा रहे हैं।
16. तू सेब खा रहा है।

संख्या 14-16 तक के वाक्य दिखा रहे हैं कि कैसे मध्यम पुरुष आदरसूचक अनुक्रम अपूर्णकालिक वाक्यों के क्रिया-रूपों में झलक रहा है। अनादरसूचक क्रिया-रूपों का वास्तव में अन्य पुरुष के लिए आने वाले रूपों में विलय हो जाता है (3 और 16 को देखें)। वाक्य संख्या 14 में हम 'तुम' के साथ 'रही/रहे (पुल्लिंग के लिए) हो और संख्या 15 में आदरसूचक 'आप' के साथ 'रहे/रही (स्त्रीलिंग के लिए) हैं' पाते हैं।'

वर्तमान और भूत अपूर्णकालिक की निम्नलिखित विशेषताएँ इस प्रकार हैं :

(क) मुख्य क्रिया हमेशा आधारभूत आदेशात्मक रूप होता है ('तू', मध्यम पुरूष, अनादरसूचक)

(ख) कर्त्ता के पुरुष, वचन और लिंग के अनुबन्ध का भार सहायक क्रियाओं 'रहना' और 'होना द्वारा वहन किया जाता है।

(ग) इससे सम्बन्धित तीन रूप 'रहा', 'रही', 'रहे' हैं जो कि अध्याय-11 में बतायी गयी शब्द-निर्माण युक्तियों द्वारा प्राप्त किये जा सकते हैं।

(घ) वर्तमान और भूत अपूर्णकालिक रूप के अन्तर को केवल सहायक क्रिया 'होना'

में आये बदलाव से जाना जा सकता है। वर्तमान अपूर्णकालिक रूप 'है', 'हैं', 'हूँ' और 'हो' हैं तथा भूत अपूर्णकालिक रूप 'था','थे' 'थी' और 'थी' हैं।

24.3 भविष्यत् काल के संकेत

वर्तमान और भूत अपूर्णकालिक दोनों रूप भविष्य के समय को संकेतित कहने के लिए प्रयोग किये जा सकते हैं। कुछ सन्दर्भों में अर्थ में थोड़े बदलाव के साथ एक के स्थान पर दूसरे को रख कर प्रयोग किये जाते हैं। जैसे : एक परिस्थिति में माँ अपने पुत्र से दूध पीने को कह रही है, तो पुत्र कह सकता है :

17. अभी पीता हूँ।
18. अभी पी रहा हूँ।

दोनों वाक्य भविष्य की घटना का संकेत करने के लिए प्रयोग किये जा सकते हैं। इतना ज़रूर है कि दूसरा वाक्य तात्कालिकता या पूर्णता को दिखा रहा है। जैसे : यह कहना अति सामान्य है :

19. पहले नहा लेता हूँ फिर पीता हूँ।

किन्तु निम्नलिखित वाक्य अस्वीकार्य होगा :

*20.पहले नहा लेता हूँ फिर पी रहा हूँ।

(*इसका तात्पर्य अव्याकरणिक है।)

24.4 विशेष बल

कुछ सन्दर्भों में अपूर्णकालिक रूप का इस्तेमाल ख़ास तीव्रता या प्रमुखता को पाने के लिए नकारात्मकता के साथ किया जाता है जोकि संगत सकारात्मक वाक्य के विपरीत होता है। जैसे :

21. मैं कुछ नहीं कह रहा हूँ।
22. मैं यहीं खड़ा हूँ, कहीं नहीं जा रहा हूँ।

वाक्य संख्या 21 में नकारात्मकता के साथ अपूर्णकालिक रूप का संयोजन इस बात में विशेष गम्भीरता जोड़ रहा है कि 'मैं चुप हूँ; मैं एक शब्द भी नहीं कह रहा हूँ'। वाक्य संख्या 22 में नकारात्मक कथन पहले सकारात्मक उपवाक्य से भिन्न है। यह क्रोध में या घृणा में और दृढ़ता के एहसास के रूप में कहा जा सकता है। कुछ सन्दर्भों में इसका मतलब हो सकता है कि मैं देखता हूँ, तुम मेरे साथ क्या कर सकते हो; मैं यहीं खड़ा हूँ, मैं भाग नहीं रहा, करो जो तुम्हें अच्छा लगे। भविष्यत् काल के लिए 'रहना' के प्रयोग को वाक्य संख्या 23 में देखें :

23. यह बात पता नहीं कितने युगों तक चलती रहेगी।

वाक्य संख्या 23 में, 'रहना' जटिल क्रिया और संयुक्त क्रिया का भाग है, जहाँ मुख्य क्रिया 'चलना' है। भविष्यत् सूचक 'एगी' 'रहना' पर चिह्नित है। विस्तृत चर्चा के लिए अध्याय 31 देखें।

24.5 निष्कर्ष

इस अध्याय में अपूर्ण काल के वर्तमान, भूत और भविष्यत् काल में रूपों और प्रकार्यों की चर्चा की गयी। यह देखा गया कि मुख्य क्रिया आधारभूत आदेशात्मक रूप पर चिह्नित की जाती है और अन्य सभी पुरुष, वचन, लिंग एवं काल चिह्न सहायक क्रिया पर चिह्नित किये जाते हैं।

अध्याय- 25

कर्मवाच्य

अंग्रेज़ी में कर्मवाच्य बहुधा प्रयोग किया जानेवाला पूर्ण स्थापित रूप है। रूप और प्रकार्य दोनों स्तरों पर इसका विश्लेषण किया गया है। अंग्रेजी से तुलना करें तो हिन्दी में कर्मवाच्य का प्रयोग कम होता है। ऐसी स्थिति में कुछ अन्य रूपों का प्रयोग किया जाता है।

अंग्रेजी में कर्मवाच्य में सहायक क्रिया का विशिष्ट रूप 'to be' और क्रिया के भूतकालिक कृदन्त विशेषण का प्रयोग होता है; अकसर इसमें कर्त्ता-कर्म का क्रम भी बदल दिया जाता है और 'by' का इस्तेमाल किया जाता है। जैसे : निम्नलिखित अंग्रेजी के वाक्य के कर्तृवाच्य रूप :

1. He is writing a book.

संगत वाक्य संख्या 2 में हमारे पास कर्मवाच्य रूप यह है :

2. A book is being written by him.

अंग्रेजी में कर्मवाच्य महत्वपूर्ण है क्योंकि यह बहुत से प्रकार्यों को अंजाम देता है, जिनमें कर्म पर बल देने, कर्त्ता को पदावनत करने तथा ऐसी परिस्थितियों को सँभालना शामिल है जहाँ वक्ता कार्य करनेवाले कर्त्ता के विषय में जानकारी को छुपाता है या वास्तव में वह कर्त्ता की पहचान से अनभिज्ञ होता है या कर्त्ता महत्वपूर्ण नहीं होता या अधिकांश श्रोताओं या पाठकों को पहले से उसकी जानकारी होती है। यह अध्याय हिन्दी में इन सभी प्रकार्यों की पड़ताल करेगा। हिन्दी में कर्त्ता-कर्म के परिवर्तन सहित 'X द्वारा' का प्रयोग भी होता है, किन्तु यह अधिकांश परिस्थितियों में बनावटी लगता है। यह अधिकतर अख़बारी रिपोर्टों में मिलता है, जहाँ बहुत-सी घटनाएँ/रिपोर्ट मूल अंग्रेजी अख़बारों से अनूदित की गयी होती हैं।

25.1 'जा' का प्रयोग

यह 'जा' क्रिया का पूर्णकालिक रूप है (अंग्रेजी की तरह हिन्दी में भी अनियमित है) जोकि अकसर कर्मवाच्य प्रभाव को हासिल करने के लिए प्रयोग किया जाता है। निम्नलिखित वाक्यों को देखें :

3. हाथी पकड़ा गया है।
4. उस दिन सारी मिठाई खायी गयी थी।
5. कम्बल निकाले गये।

संख्या 3 से 5 तक के वाक्यों के आधार पर हिन्दी कर्मवाच्य की निम्नलिखित विशेषताएँ ये हो सकती हैं :

(क) कार्य का कर्त्ता अनुपस्थित होता है या तो पता नहीं होता या छिपाया जाता है।

(ख) कार्य के कर्म पर बल होता है या उसका उल्लेख पहले होता है।

(ग) क्रिया 'जा' अन्य क्रियाओं के साथ जुड़ी होती है। जैसे : 'पकड़' (वाक्य संख्या 3 में), 'खा' (वाक्य संख्या 4 में) और 'निकाल' (वाक्य संख्या 5 में)।

(घ) 'गया' पूर्णकालिक रूप बराबर प्रयोग किया जाता है।

(ङ) क्रिया$_1$ क्रिया$_2$ जटिल होती है जहाँ क्रिया 1, क्रिया 2, हमेशा भूत काल में होती है एवं पूर्णकालिक पक्ष में कर्म के साथ पुरुष, वचन और लिंग से सम्बन्धित होती है (जोकि सम्बन्ध के सन्दर्भ में कर्त्ता होता है)।

25.2 कर्तृवाच्य एवं कर्मवाच्य

अंग्रेजी की ही तरह हमारे पास हिन्दी में भी कर्मवाच्य रूपों के कर्तृवाच्य प्रतिरूप उपलब्ध हैं। हालाँकि अंग्रेजी में अकर्मक क्रिया से युक्त वाक्य का कर्मवाच्य वाक्य नहीं बनाया जा सकता। संख्या 6 और 7 के वाक्य के संगत अंग्रेजी में कर्मवाच्य वाक्य नहीं है :

6. I slept all morning.
7. She walks very fast.

किन्तु हिन्दी में सकर्मक और अकर्मक दोनों क्रियाओं से युक्त वाक्यों को कर्मवाच्य वाक्य में बदला जा सकता है। निम्नलिखित वाक्यों को देखें :

8. सरोज ने खाना बनाया।
9. खाना सरोज के द्वारा बनाया गया।
10. मैं कल रात छत पर सोया।
11. कल रात छत पर सोया गया।

संख्या 8 में हमारे पास सकर्मक कर्तृवाच्य वाक्य है जिसका कर्मवाच्य वाक्य संख्या 9 में उपलब्ध है। 'के द्वारा अंग्रेजी के 'by' से तुलनीय है। अंग्रेजी कर्मवाच्य में 'सरोज के द्वारा' 'by saroj' हटाया जा सकता है एवं संख्या 12 पूर्ण व्याकरणिक वाक्य होगा।

12. खाना बनाया गया।

हम इसे अधिक स्वाभाविक, सहज बनाने के लिए और सन्दर्भ जोड़ सकते हैं

जैसे कि संख्या 13 का वाक्य देखें :

13. कल रात बड़े शौक से खाना बनाया गया।

अंग्रेजी कर्मवाच्यों के सन्दर्भ में हम अभी भी नहीं जानते कि वाक्य संख्या 12 और 13 में खाना किसने बनाया वही जानकारी जो हमें संख्या 8 और 9 में उपलब्ध है। वाक्य संख्या 10 और 11 में अकर्मक क्रिया है। यदि हम इन वाक्यों को अंग्रेजी में कर्मवाच्य वाक्यों में बदलना चाहें तो हमें अव्याकरणिक वाक्य प्राप्त होगा, जैसे कि संख्या 14 के वाक्य को लें :

*14. On the roof was slept by me last night.

किन्तु हिन्दी में वाक्य संख्या 10 से बनाया गया वाक्य संख्या 11 का कर्मवाच्य सहज वाक्य है। हमने पुनः देखा कि क्रिया का पूर्णकालिक कृदन्त रूप क्रिया के पूर्णकालिक पक्ष के रूप 'जा' के साथ जुड़ रहा है।

25.3 अन्य रूपों के साथ कर्मवाच्य

कभी-कभी पूर्णकालिक कृदन्त रूपों के अतिरिक्त भी अन्य रूप कर्मवाच्यों में प्रयोग किये जाते हैं। निम्नलिखित वाक्यों को देखें :

15. पिताजी से तमीज़ से बात करो।
16. पिताजी से तमीज़ से बात की जाती है।
17. अब तो घर जा कर ही काम करूँगा।
18. अब तो घर जा कर ही काम किया जायेगा।
19. काशी यह काम कर सकता है।
20. काशी के द्वारा यह काम किया जा सकता है।
21. सतीश के सर में दर्द है।

वाक्य संख्या 16 के संगत हमारे पास वाक्य संख्या 15 में कर्तृवाच्य है। इसमें 'जा' पूर्णकालिक क्रिया के नित्य अपूर्णकालिक क्रिया-रूप का प्रयोग हुआ है, इसमें काल-पक्ष वर्तमान स्वाभाविक है। संख्या 18 का वाक्य कर्मवाच्य है तथा संख्या 17 उसका कर्तवाच्य प्रतिरूप है। इसमें 'जा' क्रिया का भविष्यत्कालिक रूप प्रयुक्त हुआ है।

हिन्दी में कर्मवाच्य वाक्यों में हम $क्रिया_1$, $क्रिया_2$ संयुक्त क्रियाएँ (अध्याय 31 देखें) पाते हैं जिसमें $क्रिया_1$ पूर्णकालिक, नित्य अपूर्णकालिक या 'जा' क्रिया का भविष्यत्कालिक रूप होती है। संख्या 19 कर्तृवाच्य वाक्य है, इसमें हमारे पास पहले ही 'कर सकता' संयुक्त क्रिया है। इसके संगत संख्या 20 के कर्मवाच्य वाक्य में हम $क्रिया_1$, $क्रिया_2$, $क्रिया_3$ पाते हैं जिसमें आदेशात्मक 'जा' स्वयं ही इस्तेमाल हुआ है। यह संख्या 19 के वाक्य में $क्रिया_1$ और $क्रिया_2$ के बीच में डाला गया है।

विचारणीय है कि 'जा' का कोई भी रूप आया हो, किन्तु $क्रिया_1$ सभी कर्मवाच्य वाक्यों 3, 4, 5, 9, 11, 12, 13, 16, 18 और 20 सभी में हमेशा क्रिया का

पूर्णकालिक रूप प्रयोग किया गया है।

संख्या 21 के वाक्य में कर्त्ता ही अनुभवकर्त्ता है जिसे कर्मवाच्य में नहीं बदला जा सकता।

25.4 निष्कर्ष

हिन्दी के कर्मवाच्यों में 'जा' क्रिया के भिन्न रूपों का इस्तेमाल किया जाता है। इसके साथ जुड़नेवाली अन्य क्रियाएँ तथा 'जा' हमेशा पूर्णकालिक पक्ष में होती है। 'जा' के आदेशात्मक, पूर्णकालिक, नित्य अपूर्णकालिक और भविष्यत्कालिक रूप भी इस्तेमाल किये जा सकते हैं। अंग्रेजी से भिन्न, अकर्मक क्रिया से युक्त वाक्य भी हिन्दी में कर्मवाच्य वाक्य में बदले जा सकते हैं। वाक्य में अनुभवकर्त्ता कर्मवाच्य में नहीं बदला जा सकता।

अध्याय- 26

सम्भावनार्थक एवं भविष्यत् काल

क्रिया काल, पक्ष, पुरुष, वचन, लिंग आदि के अतिरिक्त अकसर वृत्ति का भी संकेत देती है, जिसे जो कुछ कहा जा रहा है, उसके प्रति वक्ता की अभिवृत्ति कहते हैं। सामान्यतः हम तीन प्रकार की वृत्तियाँ पाते हैं : संकेतार्थक, आदेशात्मक एवं सम्भावनार्थक। संकेतार्थक अकसर बहुधा प्रयोग किया जाता है और हम इसके अनेक उदाहरण पिछले अध्यायों में देख चुके हैं। इसका प्रयोग वर्तमान, भूत या भविष्य के कथन को बताने के लिए किया जाता है। जैसे : 'राम सेब खा रहा है' बताता है कि वक्ता मानता है कि राम वास्तव में सेब खा रहा है। आदेशात्मक वृति प्रार्थना करने या आदेश देने के लिए इस्तेमाल होती है जिसमें हमेशा मध्यम पुरुष को सम्बोधित किया जाता है। यदि हम कहें 'खा' तो इसका तात्पर्य है कि 'तू खा'। सम्भावनार्थक वृत्ति आकस्मिक या सम्भाव्य स्थिति का संकेत देती है, ऐसी घटना जो अकसर कल्पित या अनुमानित होती है तथा जो अभी या निकट भविष्य में घटनेवाली है। यह वक्ता की ओर से अनिश्चितता के तत्व की ओर संकेत करती है। भविष्यत् काल भी भविष्य की घटनाओं से सम्बन्धित है।

26.1 सम्भावनार्थक

नीचे लिखे वाक्यों को देखें :

1. चलें?
2. कहे।
3. जाऊँ?

जैसाकि पहले भी बताया जा चुका है हिन्दी में कर्त्ता सर्वनाम, जोकि क्रिया में निहित रहता है, उसको छोड़ा जा सकता है। क्रिया-रूपों द्वारा सर्वनामों की पूर्ति की जा सकती है। अतः संख्या 1, 2, 3 में सर्वनाम कर्त्ता 'हम', 'वह' और 'मैं' सम्भावनार्थक क्रिया-रूपों में निहित है। ये सभी वाक्य आकस्मिक परिस्थिति को बताते हैं, ऐसा कुछ जो घटित हो सकता है, कोई इच्छा या कामना। सम्भावनार्थक को बतानेवाले रूप शब्दों के ऐसे वर्गों से बने होते हैं जो कि एक-दूसरे से जुड़े होते हैं,

साथ ही बहुत-सी शब्द-निर्माण युक्तियों द्वारा अन्य क्रिया-रूपों से भी। यहाँ सभी की चर्चा नहीं की जायेगी। यहाँ हम केवल सम्भावनार्थक रूपों के मध्यम पुरुष अनादरसूचक रूपों की बात करेंगे। इनमें शामिल हैं :

शब्द-निर्माण युक्ति 26.1

(X) $_{\text{क्रिया}}$ ↔ (X ऊँ) $_{\text{एकवचन, क्रिया, सम्भावनार्थक, उत्तम पुरुष}}$

(शर्त : यदि X ईकारान्त या ऊकारान्त हो तो वह क्रमशः इकारान्त या उकारान्त हो जायेगा।)

पी	पिऊँ
चल	चलूँ
लिख	लिखूँ

शब्द-निर्माण युक्ति 26.2

(X) $_{\text{क्रिया}}$ ↔ (X ए) $_{\text{एकवचन, क्रिया, सम्भावनार्थक, उत्तम पुरुष, अनादरसूचक/ अन्य पुरुष}}$

(शर्त : यदि X ईकारान्त या ऊकारान्त हो तो वह क्रमशः इकारान्त या उकारान्त हो जायेगा।)

खेल	खेले
भाग	भागे

शब्द-निर्माण युक्ति 26.3

(X) $_{\text{क्रिया}}$ ↔ (X एँ) $_{\text{क्रिया, सम्भावनार्थक, उत्तम पुरुष/ अन्य पुरुष बहुवचन, उत्तम पुरुष आदरसूचक}}$

(शर्त : यदि X ईकारान्त या ऊकारान्त हो तो वह क्रमशः इकारान्त या उकारान्त हो जायेगा।)

उठ	उठें
रो	रोएँ

शब्द निर्माण युक्ति 26.4

(X) $_{\text{क्रिया, आदेशात्मक}}$ ↔ (X ओ) $_{\text{क्रिया, सम्भावनार्थक, मध्यम पुरुष}}$

(शर्त : यदि X ईकारान्त या ऊकारान्त हो तो वह क्रमशः इकारान्त या उकारान्त हो जायेगा।)

गिर	गिरो
लिख	लिखो

अतः यदि X 'चल' होगा तो हमें 'चलूँ', 'चले', 'चलें', 'चलो' रूप प्राप्त होंगे और यदि X 'जी' होगा तो हमें 'जिऊँ', 'जिए', 'जिएँ' एवं 'जिओ' रूप प्राप्त होंगे। जैसाकि हम जानते हैं कि 'चल' वर्ग के क्रिया-रूपों की संख्या अधिक है। विचारणीय है कि सम्भावनार्थक रूप लिंग के प्रति संवेदनशील नहीं होता है। चार युक्तियों में वृत्ति, पुरुष, वचन एवं आदरार्थक सम्बन्धी बदलाव हुए हैं। सम्भावनार्थक अकसर उपवाक्य 'हो सकता है' (विचारणीय है कि 'हो' सम्भावनार्थक रूप है) संयोजक के

साथ तथा अनिश्चित क्रिया-विशेषणों जैसे : 'शायद', 'सम्भव' या 'सम्भवतः' आदि के साथ इस्तेमाल किया जाता है। अतः निम्नलिखित वाक्य सम्भावनार्थक रूपों के प्रयोग के विशिष्ट उदाहरण होंगे :

4. शायद मैं कल जाऊँ।
5. सम्भवतः आप फ्रांस में फ्रेंच सीखें।
6. जाऊँ?
7. हो सकता है कि वो फोन करे।
8. देखना कहीं तुम गिरो न।

भावार्थक रूप 'देखना' और 'न' का इस्तेमाल संख्या 8 के वाक्य में सम्भावनार्थक प्रभाव ला रहा है।

26.2 भविष्यत् काल

अंग्रेजी की तरह हिन्दी में भी भविष्यत् काल के समय को बहुत तरीक़े से कहा जा सकता है जिनमें सामान्य वर्तमान, अपूर्णकालिक वर्तमान एवं सम्भावनार्थक रूप शामिल हैं। हालाँकि अंग्रेजी में भविष्यत् काल के लिए कोई एक क्रिया-रूप नहीं है। जैसे : क्रिया 'to walk' के लिए हमारे पास 'walk', 'walked' और 'walking' रूप हैं। इनमें से कोई भी अकेले भविष्यत् समय को बताता नहीं। हिन्दी में 'चलना' क्रिया के बहुत से रूप हैं जिनमें 'चल', 'चलता', 'चलती', 'चलते' 'चलो', 'चलिए', 'चला', 'चली', 'चले', 'चलेगा', 'चलेगी', 'चलूँगा', चलूँगी, 'चलवा' आदि तथा अन्य रूप शामिल हैं। इनमें से 'ता', 'ती', 'ते' आदि प्रत्यय नित्य अपूर्ण वर्तमान का संकेत देते हैं एवं 'आ' और 'ई' भूत पूर्ण काल पक्ष का। 'एगा', 'एगी' तथा 'ऊँगा' भविष्यत् समय के चिह्न हैं। इसका सारांश प्रस्तुत है :

(क) राम सेब खाता है। (वर्तमान स्वाभाविक पक्ष)
(ख) राम सेब खा रहा है। (वर्तमान अपूर्णकालिक)
(ग) राम सेब खाता था। (भूत स्वाभाविक पक्ष)
(घ) राम सेब खा रहा था। (भूत अपूर्णकालिक)
(ङ) राम सेब खाये। (सम्भावनार्थक)
(च) राम सेब खायेगा। (भविष्यत् काल)

(ङ) और (च) से साफ़ है कि हिन्दी में भविष्यत् काल एवं सम्भावनार्थक बताने के लिए अलग-अलग क्रिया चिह्न हैं। भविष्यत् काल सम्बन्धी शब्द-निर्माण युक्तियाँ अध्याय-10 की शब्द-निर्माण युक्ति 10.1 एवं 10.8 में पहले ही विश्लेषित की जा चुकी हैं।

26.3 भविष्यत् काल के प्रयोग

भविष्यत् काल का प्रयोग ऐसे सन्दर्भों में किया जा सकता है जहाँ भविष्य में पूर्ण या अपूर्ण समयावधि सम्मिलित है। यह वहाँ भी प्रयोग किया जा सकता है जहाँ भविष्य की घटना या कथन घटित हो भी सकता है और नहीं भी।

9. मैं कल शाम पाँच बजे तक तुम्हारा इन्तज़ार करूँगी।
10. पता नहीं लोग कब तक मंत्रीजी का इन्तज़ार करते रहेंगे।
11. तुम आओ न आओ हम तो खेलेंगे ही।
12. मोहन इस वक़्त शायद गाड़ी में बैठा होगा।

वाक्य संख्या 9 में समयावधि की जानकारी है, वाक्य संख्या 10 में अनिश्चित है। वाक्य संख्या 11 में खेला जायेगा ही, वाक्य संख्या 12 में वक्ता सुनिश्चित नहीं है कि मोहन कहाँ होगा।

26.4 निष्कर्ष

यह अध्याय सम्भावनार्थक एवं भविष्यत् काल के रूपों तथा प्रकार्यों से सम्बन्धित था। कुल 12 शब्द-निर्माण युक्तियाँ युक्तियाँ सम्भावनार्थक एवं भविष्यत् काल रूपों के लिए बनायी जा सकती हैं।

अध्याय- 27

कर्तृता की अभिरचना

अब तक हम ऐसे वाक्यों के बारे में बात कर चुके हैं जिनमें कर्त्ता और क्रिया के बीच पुरुष, वचन और लिंग के स्तर पर प्रत्यक्ष सम्बन्ध होता है। ऐसे वाक्यों में कर्त्ता, कर्तरि कारक में होता है लेकिन किसी प्रत्यक्ष परसर्ग से नहीं जुड़ा होता है। ऐसी स्थिति में क्रिया अकर्मक हो या सकर्मक उसका सम्बन्ध कर्त्ता के साथ ही होता है। लेकिन हिन्दी में जब सकर्मक क्रिया के पूर्ण भूतकालिक रूप का प्रयोग होता है तो कर्त्ता के साथ परसर्ग प्रत्यक्ष रूप से मौजूद रहता है। कर्तृता की अभिरचना यही है जिसमें कर्त्ता और क्रिया के बीच का सम्बन्ध टूट जाता है। ऐसे वाक्यों में कर्त्ता के साथ 'ने' 'परसर्ग ज़रूर आता है जोकि कर्त्ता के साथ क्रिया के सम्बन्ध को तोड़ देता है। ऐसे वाक्यों में क्रिया सकर्मक, भूत काल और पूर्णताकालिक पक्ष की होती है। चूँकि कर्त्ता के बाद कर्तृता परसर्ग 'ने' आता है अतः कर्त्ता, विकारी कारक को ग्रहण करता है या जहाँ कर्त्ता गौण हो जाता है वहाँ क्रिया का सम्बन्ध कर्म के साथ होता है।

27.1 हिन्दी में कर्तृता

कुछ क्रियाओं को छोड़ कर बाक़ी सभी सकर्मक क्रियाएँ पूर्ण भूत काल में कर्तृता की अभिरचना का पालन करती हैं। निम्नलिखित वाक्यों को देखें :

1. राम ने सेब खाया।
2. सीता ने सेब खाया।
3. लड़के ने सेब खाया।
4. राम ने गाजर खायी।
5. सीता ने गाजर खायी।
6. राम ने मोहन को सेब दिया।
7. सीता ने मोहन को सेब दिया।
8. राम ने मोहन को गाजर दी।
9. सीता ने मोहन को गाजर दी।
10. सीता ने मोहन को मारा।

11. मोहन ने सीता को मारा।
12. राम ने मोहन को मारा।
13. मोहन ने राम को मारा।
14. राम ने दस सेब खाये।
15. सीता ने दस गाजरें खायीं।

वाक्य संख्या 1 और 2 में सकर्मक क्रिया 'खाना' के पूर्ण भूतकालिक रूप 'खाया' का प्रयोग हुआ है। हम देखते हैं कि इसके रूप पर कर्त्ता के पुल्लिंग (राम) या स्त्रीलिंग (सीता) होने से कोई फर्क़ नहीं पड़ता बल्कि इसका सम्बन्ध तो इसके प्रत्यक्ष कर्म 'सेब' (पुल्लिंग) के साथ है। इस प्रकार कर्तृतावाले वाक्यों में कर्त्ता के लिंग का क्रिया पर कोई असर नहीं होता है। इसी तरह कर्तृता की अभिरचना में कर्त्ता के पुरुष और वचन का भी क्रिया के पाक्षिक सम्बन्ध पर कोई प्रभाव नहीं पड़ता है।

अतः यहाँ कर्त्ता की जगह पर चाहे मैं, हम, तुम, आप, उस आदि कुछ भी और स्त्रीलिंग, पुल्लिंग में से किसी भी सन्दर्भ में आये, 'सेब खाया' के रूप में कोई बदलाव नहीं होगा। क्रिया के रूप में यदि बदलाव होगा तो कर्म के अनुसार। वाक्य संख्या 4 और 5 में कर्म 'गाजर' चूँकि स्त्रीलिंग है, अतः क्रिया उसके अनुसार 'खायी' हो गयी। वाक्य संख्या 3 यह दिखाता है कि कर्तृतावाले वाक्यों में कर्त्ता विकारी कारक में होता है। कर्म-क्रिया सम्बन्ध की कर्तृता अभिरचना किसी अन्य संज्ञा पदबन्ध के आने पर भी नहीं बदलती है। जैसाकि हम वाक्य संख्या 6 से 9 तक में 'मोहन को' पदबन्ध के प्रयोग के सन्दर्भ में देख सकते हैं। इन वाक्यों में कर्त्ता के लिंग का क्रिया पर प्रभाव नहीं पड़ता है बल्कि प्रत्यक्ष कर्म सेब (पुल्लिंग) और गाजर (स्त्रीलिंग) से उसका सम्बन्ध है। वाक्य संख्या 10 से 13 तक में हम देखते हैं कि कर्त्ता और कर्म चाहे जिस भी पुरुष, लिंग और वचन के हों सबके लिए 'मारा' क्रिया रूप का ही प्रयोग हुआ है। कौन किसको मारता है इससे 'मारा' पर कोई असर नहीं पड़ता है। यानी क्रिया पर न तो कर्त्ता का नियंत्रण है और न ही कर्म का। दरअसल यह व्यतिक्रम अनुबन्ध की स्थिति है। इसके अन्तर्गत जब किसी वाक्य में आये सभी संज्ञा पदबन्ध चाहे वे किसी भी लिंग, वचन और पुरुष के हों किसी न किसी परसर्ग से घिरे होते हैं तो वैसी स्थिति में क्रिया के एक सामान्य रूप अन्य पुरुष, एकवचन, पुल्लिंग का प्रयोग किया जाता है। अंग्रेजी में, कौन किसको पीटता है और कौन किससे पिटता है, इसका पता वाक्य में अभिकर्त्ता और पीड़ित के क्रम से चलता है जबकि हिन्दी में परसर्गों के प्रयोग से इसका पता चलता है। इस प्रकार यदि हम वाक्य 10 को ऐसे भी कहें कि :

16. मोहन को सीता ने मारा।

तो अर्थ में कोई फर्क़ नहीं पड़ेगा। लेकिन यही काम यदि हम अंग्रेजी में करें तो वाक्य 10, वाक्य 11 में बदल जायेगा।

वाक्य 14 और 15 यह दिखाते हैं कि कर्म यदि बहुवचन, स्त्रीलिंग या पुल्लिंग

है तो क्रिया उसके इन गुणों को दिखाती है और तदनुसार रूप ग्रहण करती है। जैसाकि हमें पहले से ही (अध्याय 10 और 11) ज्ञात है कि पूर्णताकालिक या नित्य अपूर्णकालिक पक्ष का पता मुख्य क्रिया से चलता है तो काल की सूचना सहायक क्रिया से मिलती है। इन सभी वाक्यों में एक भूतकालिक सहायक क्रिया का आभास होता है। विचारणीय है कि उपर्युक्त वाक्यों में प्रयुक्त सभी क्रियाएँ सकर्मक हैं। ये अपने पूर्ण भूतकालिक रूप में हैं जो अध्याय 11 में वर्णित शब्द-निर्माण युक्तियों 11. 2, 11.3, 11.6 और 11.7 का अनुसरण करती हैं।

अकर्मक क्रियाएँ जैसे : 'रोना', 'सोना', 'नहाना', 'मुस्कराना' आदि कर्तृता की अभिरचना में भाग नहीं लेती हैं।

यदि हमारे पास 'दे' जैसी क्रिया है जोकि अपने आदेशात्मक रूप में 'ए' से अन्त होती है तो उसके लिए निम्नलिखित शब्द निर्माण युक्ति है। इसमें आदेशात्मक के 'ए' को पूर्णताकालिक पक्ष में 'इया' से बदल दिया जाता है जो कर्तृता की अभिरचना में इस्तेमाल होती है।

$(\text{X ए})_{\text{क्रिया}} \leftrightarrow (\text{X इया})_{\text{एकवचन, पुल्लिंग, क्रिया, पूर्णताकालिक}}$

दे	दिया
ले	लिया

27.2 अपवाद

कुछ क्रियाएँ ऐसी भी हैं जो सकर्मक होते हुए भी और पूर्ण भूत काल में भी कर्तृता की अभिरचना के अन्तर्गत नहीं आती हैं। जैसेः लाना, डरना और भूलना। निम्नलिखित वाक्यों को देखें :

17. राम किताब लाया।
18. सीता किताब लायी।
19. राम अपना घर भूला।
20. सीता अपना घर भूली।

विचारणीय है कि यद्यपि ये क्रियाएँ सकर्मक हैं और पूर्ण भूतकालिक रूप में हैं फिर भी इनका सम्बन्ध कर्त्ता के साथ है न कि कर्म के साथ। हालाँकि कभी-कभी कोई ऐसे भी कह सकता है :

21. राम ने किताब लाई।
22. सीता ने किताब लाई।

सहायक क्रिया 'चुकना' का प्रयोग भी कार्य की पूर्णता को बताने के लिए किया जाता है लेकिन कर्तृता की अभिरचना में यह भाग नहीं लेती है। इसलिए वाक्य 23 कर्तृतावाला वाक्य नहीं है।

23. राधा खाना खा चुकी थी।

27.3 निष्कर्ष

हिन्दी एक अश्लिष्ट कर्तृतावाली भाषा के रूप में जानी जाती है। इसमें सभी कालों और पक्षों में कर्तृत्व का प्रयोग नहीं होता है। बल्कि केवल पूर्ण भूत काल में और सकर्मक क्रिया के होने पर कर्तृता सूचक 'ने' का प्रयोग होता है। क्रिया का सम्बन्ध वैसी संज्ञा के साथ होता है जिसके ठीक बाद कोई परसर्ग न आया हो।

अध्याय- 28

स्वामित्व

सामान्यतः हिन्दी में स्वामित्व 'का' द्वारा अंकित किया जाता है। अंग्रेजी में हम या तो 'of' या सम्बन्धकारक चिह्न का प्रयोग करते हैं। 'house of Mohan' या 'Mohan's house' का हिन्दी अनुवाद 'मोहन का घर' होगा। चूँकि 'घर' शब्द पुल्लिंग, एकवचन में है इसलिए इसके साथ 'का' प्रयोग होता है। यह रूप लिंग, वचन और संज्ञा के कारक के अनुसार बदलता रहता है। हम कह सकते हैं कि वास्तव में 'का' विशेषण की तरह काम करता है। जैसाकि हम जानते हैं अधिकांश अन्य परसर्ग (अध्याय-20) अपरिवर्तनीय होते हैं। अन्य कुछ ऐसे भी रूप हैं जो स्वामित्व या सम्बन्ध को बताने में योगदान देते हैं। इनमें अपरिवर्तनीय 'के' (जैसे : 'के बच्चे'), 'को' जैसे : सम्प्रदान कारक के सन्दर्भ में 'बुखार होने' (अध्याय-29), 'में' और 'के पास' जैसे : 'पास, के स्वामित्व में' के सन्दर्भ में तथा 'अपना' शामिल हैं।

28.1 'का' का प्रयोग

निम्नलिखित उदाहरणों को देखें :

1. राम का लड़का
2. राम की लड़की
3. राम के लड़के ने
4. ओ! राम की लड़कियो

क्योंकि 'लड़का' एकवचन, पुल्लिंग है तो हमें 'का' रूप मिलता है; 'लड़की' एकवचन, स्त्रीलिंग है तो 'की' तथा 'लड़के' बहुवचन, पुल्लिंग है तो 'के' रूप मिलता है। अन्तिम सम्बोधनकारक वाक्य में हालाँकि स्त्रीलिंग संज्ञा बहुवचन है तो सम्बन्धवाचक चिह्न 'की' ही है। यह विशेषणों की विशेष प्रकृति है और उन सभी तत्वों की भी जो विशेषण की भाँति कार्य करते हैं।

हम 'का' रूप के लिंग, वचन और कारक के सन्दर्भ में अनेक रूपों को दिखा सकते हैं :

पुल्लिंग

	एकवचन	बहुवचन
कर्त्ता	राम का लड़का	राम की लड़के
विकारी	राम के लड़के ने	राम के लड़कों ने
सम्बोधन	राम के लड़के !	राम के लड़को !

स्त्रीलिंग

	एकवचन	बहुवचन
कर्त्ता	राम की लड़की	राम की लड़कियाँ
विकारी	राम की लड़की ने	राम की लड़कियों ने
सम्बोधन	राम की लड़की!	राम की लड़कियो!

अतः हम यहाँ सम्बन्धवाची परसर्गों के तीन रूप देखते हैं : 'का', 'के', 'की'। वचन और कारक कोई भी हो, यदि आगामी संज्ञा स्त्रीलिंग हो तो हम 'की' का प्रयोग करते हैं। हम यह भी कह सकते हैं कि पुल्लिंग संज्ञाओं में 'का' का प्रयोग कर्त्ता कारक, एकवचन के साथ किया जाता है तथा अन्य जगह 'के' का। यह मायने नहीं रखता कि आगामी संज्ञा प्राणिवाचक है या अप्राणिवाचक। जैसे :

5. राम का कुत्ता।
6. राम के कुत्ते।
7. राम का जूता।
8. राम के जूते।

अंग्रेजी 'of' की भाँति, हिन्दी 'का' स्वामी और अधिकृत को बिलकुल विपरीत तरीके से अलग करता है। अंग्रेजी में अधिकृत वस्तु 'of' के पूर्व आती है और इसके बाद अधिकारी, जिसे अधिकृत-का-अधिकारी कहते हैं। जैसे : 'house of Mohan'। हिन्दी में इसका ठीक उल्टा है, अधिकारी-का अधिकृत जैसे : 'मोहन का घर'। सम्बन्धवाची चिह्न के प्रयोग में अंग्रेजी में वही क्रम रहता है जो कि हिन्दी में है। हिन्दी में सम्बन्धवाची चिह्न का प्रयोग नहीं होता।

28.2 स्वामित्व के अन्य संकेत

हम अकसर पारिवारिक सम्बन्धों को दिखाने के लिए अविकारी 'के' रूप का प्रयोग करते हैं। इस सन्दर्भ में कि X के 'इतने बच्चे', 'दो भाई', 'तीन बहनें' इत्यादि हैं। जैसे :

9. राम के एक लड़की है।
10. राम के चार बच्चे हैं।

'के' का प्रयोग अकसर वृहद् पारिवारिक समूह और यहाँ तक कि मित्रों के लिए भी किया जाता है।

'को' का प्रयोग हम अक्सर 'बुखार होने' के सन्दर्भ में करते हैं, जब कोई व्यक्ति ऐसी शारीरिक अवस्था में होता है। जैसे :

11. राम को बुखार है।
12. सीता को जुकाम है।

'को' स्पष्ट रूप से अनुभव करनेवाले कर्त्ता को चिह्नित करता है। अध्याय-29 में इस विषय पर हम विस्तार से चर्चा करेंगे।

'में' का प्रयोग विशिष्ट भाववाची स्वामित्व तक सीमित है। जैसे :

13. मोहन में बस यही एक कमी है।
14. गीता में इतना साहस नहीं।

'में' सम्बन्धवाची परसर्ग का प्रयोग अकसर एक निश्चित स्थान में निहित संरचना या वस्तु के भाग को बताने के लिए भी किया जाता है। अतः 'दीवार में खिड़की', या 'कमरे में कुर्सी' का प्रयोग करते हैं। जब कोई अजनबी वस्तु शामिल होती है तो हम 'के पास' का प्रयोग करते हैं तथा जानी-पहचानी वस्तु के स्वामित्व के लिए हम हिन्दी में 'का' का प्रयोग करते हैं। संख्या 15 का वाक्य अव्याकरणिक हो सकता है, इसके बजाय संख्या 16 का वाक्य प्रयोग किया जा सकता है :

*15. राम के पास दो कान हैं।

16. राम के दो कान हैं।

'के पास' का प्रयोग निम्नलिखित सन्दर्भों में उपयुक्त है :

17. राम के पास दो घर हैं।
18. राम के पास बहुत पैसा है।

वाक्य संख्या 17 का वास्तव में अर्थ है कि राम दो घरों का मालिक है। चाहे तो हम केवल 'के' का प्रयोग भी कर सकते हैं किन्तु इसके प्रयोग से इस वाक्य के अनेक व्यंजनार्थ हो सकते हैं जैसे : इसका अपना घर है तथा वह अपने चाचा जी के घर को भी अपना मानता है। वाक्य संख्या 18 अव्याकरणिक हो जायेगा यदि हम 'के पास' बजाय 'के' का प्रयोग करेंगे।

'अपना' निजवाचक सम्बन्धवाची सर्वनाम है जो किसी अन्य सम्बन्धवाची चिह्न के साथ या अकेले ही प्रयोग किया जाता है। जब यह अन्य सम्बन्धवाची चिह्न के साथ प्रयुक्त होता है तो बलाघात उत्पन्न करता है। जैसे :

19. यह सीता की अपनी किताब है।

यह कहना भी पर्याप्त है :

20. यह सीता की किताब है।

किन्तु इसका तात्पर्य केवल यह होगा कि 'यह सीता की किताब है'; 'अपना' का प्रयोग ('किताब' स्त्रीलिंग है इसलिए 'अपनी' का प्रयोग हुआ है) यहाँ 'निजता' पर बलाघात करता है। विचारणीय है कि वाक्य में 'अपना' का प्रयोग तभी किया जाता है

जब 'अपना' जिस वस्तु के लिए आया हो उसका अधिकारी वाक्य का कर्त्ता हो। अतः
21. मोहन अपने घर जा रहा है।

यहाँ 'अपने' 'घर' को बता रहा है और यह वह घर है जहाँ मोहन जा रहा है। घर का सम्बन्ध मोहन से है, अन्य किसी से नहीं। वाक्य संख्या 22 में बताया गया घर राम का है।
22. राम ने मोहन को अपना घर दिखाया।

28.3 अधिकारवाचक सर्वनामों के रूप

बहुत-सी अन्य भाषाओं के सन्दर्भ में देखा जाता है कि जब सर्वनाम की बात आती है तो संकेतित सम्बन्धवाची चिह्न में 'का' को शामिल नहीं किया जाता। यह बात सही है कि हम अधिकारवाचक सर्वनामों के अनियमित रूपों को पाते हैं। ये निम्नलिखित तालिका में देखे जा सकते हैं :

		अधिकारवाचक (पुल्लिंग)		**अधिकारवाचक (स्त्रीलिंग)**
उत्तम पुरुष				
एकवचन	मैं	मेरा	(मेरे)	मेरी
बहुवचन	हम	हमारा	(हमारे)	हमारी
मध्यम पुरुष				
एकवचन	तू	तेरा	(तेरे)	तेरी
बहुवचन	तुम	तुम्हारा	(तुम्हारे)	तुम्हारी
	आप	आपका	(आपके)	आपकी
अन्य पुरुष				
एकवचन	वह/यह	उसका/इसका	(उसके/इसके)	उसकी/इसकी
बहुवचन	वे/ये	उनका/इनका	(उनके/इनके)	उनकी/इनकी

तालिका का पहला कॉलम कर्त्ता कारक के सर्वनाम रूपों को दिखा रहा है। दूसरा कॉलम पुल्लिंग अधिकारवाचक सार्वनामिक रूपों, चौथा कॉलम इसके संगत स्त्रीलिंग रूपों को दिखा रहा है। तीसरा कॉलम विकारी कारक के अधिकारवाचक सर्वनामों को कोष्ठक में दिखा रहा है। यह रूप प्रयोग किया जाता है जब यह परसर्ग पदबन्ध जैसे : 'घर में' से पहले आता हो। जैसेकि संख्या 23 का वाक्य देखें :
23. मेरे घर में बहुत किताबें हैं।

28.4 निष्कर्ष

इस अध्याय में मैंने 'का' के प्रयोग और स्वामित्व दिखानेवाले इसके रूपों की चर्चा की। साथ ही पुरुष, वचन और लिंग के सन्दर्भ में अधिकारवाचक सर्वनामों के विविध रूपों की तालिका भी उपलब्ध करायी है।

अध्याय- 29

अनुभावक कर्त्ता

हिन्दी में सामान्य प्रवृत्ति यह है कि कर्त्ता और क्रिया के बीच प्रत्यक्ष सम्बन्ध होता है। हालाँकि कम-से-कम दो महत्वपूर्ण सन्दर्भों में यह सम्बन्ध टूट जाता है : कर्तृसंरचना में (अध्याय 27 देखें) जब कर्त्ता के बाद 'ने' आता है तथा जब अनुभावक कर्त्ता के आगे 'को' आता है। इन सन्दर्भों में अनुबन्ध का भार कर्म पर या अन्य संज्ञा अभिव्यक्ति, जो परसर्ग द्वारा चिह्नित न हो, द्वारा वहन किया जाता है। ये दोनों स्थितियाँ विकारी संरचना के अन्तर्गत शामिल की जा सकती हैं, ऐसा संज्ञा रूप जो नियमित रूप से परसर्ग के पूर्व आता हो। औपचारिक दृष्टि से देखा जाये तो यहाँ हम वाक्यों के उस कर्त्ता की बात करते हैं जो संज्ञा रहित या विकारी कारक में होते हैं (भाग 7.4 देखें।)

29.1 सम्प्रदान कारक, अनुभावक एवं हितलाभी

निम्नलिखित वाक्यों को देखें :

1. मैं बीमार हूँ।
2. मुझे बुख़ार है।
3. संजय आज बहुत खुश है।
4. संजय को आज बहुत ख़ुशी है।
5. गीता जल्दी ही सो गयी।
6. गीता को जल्दी नींद आ गयी।

यहाँ तीन प्रकार के वाक्य शामिल हैं। संख्या 1, 3, और 5 के वाक्यों में कर्त्ता के बाद परसर्ग नहीं लगा है, अतः कर्त्ता एवं क्रिया के बीच प्रत्यक्ष अनुबन्ध है। विषय कर्त्ता कारक में है। इसी के संगत संख्या 2, 4 तथा 6 के वाक्यों में विषय या कर्त्ता विकारी कारक में है, जो या तो 'को' द्वारा चिह्नित है या सर्वनाम का विकारी रूप इनमें लगा है। यह ध्यान देना महत्वपूर्ण है कि इन सभी छह वाक्यों में अकर्मक क्रिया है। वस्तुतः कर्तृ और अनुभावक कर्त्ता के वाक्यों में आधारभूत अन्तर है। कर्तृ कर्त्ता के वाक्यों में सकर्मक क्रिया का प्रयोग होता है तथा दूसरे में केवल अकर्मक क्रिया का (भाग 29.3 देखें)। हमें अनुभावक और हितलाभी में अन्तर करना ज़रूरी है क्योंकि यह ज़रूरी

नहीं कि कोई भी कर्त्ता यदि 'को' द्वारा चिह्नित किया जाये तो वह अनुभावक ही हो। संख्या 7 के वाक्य को देखें, जहाँ गीता ने बस में कुछ पाया है :

7. गीता को बस में घड़ी मिली।

वाक्य संख्या 7 में गीता हितलाभी है, उसे कुछ प्राप्त हुआ है। उसने किसी चीज़ का अनुभव नहीं लिया है। सम्प्रदान में अनुभावक और हितलाभी को शामिल करना सामान्य है।

29.2 'को' का विलोपन

जैसाकि हम भाग 20.2 में देख चुके हैं, व्याकरण में 'को' के बहुत से प्रकार्य हैं। जैसे : निम्नलिखित वाक्य में 'को' कर्त्ता की जगह **कर्म को चिह्नित** कर रहा है :

8. गीता ने सीता को मारा।

यदि यह सजीव किन्तु अप्राणिवाचक वस्तु के साथ आता है तो 'को' का विलोपन विकल्पवत् होता है जोकि संख्या 8 के वाक्य में नहीं है। संख्या 9 और 10 के वाक्य स्वीकृत हैं।

9. गीता ने गाय को देखा।
10. गीता ने गाय देखी।

विचारणीय है कि जैसे ही 'को' हटा दिया जाता है तो कर्म परसर्ग द्वारा बाधित नहीं होता और अन्ततः अनुबन्ध को नियन्त्रित करता है। 'देखी' का सम्बन्ध 'गाय' के साथ है। किन्तु वाक्य संख्या 11 अव्याकरणिक है :

*11. गीता ने सीता मारा।

हालाँकि यदि 'को' सम्प्रदान कारक में कर्त्ता के साथ आता है तो 'को' का लोप नहीं किया जा सकता। कर्त्ता के आगे अनिवार्यतः 'को' आयेगा जैसाकि वाक्य संख्या 12 में या वाक्य संख्या 13 की तरह विकारी कारक में आयेगा।

12. राहुल को भूख लगी है।
13. उसे जुकाम है।

29.3 कर्तृता एवं सम्प्रदान कारक

कर्तृता अत्यन्त सीमित है। इसकी संरचना बहुत सख़्त है। कुछ क्रियाओं को छोड़ कर (भाग 27.3 देखें), कर्त्ता हमेशा 'ने' द्वारा चिह्नित किया जाता है तथा क्रिया हमेशा पूर्णकालिक पक्ष में होती है, जिसकी ऐसी संज्ञा से सम्बन्ध होता है जो परसर्ग द्वारा बाधित नहीं होती। सम्प्रदान कारक की संरचना इससे कहीं अधिक लचीली होती है। निम्नलिखित वाक्यों को देखें :

14. लावण्या को नींद आ रही है।
15. गीता को तब कार चलानी आ गयी थी।

16. तन्मय को इस साल कोई नया कोर्स नहीं पढ़ाना।
17. सन्तोष को हर साल अपने गाँव जाना होता है।
18. आपको मेरी बात माननी पड़ेगी।
19. हो सकता है मुझे फिर से उदयपुर जाना पड़े।

संख्या 14-19 तक के वाक्यों से साफ़ है कि सम्प्रदान कारक किसी भी पक्ष-काल संरचना के साथ इस्तेमाल किया जा सकता है चाहे वह पूर्णकालिक, नित्य अपूर्णकालिक, भावार्थक, अपूर्णकालिक, सम्भावनार्थक या भविष्यत् हो।

एक अन्य महत्वपूर्ण अन्तर भी है। कर्तृता में कर्तृ विषय कार्य का कर्त्ता भी होता है, क्रिया सकर्मक होती है, क्रिया में मात्र कर्त्ता के पुरुष, वचन एवं लिंग दृष्टिगत नहीं होते, तात्पर्य यह कि कर्त्ता और क्रिया के बीच अनुबन्ध नहीं होता। सम्प्रदान संरचना में भी अनुभावक या हितलाभी तथा क्रिया के बीच अनुबन्ध नहीं होता किन्तु कार्य का अर्थ या परिणाम अनुभावक या हितलाभी कर्त्ता की ओर उन्मुख होता है। वे कार्य के करनेवाले नहीं होते। क्रिया अकर्मक होती है।

29.4 प्रयोग के क्षेत्र

अनुभावक कर्त्ता संरचना न केवल भौतिक और मानसिक दशा को बताने के लिए प्रयोग की जाती है बल्कि पसन्द और नापसन्द तथा निर्णय देने के लिए भी प्रयोग की जाती है। निम्नलिखित वाक्यों को लें :
20. मुझे लगता है कि उसे दिल्ली जाना पड़ेगा।
21. मुझ को लगता है कि उसे यह पिक्चर पसंद आयेगी।

संख्या 20 और 21 दोनों वाक्यों में वक्ता वह बता रहा है जो वह महसूस करता है, संख्या 20 में उसे लगता है कि व्यक्ति को दिल्ली जाना होगा। वाक्य संख्या 21 में वक्ता को पूरा विश्वास है कि जिस व्यक्ति की यहाँ बात की जा रही है, उसे पिक्चर पसंद आयेगी। ऐसे वाक्य अकसर प्रयोग किये जाते हैं। विचारणीय है कि यहाँ दो उपवाक्य शामिल हैं। 'कि' का प्रयोग आश्रित उपवाक्य से परिचित करा रहा है। मुख्य उपवाक्य का कर्त्ता विकारी रूप में है या 'को' इसके आगे लगाया जा सकता है। आश्रित उपवाक्य की क्रिया का ऐसी संज्ञा से सम्बन्ध है जिसके आगे परसर्ग नहीं आ रहा है।

29.5 निष्कर्ष

सम्प्रदान कारक में अनुभावक एवं हितलाभी सन्दर्भ शामिल है। कर्तृता से भिन्न (जहाँ सकर्मक क्रिया का प्रयोग होता है), अकर्मक क्रिया का सम्प्रदान कारक में प्रयोग होता है तथा क्रिया का ऐसे संज्ञा पदबन्ध से सम्बन्ध होता है जो परसर्ग द्वारा बाधित नहीं होता।

अध्याय- 30

'चाहिए' क्रिया

जैसाकि हम पहले ही देख चुके हैं कि हिन्दी शब्दों को दो वर्गों में बाँटा जा सकता है। एक तो वैसे शब्द जिनका रूप बदलते रहता है। जैसे : संज्ञा, क्रिया, विशेषण और अधिकारवाचक सर्वनाम। दूसरे, वैसे शब्द जिनका रूप नहीं बदलता है। जैसे : क्रिया-विशेषण, संयोजक और परसर्ग। लेकिन कभी-कभी हम ऐसे क्रिया या विशेषण भी पाते हैं जिनका रूप नहीं बदलता है तथा ऐसे परसर्ग भी पाते हैं जिनका रूप बदलता है। हिन्दी में एक ऐसी ही अनोखी और अकसर इस्तेमाल होनेवाली क्रिया है 'चाहिए'। इसका प्रयोग दो भिन्न अर्थों में होता है। पहला, मुख्य क्रिया (wantèneed) के रूप में और दूसरा, सहायक क्रिया (shouldèought to) के रूप में। इस अध्याय में हम इस सन्दर्भ में विस्तार से चर्चा करेंगे।

30.1 मुख्य क्रिया के रूप में 'चाहिए' का प्रयोग

जब 'चाहिए' का प्रयोग किसी वाक्य में संज्ञा या संज्ञा पदबन्ध के बाद होता है तो उस स्थिति में 'चाहिए' मुख्य क्रिया (wantèneed) की भूमिका में होता है। जैसे :

1. उसे पानी चाहिए।
2. राम को एक नयी किताब चाहिए।
3. मुझे अब आपका सहारा चाहिए।
4. मेरी बेटी को दो साड़ियाँ चाहिए।

इन चारों वाक्यों में कर्त्ता या तो विकारी रूप में है या परसर्ग के साथ है। अतः क्रिया का सम्बन्ध निश्चित रूप से उस संज्ञा के साथ होता है जो स्वतन्त्र है अर्थात् जिसके बाद परसर्ग नहीं आया है। लेकिन हम यहाँ देखते हैं कि चारों वाक्यों में संज्ञाओं के अलग-अलग लिंग और वचन (जैसे : पहले वाक्य में 'पानी' एकवचन, पुल्लिंग, दूसरे वाक्य में 'किताब' एकवचन, स्त्रीलिंग; तीसरे वाक्य में 'सहारा' एकवचन, पुल्लिंग तथा चौथे वाक्य में 'साड़ियाँ' बहुवचन, स्त्रीलिंग) होने के बावजूद क्रिया के रूप में किसी तरह का कोई बदलाव नहीं आया है।

30.2 सहायक क्रिया के रूप में 'चाहिए' का प्रयोग

जब 'चाहिए' का प्रयोग भावार्थक क्रिया के बाद होता है तो वैसी स्थिति में 'चाहिए' सहायक क्रिया (shouldèought to) की भूमिका में होता है। जैसे :

5. उसे अब घर जाना चाहिए।
6. आपको उसी समय वहाँ जाना चाहिए था।
7. उसे वहाँ पानी नहीं पीना चाहिए था।

विचारणीय है कि यहाँ भी 'चाहिए' के रूप में किसी भी स्थिति में कोई बदलाव नहीं आया है। इस तरह के वाक्यों में 'चाहिए' के प्रयोग से वक्ता की अभिवृत्ति का पता चलता है। जैसे : वाक्य संख्या 5 से यह पता चलता है कि वक्ता को यह महसूस हो रहा कि अमुक व्यक्ति के लिए घर जाने का समय हो गया है। वाक्य संख्या 6 से यह ज्ञात होता है कि वक्ता श्रोता को आदरपूर्वक सम्बोधित करता है। उसे यह लगता है कि श्रोता को नियत स्थान पर बिना किसी विलम्ब के पहुँचना आवश्यक था लेकिन वह नहीं गया। वाक्य संख्या 7 से यह पता चलता है कि वक्ता को यह शिद्दत से महसूस होता है कि श्रोता को अमुक स्थान पर पानी नहीं पीना चाहिए था लेकिन वह यह जानता है कि श्रोता ने वहाँ पानी पिया है।

'चाहिए' हिन्दी की एकमात्र ऐसी क्रिया है जिसका कोई अन्य सम्बद्ध रूप नहीं है। इसका किसी भी अन्य क्रिया से न तो ध्वन्यात्मक स्तर पर और न ही अर्थ के स्तर पर किसी हद तक कोई सम्बन्ध है। जैसे : 'चाहना' क्रिया (जो कि 'चाहिए' मुख्य क्रिया के अर्थ में ही इस्तेमाल होती है) से भी 'चाहिए' का दूर-दूर तक कोई सम्बन्ध नहीं है। 'चाहना' क्रिया का जहाँ वाक्य में कर्त्ता (जिसके ठीक बाद कोई परसर्ग न आया हो) के साथ लिंग, वचन और पुरुष के स्तर पर पूर्ण अनुबन्ध होता है, वहीं 'चाहिए' का किसी से कोई सम्बन्ध नहीं होता है। जैसे :

8. चारु अनुशब्द को चाहती है।
9. अनुशब्द चारु को चाहता है।
10. राहुल को बहुत सारी लड़कियाँ चाहती हैं।

वाक्य संख्या 8 में 'चारु' कर्त्ता है, जिसके बाद कोई परसर्ग नहीं आया है इसलिए क्रिया का सम्बन्ध कर्त्ता (चारु, स्त्रीलिंग) के साथ होने की वजह से क्रिया का अन्त 'ती' से हुआ है। वाक्य संख्या 9 में कर्त्ता 'अनुशब्द' एकवचन, पुल्लिंग है, इसलिए क्रिया का अन्त 'ता' से हुआ है। वाक्य संख्या 10 में कर्त्ता 'लड़कियाँ' हैं जो कि बहुवचन, स्त्रीलिंग है अतः क्रिया के भी बहुवचन, स्त्रीलिंग रूप 'चाहती हैं' का प्रयोग हुआ है। 'चाहिए' क्रिया का इस्तेमाल करने पर इस तरह का कोई बदलाव उसके रूप में नहीं होता है। कुछ वक्ता संज्ञा के बहुवचन होने पर पर 'चाहिएँ' का भी प्रयोग करते हैं लेकिन यह बहुत ही दुर्लभ है और बहुत सारे वक्ताओं को सुनने में अटपटा भी लगता है।

30.3 निष्कर्ष

'चाहिए' के कुछ गुणों को हम इस प्रकार देख सकते हैं :

- चाहिए का रूप स्थिर या अपरिवर्तित रहता है (वाक्य संख्या 1 से 7)।
- इसके साथ सहायक क्रिया के रूप में केवल भूत काल के 'था' का प्रयोग होता है। (वाक्य 6 और 7)
- यह वक्ता की अभिवृत्ति को दिखाता है। (वाक्य संख्या 6 और 7)।
- जब इसका प्रयोग भूत काल की सहायक क्रिया और नकारात्मक शब्द के साथ होता है तो निष्कर्ष वास्तव में सकारात्मक होता है (वाक्य संख्या 7)।
- यदि नकारात्मक शब्द गायब होता है तो निष्कर्ष नकारात्मक होता है (वाक्य संख्या 6)।
- इसका प्रयोग दो अर्थों में होता है : मुख्य क्रिया (wantèneed) के रूप में और सहायक क्रिया (shouldè ought to) के रूप में।

अध्याय- 31

संयुक्त क्रिया

हिन्दी में संयुक्त क्रियाओं का निर्माण दो क्रिया-धातुओं के मिलने से होता है। इसकी सामान्य संरचना $क्रिया_1$ $क्रिया_2$ की होती है। हाँ, ये दोनों साथ मिल कर एक ही अर्थ को व्यक्त करती हैं। दोनों क्रिया-धातुएँ अपने आपमें स्वतन्त्र क्रियाओं के रूप में भी कार्य करती हैं। लेकिन संयुक्त क्रिया की स्थिति में पहली क्रिया-धातु जहाँ मुख्य अर्थ का वहन करती है वहीं दूसरी क्रिया-धातु सूक्ष्म रूप से अर्थ को विकसित करती है। सामान्यतः पहली क्रिया-धातु अनादरसूचक आदेशात्मक (धातु-रूप) रूप में होती है और संयुक्त क्रिया में वह अपरिवर्तनशील होती है। दूसरी क्रिया-धातु आमतौर पर पुरुष, वचन, लिंग तथा काल बोधकों का अनुसरण करती है। हम यहाँ श्रम-विभाजन का बेहतर उदाहरण देखते हैं। पहली क्रिया-धातु अर्थ वैज्ञानिक भार का वहन करती है तो दूसरी व्याकरणिक दायित्वों का। पहला समूह बहुत बड़ा होता है और जोड़ने की इसमें सदा गुंजाइश रहती है। दूसरी क्रिया-धातु व्याकरणिक सूचनाओं का वहन करती है, छोटी होती है तथा उसमें मुश्किल से ही जोड़ने की गुंजाइश रहती है। प्रत्येक क्रिया-धातु दूसरी क्रिया-धातु के रूप प्रकार्य नहीं कर सकती। इस अर्थ में दूसरा समूह सहायक क्रियाओं के जैसा लगता है। यद्यपि संयुक्त क्रिया में दूसरी धातु के रूप में आनेवाली क्रियाओं की संख्या सीमित है फिर भी यह कहना मुश्किल है कि वह क्रिया पहली क्रिया-धातु में अर्थवैज्ञानिक रूप से क्या बदलाव ला सकती है। अकसर एक ही वाक्य सरल क्रिया से भी बनता है और संयुक्त क्रिया से भी लेकिन इसका अर्थ यह नहीं कि उनको एक-दूसरे के स्थान पर रखा जा सके। इसके विपरीत वे सन्दर्भ के प्रति संवेदनशील होते हैं। वस्तुतः दूसरी भाषा अथवा विदेशी भाषा के रूप में हिन्दी सीखनेवालों के लिए यह एक बड़ी चुनौती पेश करती है।

31.1 संयुक्त क्रियाओं का अर्थ

निम्नलिखित उदाहरणों पर ध्यान दें :

1. वह घर आया।
2. वह घर आ गया।

अंग्रेजी में पूर्णकालिक वर्तमान (जहाँ कार्य की प्रक्रिया पर ध्यान केन्द्रित रहता है और भूत काल में किये गये कार्य का समय स्पष्ट नहीं होता; यह वर्तमान काल के बिलकुल क़रीब लगता है।) भूतकाल में जहाँ वक्ता के बोलने से पहले ही कार्य समय पर पूरा हो चुका होता है।) का अन्तर स्पष्ट होता है। तुलनात्मक दृष्टि से सरल और संयुक्त क्रिया में अन्तर स्पष्ट करना मुश्किल होता है। दोनो ही वाक्यों में 'आयी' क्रिया की व्याकरणिक सूचना एक ही है। इन दोनों में क्रिया अन्य पुरुष, पुल्लिंग, एकवचन और पूर्णकालिक भूत काल में आयी है। फिर दोनों में अर्थवैज्ञानिक दृष्टि से क्या अन्तर है? हुक (1979 : 231) ने इस अन्तर को पहचानने की कोशिश की है : "ऐसा समझा जा सकता है कि किसी कार्य के कई पक्ष तथा चरण होते हैं। पहली अवस्था निष्क्रियता, इच्छा और तैयारी की होती है; दूसरी अवस्था प्रयास की, फिर उपलब्धि के लिए कार्य-सिद्धि की तथा कुछ नये बदलाव की भी होती है। मोटे तौर पर संयुक्त क्रिया दिमाग़ को किसी कार्य के विभिन्न चरणों से गुज़रने का अवसर देती है। सरल क्रिया के प्रयोग से एक अवस्था का बोध होता है।" संयुक्त क्रिया का प्रयोग पूरी प्रक्रिया को जानने के लिए होता है। किन्तु सामान्य तौर पर वाक्य संख्या 1 और 2 समान लगते हैं। वाक्य संख्या 2 में 'गया' का अर्थ 'went' है लेकिन पूरी संयुक्त क्रिया का अर्थ 'came' है जिसका पता पहली क्रिया-धातु से चल रहा है। जैसा हम नीचे देखेंगे कि हर स्थिति में पहली क्रिया- धातु संयुक्त क्रिया की वाचिक जटिलता पर नियन्त्रण नहीं रखती।

31.2 अभिवृत्तीय पक्ष

वास्तव में संयुक्त क्रियाओं पर भावों या विचारों का बोझ होता है। इसलिए 'वह घर आया' वाक्य सीधा-सादा है बिलकुल उदासीन तथा तटस्थ। लेकिन दूसरे वाक्य निम्नांकित में से कोई एक भाव शामिल है :

- हम उसकी प्रतीक्षा में थे; वह अन्ततः घर आ गया।
- हमने उसके आने की आशा लगभग छोड़ दी थी। मगर वह घर आ गया।
- हम लोग बहुत प्रसन्न हैं कि वह घर आ गया।
- उसने अपनी ओर से कोई कसर नहीं छोड़ी थी, अन्ततः उसे वापस आना ही पड़ा।

चूँकि दूसरी क्रिया धातु का अर्थ भार वक्ता तथा संदर्भ के प्रति संवेदनशील है। इसलिए क्रिया-2 वर्ग की प्रत्येक क्रिया से जुड़े अर्थ वैज्ञानिक निर्देश निकालना सम्भव नहीं है। ऐसे छोटे वर्ग अर्थवैज्ञानिक दृष्टि से प्रतिलोमों से बनते हैं। जैसे : 'जाना-आना', 'लेना-देना', 'उठना-बैठना', 'मरना-मारना' आदि। तो भी यह बात संयुक्त क्रियाओं की बनावट तथा अर्थों को समझने में मदद नहीं करता।

जब किसी क़ार्य को प्रधानता देनी होती है और उसमें तात्कालिकता होती है तो अधिकांशतः हम संयुक्त क्रियाओं का प्रयोग करते हैं। निम्नलिखित वाक्यों को देखें :

3. हाय! बेचारे क्या सोच कर चले थे क्या हो गया।

यह भी कहा जा सकता है कि :

4. हाय! बेचारे क्या सोच कर चले थे, (और) क्या हुआ।

किन्तु वाक्य संख्या 4 न तो कार्य पर केन्द्रित है और न ही तात्कालिकता पर। वह समूचे परिणाम पर केन्द्रित है। लेकिन जो असहाय बोध वाक्य संख्या 3 की संयुक्त क्रिया जगाती है वह वाक्य संख्या 4 की सामान्य क्रिया नहीं जगा पाती।

इसलिए लोगों का विश्वास है कि स्थिति में बदलाव या संक्रमण की स्थितियों की अभिव्यक्ति केवल संयुक्त क्रियाओं द्वारा सम्भव है। जैसे : 'भूल जाना' का अर्थ यह है कि कोई वस्तु या बात आदि थी जो अब याद नहीं है। इसी प्रकार 'समझ आना', 'ले आना', 'ले जाना', 'खा जाना', 'बना देना' आदि इसी के उदाहरण हैं। निम्नांकित वाक्यों पर ध्यान दें :

5. वह आपकी बात समझता है।
6. उसे आपकी बात समझ आयी।
7. उसे आपकी बात समझ नहीं आयी।

*8. उसे आपकी बात समझ नहीं आ गई।

वाक्य संख्या 5 में एक सरल क्रिया (सहायक क्रिया के साथ) प्रयोग में लायी गयी है। यहाँ पर श्रोता के समझने की दक्षता पर बल है कि जो उससे कहा जा रहा है उसे ठीक से समझ में आ जाये। वाक्य संख्या 6 में प्रक्रिया और परिणाम दोनों समझने की क्रिया के स्कोप का निर्माण करते हैं। यदि इस भाव का निषेध करना है तो हम सातवें वाक्य का प्रयोग कर सकते हैं। जो सरल क्रिया का एक वाक्य है। यदि वाक्य संख्या 8 की तरह इसे संयुक्त क्रिया के साथ प्रयोग किया जाए तो यह वाक्य व्याकरण की दृष्टि से असंगत होगा। अगर कार्य प्रक्रिया और कार्य सम्पन्नता दोनों को ही केन्द्र में रखना है तो नकारात्मक प्रत्ययों का प्रयोग अधिकांश संयुक्त क्रियाओं की प्रकृति के प्रतिकूल होगा।

31.3 संयुक्त क्रिया 'जाना' के साथ

यदि हम कोई भी हिन्दी पाठ जैसे : लघु कथा, समाचार या निबन्ध पढ़ते हैं तो इन सबमें 'जाना' क्रिया के साथ संयुक्त क्रियाओं का प्रयोग अकसर दिखायी देता है। जैसे : 'हो जाना', 'लग जाना', 'गिर जाना', 'भाग जाना', 'खिसक जाना', 'सो जाना', 'मिल जाना' आदि।

निम्नलिखित वाक्यों को देखें :

9. वह घर आ कर रोज़ सोता है।

10. वह घर आ कर रोज़ सो जाता है।
11. मेरे आते ही वह भाग गया।
12. मेरे देखते ही देखते वह सारी मिठाई खा गया।

वाक्य संख्या 9 में अकर्मक क्रिया का प्रयोग हुआ है। वाक्य संख्या 10 में उसी वाक्य का 'जाना' क्रिया के साथ प्रयोग हुआ है जिसमें वर्णित कार्य पर अतिरिक्त बल दिया गया है। वस्तुतः इससे अर्थ में कोई बदलाव नहीं आता। वाक्य संख्या-11 में तीव्र स्थिति परिवर्तन को बताया गया है। इसमें 'जाना' क्रिया के जुड़ जाने से कार्य की गति और तीव्रता दोनों बढ़ जाती है। इसी तरह का प्रभाव वाक्य संख्या 12 में भी दिखायी देता है। इसमें संयुक्त क्रिया के प्रयोग से घटना की तीव्रता बढ़ गयी है।

31.4 अन्य संयुक्त क्रियाएँ

संयुक्त क्रिया के निर्माण में एक और महत्वपूर्ण क्रिया है : 'आना। यह अकसर गतिविधि बोधक क्रियाओं के साथ प्रयुक्त होती है और उनकी कार्य दिशा को सुनिश्चित करने में मदद करती है। सर्वाधिक इस्तेमाल होनेवाली संयुक्त क्रियाओं में से निम्नलिखित प्रमुख हैं : 'ले आना', 'भाग आना', 'निकल आना', 'उठ आना' इत्यादि। अब वाक्य संख्या 13 पर विचार करें :

13. मैं तो किसी तरह से सेमिनार से निकल आया।

वाक्य संख्या 13 की क्रिया कई अनिश्चित पूर्वानुमानों को जन्म देती है। जैसे : 'सेमिनार बहुत उबाऊ था' ; 'वहाँ बहुत गर्मी थी' ; 'मुझे हर हालत में तुमसे मिलना था' आदि।

दूसरी लोकप्रिय संयुक्त क्रिया 'डालना' है। यह प्रायः सकर्मक क्रियाओं के साथ आती है और किसी कार्य के समापन की सूचना देती है। जैसे : 'खोल डालना', 'तोड़ डालना', चूस डालना', 'मार डालना' आदि। वाक्य संख्या 14 पर विचार करें :

14. देख कर कार चलाइए साहिब। आपने तो मुझे मार ही डाला था।

संयुक्त क्रियाएँ जैसे : 'लेना', 'देना', 'रखना', 'पड़ना', 'उठना', 'बैठना' आदि अनेक क्रियाओं से भी बनती हैं। जैसे : 'मिल लेना', 'कर देना', 'लिख रखना', 'रो पड़ना', 'उठ बैठना आदि। उपर्युक्त अधिकांश वाक्यों में पहली क्रिया-धातु के उपयुक्त रूप को इनमें से किसी भी संयुक्त क्रिया के स्थान पर रखा जा सकता है। लेकिन यह बात वाक्य संख्या 14, 15 तथा 16 के लिए सही नहीं है।

15. वह एकदम रोने लगा।
16. अजय अचानक अन्दर आ बैठा।

अगर हम वाक्य संख्या 15 में 'रोया' कहें तो इसका अर्थ होगा कि 'वह एक बार रोया।' इससे कार्य की निरन्तरता का बोध नहीं होता। वाक्य संख्या 16 में अगर हम

सिर्फ़ कहें कि 'आया' तो इसका अर्थ होगा कि 'वह अचानक अन्दर आया' तो हम 'बैठने' का अर्थ खो देंगे। इस तरह की क्रियात्मक जटिलताओं को क्रमिक क्रियाएँ कह सकते हैं।

31.5 संयोजित क्रियाएँ

क्रियाओं का एक दूसरा वर्ग है जिसे हम संयोजित क्रियाएँ कहते हैं। यहाँ हम उनकी संक्षिप्त चर्चा करेंगे। ये क्रियाएँ संज्ञा या विशेषण तथा एक क्रिया-धातु से बनती है। इन क्रियाओं की औपचारिक और अर्थ वैज्ञानिक विशेषताओं की व्याख्या करने के अनेक प्रयास किये गये हैं। फिर भी संयोजित क्रिया के अर्थ और बनावट को सुस्पष्ट करना अभी तक सम्भव नहीं हुआ है। प्रायः कहा जाता है कि इसकी संरचना इस प्रकार है :

संज्ञा/विशेषण + स्पष्टकर्तृ क्रिया

ऐसी संरचना में 'करना', 'होना', 'देना' क्रिया-धातुएँ इत्यादि शामिल हो सकती हैं। जैसे :

- दान देना।
- अँधेरा होना।
- शादी करना।

बहुत-से विद्वानों ने इन संयोजित क्रियाओं के साथ अपूर्व एवं एकात्मक अर्थों को जोड़ने का प्रयत्न किया है। लेकिन उनके अर्थ बहुत जटिल हो सकते हैं। निम्नलिखित वाक्यों को देखें :

17. उसने मरने से पहले गाय दान दी।
18. कुछ दान दिया मगर श्रद्धा से नहीं।
19. अब तो मेरा उदयपुर में दिल लग गया है।
20. तुम क्यों यहाँ दुम हिलाते घूम रहे हो।

वाक्य संख्या 17 में आया 'दान देना' सांस्कृतिक दृष्टि से बहुत अधिक सन्दर्भित है। इसके पीछे सम्पूर्ण पौराणिकता शामिल है। दयालुता, उदारता या भिक्षा जैसे शब्दों से इसका अनुवाद नहीं किया जा सकता। वाक्य संख्या 18 में सूचित सिद्धांत की तुलना 'दान में कुछ देने से' की जा सकती है। इसी प्रकार वाक्य संख्या 19 में आये 'दिल लगना' को इसके अन्य किसी संघटकों से कहना सम्भव नहीं है। इस संयोजित क्रिया का अर्थ ही है 'सुखी रहना।' 'दुम हिलाना' वाक़ई सर्वाधिक दिलचस्प है। यह शब्दशः इस प्रकार कहा जा सकता है :

21. यह कुत्ता दुम हिला रहा है।

लेकिन वाक्य संख्या 20 में कोई कह रहा है कि आख़िर तुम अनुचित पक्षपात क्यों हासिल करना चाहते हो। यह चाहत सम्मानजनक नहीं है।

उपर्युक्त सारे उदाहरणों में हमने संज्ञाओं का प्रयोग किया है। इसी तरह हम विशेषणों का भी प्रयोग कर सकते हैं। जैसे : लम्बा करना, छोटा बनना, काला होना, लाल-पीला होना इत्यादि। लेकिन एक बार फिर यह कहना काफी कठिन है कि इसके संघटकों का सम्पूर्ण से क्या रिश्ता होगा।

कभी-कभी संयोजित क्रिया उस सन्दर्भ में भी आती है जहाँ संज्ञा अपने कर्म से 'का' परसर्ग या इसके अन्य रूपों से जुड़ी होती है। निम्नलिखित वाक्य पर ग़ौर करें :

22. मनोहर ने अपनी सास का ध्यान रखा था।

विचारणीय है कि वाक्य संख्या 22 में क्रिया एकवचन, पुल्लिंग, संज्ञा के अनुसार है जो क्रिया 'रखना' का प्रत्यक्ष कर्म है। लेकिन सम्पूर्णता में संयोजित क्रिया 'ध्यान रखना' है जिसका प्रत्यक्ष कर्म 'सास' है जो स्त्रीलिंग है। अगर इस वाक्य को कर्म वाच्य में बदलें तो इसका रूप वाक्य संख्या 23 की तरह होगा।

23. इस घर में सास का ध्यान रखा जाता है।

यहाँ क्रियात्मक जटिल 'रखा जाता है' 'ध्यान' के अनुसार है।

31.6 निष्कर्ष

हमने इस अध्याय में उन संयुक्त क्रियाओं के रूप एवं प्रकार्यों का उल्लेख किया है जो दो क्रिया धातुओं से बनती हैं। इसके अलावा उन संयोजित क्रियाओं का भी संक्षिप्त विवरण दिया है जो एक संज्ञा/विशेषण और एक क्रिया-धातु से बनती हैं।

संयुक्त और मिश्र वाक्य

अध्याय- 32

समानाधिकरण और आश्रितता

भाषाएँ प्रायः लम्बे वाक्यों की रचना और उपवाक्यों को जोड़ने के लिए कई प्रकार की युक्तियाँ अपनाती हैं। उनकी ऐसी युक्तियों में समानाधिकरण, वियोजन आश्रितता संयोजक कृदन्त विशेषण, पूरकता और सापेक्षिकता का इस्तेमाल शामिल हैं। समानाधिकरण में दोनों उपवाक्य अपना अलग-अलग अस्तित्व क़ायम रखते हैं और स्वतन्त्र होते हैं। इसके विपरीत दूसरी युक्तियों का इस्तेमाल करनेवाले वाक्यों में एक मुख्य उपवाक्य होता है और दूसरा उपवाक्य आश्रित उपवाक्य होता है। जितने भी शब्द संयोजक शब्द होते हैं वे शब्दकोश के अविकारी हिस्से होते हैं और औपचारिक रूप से सम्बद्ध नहीं होते हैं (अध्याय-22)। बहुत से ऐसे संयोजक शब्द होते हैं जो एक ही अर्थ को बताते हैं। इस अध्याय में हम समानाधिकरण, वियोजन तथा आश्रितता का उल्लेख करेंगे।

32.1 समानाधिकरण

सबसे ज़्यादा इस्तेमाल होनेवाला संयोजक शब्द 'और' है। इसका प्रयोग संज्ञाओं, क्रियाओं, विशेषणों और सारे उपवाक्यों को जोड़ने के लिए होता है। क्रियाएँ समानाधिकृत घटकों तथा सबसे नज़दीकी वाले तत्वों का अकसर अनुकरण करती हैं। निम्नलिखित उदाहरणों को देखें :

1. मोहन और सोहन सेब खा रहे हैं।
2. सीता एक ईमानदार और समझदार लड़की है।
3. मोहन और सीता ने खाना खाया और सो गये।
4. वह धीरे-धीरे और ध्यान से घर के अंदर आया।

पहले वाक्य में दो संज्ञाएँ 'और' संयोजक के द्वारा जुड़ी हैं ; कर्त्ता बहुवचन बन गया है जिसका आभास क्रिया के द्वारा भी होता है। समानाधिकृत विशेषण अपने वचन के लिए संज्ञाओं पर निर्भर होते हैं। वाक्य संख्या 2 में समानाधिकृत विशेषण 'लड़की' के वचन के अनुसार एकवचन में आये हैं। लड़की 'सीता' है यह एकवचन, संज्ञा है, इसलिए क्रिया भी एकवचन में आयी है। वाक्य संख्या 3 में 'खाना' सकर्मक

क्रिया है, इसलिए प्रथम उपवाक्य में 'खाना' क्रिया कर्म खाना यानी भोजन का अनुकरण करती है। दूसरे उपवाक्य में 'सोना' अकर्मक क्रिया है, इसलिए वह प्रथम उपवाक्य के अनुसार आचरण नहीं कर रही है, बल्कि 'मोहन और सीता' के अनुसार बहुवचन में उपस्थित है। तीसरे वाक्य में 'और' दो क्रिया-धातुओं को जोड़ने के लिए आया है, जिसका कर्त्ता समान है। वाक्य संख्या 4 में दो क्रिया-विशेषण 'और' से जुड़े हैं लेकिन इस तरह के समानाधिकृत क्रिया-विशेषणों का प्रयोग हिन्दी में कम होता है। यहाँ यह भी विचारणीय है कि हिन्दी में 'और' का प्रयोग बात-चीत का महत्वपूर्ण अंग भी है। जैसे :

5. और,
6. और सुनाइए

32.2 वियोजक समानाधिकरण

जिस प्रकार 'और' संयोजक समानाधिकरण के लिए प्रयोग किया जाता है, उसी प्रकार 'या' वियोजक समानाधिकरण के लिए प्रयोग किया जाता है। अंग्रेजी से तुलना करें तो हम पाते हैं कि 'या' वियोजक 'or' और 'either.... or' दोनों की जगह काम करता है। निम्नांकित उदाहरणों पर विचार करें :

7. मोहन या सोहन सेब खा रहा था।
8. मुझे कुछ गरम दे दो- चाय या कॉफी।
9. या तो तुम मेरी बात मान लो या घर जाओ।
10. तुम खाना खाओगी कि नहीं।

विचारणीय है कि वाक्य संख्या 10 में 'या' वियोजक का हमने प्रयोग नहीं किया है। यहाँ 'या' का दायित्व-निर्वाह 'कि' ने किया है। वाक्य संख्या 7 में 'या' मोहन और सोहन को विलग करता है और कर्त्ता को एकवचन का रूप देता है। यानी दोनों में एक को विकल्प के रूप में प्रस्तुत करता है। इसलिए क्रिया भी एकवचन में आयी है। वाक्य संख्या 8 में 'या' का प्रयोग किया गया है, ठीक वैसे ही जैसे आमतौर पर किया जाता है। ख़ासतौर पर 'या' का प्रयोग विकल्प के तौर पर दो बार किया जाता है। वाक्य संख्या 9 में 'या', 'तो' के साथ मौजूद है। इन दोनों का एक साथ प्रयोग बात-चीत के सन्दर्भ में दो विकल्पों में से किसी एक पर ज़ोर देने के लिए होता है। जैसाकि 'और' के साथ होता है 'या' का प्रयोग संज्ञाओं, विशेषणों, क्रिया-विशेषणों और उपवाक्यों के वियोजन के लिए भी होता है।

32.3 आश्रित संयोजक

हिन्दी कई अधीन या आश्रित संयोजकों का भी प्रयोग करती है। कुछ स्थितियों में तो वे पर्यायवाची भी लगते हैं और वक्ता सन्दर्भानुकूल या शैलीगत तक़ाज़े पर

उनका प्रयोग महज़ बदलाव के लिए करता है। जैसे : 'लेकिन', 'मगर', 'पर', 'किन्तु', 'परन्तु'। इनमें से कुछेक के तो और भी प्रकार्य होते हैं। जैसे : 'पर' अव्यय का प्रयोग परसर्ग के तौर पर भी होता है जैसाकि अध्याय 20 में हमने देखा है, इसका इस्तेमाल कई अर्थों में होता है। 'but' के लिए आनेवाले हिन्दी संयोजकों के इस्तेमाल के कुछ वाक्य निम्नलिखित हैं :

11. मैं घर जाना चाहता था लेकिन गीता ने जाने नहीं दिया।
12. उसका भी पिक्चर देखने का मन था मगर कल उसका टेस्ट था।

वाक्य संख्या 11 और 12 में 'लेकिन' की जगह पर 'मगर' का इस्तेमाल कर सकते हैं। इन्हें हम 'पर' 'किन्तु', 'परन्तु' के द्वारा भी बदल सकते हैं।

इसी प्रकार 'जो', 'ताकि', 'जिससे' जैसे पर्यायवाची संयोजकों का प्रयोग सम्भावित घटनाओं को बताने के लिए होता है। इनमें से किसी एक का प्रयोग उन सम्भाव्य स्थितियों को बताने के लिए होता है जो आश्रित उपवाक्य की कार्यशीलता को सम्भव बनाती है।

13. वो जल्दी आ जाये ताकि हम लोग गरम खाना खा सकें।
14. उन दिनों वह जल्दी आ जाता था ताकि हम समय पर खा लें।
15. मोहन ने ऐसी कौन-सी बात कह दी कि तुम इतने नाराज़ हो।

वाक्य संख्या 13 में इस भाव को बताया गया है कि खाना अभी नहीं खाया जा सकता क्योंकि किसी व्यक्ति के आने की प्रतीक्षा है (अगर माँ यह वाक्य बोल रही है तो वह प्रतीक्षित व्यक्ति पति या पुत्र हो सकता है)। वाक्य संख्या 15 यह दिखाता है कि इन संयोजकों की जगह पर 'कि' का भी प्रयोग सम्भव है।

पर्यायवाची संयोजकों का एक दूसरा समूह ऐसा भी है जो कारणों को स्पष्ट करता है। जैसे : 'क्योंकि', 'चूँकि', 'के कारण', 'की वजह से'। निम्नलिखित उदाहरणों को देखें :

16. वह कल जल्दी घर आ गया था क्योंकि उसे पार्टी में जाना था।
17. चूँकि मोहन का घर पास ही में था इसलिए वह पैदल ही चला गया।

32.4 निष्कर्ष

इस अध्याय में मैंने संक्षेप में समानाधिकरण, वियोजक और आश्रित संयोजकों का परिचय प्रस्तुत किया है।

अध्याय- 33

संयुक्त वाक्य

हिन्दी में दो या दो से अधिक वाक्यों को जोड़ने के ढेर सारे तरीक़े हैं। अध्याय-32 में हमने समानाधिकरण एवं आश्रितता के नियमों की चर्चा पहले ही की है। अध्याय-34 में भी सम्बन्धवाचक उपवाक्यों का उल्लेख होगा। इस अध्याय में हम शर्तवाची और प्रतितथ्यपरक वाक्यों की चर्चा करेंगे। यहाँ संक्षेप में समय, कारण एवं अभिलाषा विषयक उपवाक्यों का विवेचन होगा तथा मुख्य उपवाक्यों के सम्पूरक वाक्यों का भी विश्लेषण करना यहाँ हमारा उद्देश्य है।

33.1 शर्तवाची वाक्य

सशर्त वाक्यों में कोई न कोई शर्त होती है जिसका संकेत आमतौर पर 'अगर', 'यदि' आदि शब्दों से मिलता है। इनमें स्थिति या गतिविधि का कथन होता है जिनकी शर्तपूर्ति के बाद घटित होने की सम्भावना रहती है। निम्नलिखित वाक्यों पर विचार करें :

1. अगर वह बीमार न होती तो पार्टी में ज़रूर आती।
2. यदि आप कुछ पूछना चाहते हैं तो अभी पूछ लीजिए।
3. अगर वह पहले ही मेहनत कर लेता तो फ़ेल ना होता।
4. जब तुमने जाने की ठान ही ली है तो मैं क्या कहूँ।
5. यदि मोहन आये तो कह देना कि मैं घर पर नहीं हूँ।
6. अगर दीदी समय पर आ जाये तो सब मिल कर पिक्चर देखने चलेंगे।

इन वाक्यों में आये सभी क्रिया-रूप अध्याय 11 और 26 में पहले से ही शब्द-निर्माण युक्तियों के तहत हमें प्राप्त हैं। शर्तवाची उपवाक्य प्रायः 'अगर' या 'यदि' से शुरू होता है लेकिन कहीं-कहीं 'जो' या 'जब' जैसे शब्दों से भी इनका प्रारम्भ होता है।

शर्तवाची उपवाक्य हमेशा मुख्य उपवाक्य से पहले आता है। शर्तवाची तत्व 'तो' से जुड़ा होता है जो मुख्य वाक्य के शुरू में आता है। शर्तवाची उपवाक्यों में आये क्रिया-रूपों की प्रकृति क्या होती है जानने के लिए 1-6 तक के वाक्यों पर आधारित

निम्नलिखित तालिका को देखें :

	क्रिया-रूप	
	शर्तवाची उपवाक्य में	मुख्य उपवाक्य में
1.	होती	आती
2.	चाहते हैं	पूछ लीजिए
3.	लेता	होता
4.	ली है	कहूँ
5.	आये	हूँ
6.	जाये	चलेंगे।

दोनों ही उपवाक्यों में नित्य अपूर्ण (X ता, Xती, Xते) तथा सम्भावनार्थक (Xए, Xओ, Xऊँ) क्रिया-रूपों की प्रधानता दिखायी देती है। मगर केवल यही संयोजन सम्भव नहीं है। इसके अतिरिक्त भी शर्तवाची उपवाक्यों में भूत काल तथा पूर्णताकालिक पक्ष का प्रयोग भी किया जा सकता है।

7. अगर वह भाग गया था तो अब वापिस क्यों आया है?

मुख्य उपवाक्य में भविष्यत् काल का प्रयोग अकसर यह संकेत करता है कि यदि शर्त पूरी हो जाती तो मुख्य उपवाक्य की घटना या स्थिति अवश्यम्भावी होती जैसाकि वाक्य संख्या 8 में दिखायी देता है।

8. अगर कहीं से मुझे ग्रांट मिल गयी तो मैं न्यूयॉर्क ज़रूर जाऊँगा।

कहीं-कहीं शुरू में शर्तवाची शब्दों 'यदि/ 'अगर' को प्रायः स्थगित भी कर दिया जाता है।

9. वो आए तो बात बने।

33.2 प्रतितथ्यपरक वाक्य

अंग्रेजी में ऐसी वाक्य संरचना चिर-परिचित है। वाक्य संख्या 10 को देखें :

10. If I were rich, I would go to India.

यदि मैं धनी होता तो भारत ज़रूर जाता।

यह प्रतितथ्यपरक वाक्य है। यह कल्पनाजन्य स्थिति है। वक्ता 'मैं' वास्तव में धनी नहीं है। हिन्दी में भी इस प्रकार की संरचना मिलती है। दोनों ही उपवाक्यों में वर्तमानकालिक कृदन्त विशेषण का प्रयोग हुआ है। अब निम्नलिखित वाक्यों पर विचार करें :

11. अगर माँ घर में होती तो यह सब नहीं होता।
12. अच्छा होता तुम आते।
13. मेरे पास वह किताब होती तो मैं तुम्हें अभी दे देता।

विचारणीय है कि वाक्य संख्या 13 में केवल शर्तवाची शब्द 'अगर' का प्रयोग ही

नहीं हुआ है बल्कि उपवाक्यों के क्रम को भी उलट दिया गया है। इससे लाभ यह हुआ है कि अपेक्षित स्थिति या घटना पर ध्यान केन्द्रित हो जाता है। वाक्य संख्या 14 में यह विचारणीय है कि मुख्य उपवाक्य को पहले रखा गया है और प्रतितथ्यपरक शर्तवाची उपवाक्य को दूसरे स्थान पर।

14. मुसीबतें और बढ़ जातीं अगर बच्चे भी साथ आते।

संयुक्त वाक्यों में कल्पनाजन्य स्थितियों को रेखांकित करने के कुछ और भी तरीक़े हैं। ऐसे अधिकांश वाक्यों में 'कि' का संयोजक के रूप में प्रयोग किया जाता है। निम्नलिखित वाक्यों पर विचार करें :

15. मैं चाहता हूँ कि आप मेरे घर आयें।
16. मैं नहीं चाहता कि आप सीता के साथ दोस्ती करें।

33.3 कुछ अन्य जटिल संरचनाएँ

दो या दो से अधिक वाक्यों को जोड़ने के लिए कई अन्य संयोजकों का प्रयोग किया जाता है। जैसे : 'फिर भी', 'जहाँ तक', 'जो कुछ-वह' इत्यादि। निम्नलिखित वाक्यों में इनके प्रयोग को देखा जा सकता है :

17. जहाँ तक मेरा सवाल है मैं आपसे सहमत नहीं।
18. जो कुछ भी मेरे पास था वह मैंने आपको दे दिया।
19. तुम इतना ऊँचा बोल रहे हो फिर भी मैं तुम्हारी बात सुन रहा हूँ।

कुछ ऐसे भी संयुक्त वाक्य होते हैं जिनमें स्थान, समय या रीतिवाचक उपवाक्य भी शामिल होते हैं।

20. जब भी तुम उन्हें देखो, भाग जाना।
21. जहाँ इस वक़्त तुम खड़े हो वहाँ कभी एक किला था।
22. जितनी धीमी गति से तुम चल रही हो हम कभी घर नहीं पहुँचेंगे।

33.4 निष्कर्ष

इस अध्याय में उन संयुक्त वाक्यों की चर्चा की गयी है जिनमें शर्तवाची, प्रतितथ्यपरक वाक्य सम्मिलित हैं। इनके साथ ही कुछ अन्य संयोजकों का भी उल्लेख किया गया है जो हिन्दी के संयुक्त वाक्यों के निर्माण में सहायक होते हैं।

अध्याय- 34

सम्बन्धवाचक उपवाक्य

सम्बन्धवाचक उपवाक्य सर्वाधिक महत्वपूर्ण आश्रित उपवाक्यों में से एक है। यह संयुक्त वाक्यों में संज्ञा से जुड़ा होता है। यह या तो संज्ञा का परिचय देता है नहीं तो उसके सम्बन्ध की अतिरिक्त जानकारी देता है। दूसरी भाषाओं की तरह ही हिन्दी में सम्बन्धवाचक उपवाक्य की शुरुआत एक या दो सर्वनामों के द्वारा होती है। अंग्रेजी में सम्बन्धवाचक सर्वनाम के लिए प्रश्नसूचक शब्दों जैसे : 'who', 'which', 'when', 'whose' और 'where' 'that' का प्रयोग होता है। अंग्रेजी के इन दो वाक्यों पर हम विचार करें :

1. Mohan, who is a teacher, loves to read science fiction.
2. Mohan built the house which you see in front of you.

पहले वाक्य में 'who' सम्बन्धवाचक सर्वनाम है और 'who is a teacher' एक ऐसा उपवाक्य है जो संज्ञा 'मोहन' के विषय में हमें अतिरिक्त जानकारी देता है। 'Mohan loves to read science fiction' अपने आपमें एक पूर्ण वाक्य है। दूसरे वाक्य में 'which' सम्बन्धवाचक सर्वनाम है। इसमें आश्रित उपवाक्य 'which you see in front of you' मोहन द्वारा निर्मित घर का परिचय देता है। वाक़ई संज्ञा 'घर' की विशेषता बतानेवाले इस सम्बन्धवाचक उपवाक्य के अभाव में वाक्य अधूरा रह जाता। विचारणीय है कि अंग्रेजी में इन दो उपवाक्यों को किसी भी प्रकार इधर-उधर नहीं किया जा सकता। वे निश्चित रूप से वाक्य संख्या 1 और 2 में दिखाये गये क्रमों में ही लिखे जायेंगे। इन दोनों वाक्यों में सम्बन्धवाचक उपवाक्य अपनी-अपनी संज्ञा के बाद आते हैं।

34.1 हिन्दी के सम्बन्धवाचक उपवाक्य

उपर्युक्त वाक्य संख्या 1 और 2 के समतुल्य हिन्दी वाक्यों के उदाहरणों पर विचार करें :

3. मोहन जो एक शिक्षक है बहुत किताबें पढ़ता है।
4. जो घर तुम अपने सामने देख रहे हो, वह घर मोहन ने बनाया है।

वाक्य संख्या 3 और 4 में 'जो' सम्बन्धवाचक सर्वनाम का प्रयोग हुआ है। इस सम्बन्धवाचक सर्वनाम का और इसके विभिन्न रूपों का प्रयोग प्रायः हिन्दी के समबन्धवाचक उपवाक्यों में होता है। अंग्रेजी की तरह वाक्य संख्या 3 में आश्रित सम्बन्धवाचक उपवाक्य 'जो एक शिक्षक है' कर्त्ता कारक संज्ञा के विषय में अतिरिक्त सूचना देता है। वाक्य संख्या 4 में 'जो' घर का अभीष्ट परिचय देता है और यह उपवाक्य पूरे वाक्य का अभिन्न हिस्सा है। अंग्रेजी के विपरीत हिन्दी के स्वतन्त्र और आश्रित उपवाक्यों के क्रम को बदला जा सकता है। जैसे : वाक्य संख्या 5, 4 के समान ही व्याकरण सम्मत है :

5. वह घर मोहन ने बनाया है जो (घर) तुम अपने सामने देख रहे हो।

वाक्य संख्या 4 और 5 से भी स्पष्ट है कि सम्बन्धवाचक उपवाक्य उस संज्ञा के पहले या बाद में भी आ सकता है जिससे वह जुड़ा होता है (इस सन्दर्भ में 'घर' संज्ञा है)।

34.2 सहसम्बन्धी

'जो' और इससे जुड़े रूपों की विस्तृत चर्चा से पहले हम निम्नलिखित सहसम्बन्धी जोड़ों की प्रकृति की परीक्षा करें। जैसे : 'जहाँ-वहाँ', 'जब-तब', 'तब-जब', 'जैसा-वैसा', 'जिधर-उधर', 'जितना-उतना, ज्यो-ज्यों त्यों-त्यों।

6. मैं जहाँ भी जाता हूँ, तुम वहीं चली आती हो।
7. जब पापा आयेंगे तब तुम्हें पता लगेगा।
8. तब तुम्हें पता लगेगा जब पापा आयेंगे।
9. जैसा करोगे वैसा भरोगे।
10. मैं जिधर जाता हूँ यह कुत्ता उधर ही आ जाता है।
11. जितना प्यार वह होमना को करती है उतना किसी और को नहीं।
12. ज्यों-ज्यों गर्मी बढ़ती गई त्यों-त्यों मरनेवालों की संख्या बढ़ती गयी।

वाक्य संख्या-6 से 12 के वाक्यों में आये उपवाक्यों के क्रम को बदला जा सकता है। यद्यपि इनके स्थान में बदलाव से मूल अर्थ में कोई अन्तर नहीं आता फिर भी उनके क्रम से विशिष्ट शैली और उनकी केन्द्रीयता का पता चलता है। विशेष रूप से तब जब हम इस सिद्धान्त को स्वीकार करते हैं कि जो उपवाक्य पहले आता है वही प्रधान होता है।

वाक्य संख्या 6 में स्थानसूचक सहसम्बन्धी जोड़े पर ध्यान देते हैं तो हम 'वहीं' रूप को पाते हैं जो 'वहाँ' का बलदायक रूप है। वाक्य संख्या 7 और 8 के वाक्यों में आये उपवाक्यों के स्थान में बदलाव का सम्बन्ध समय के सहसम्बन्ध से है। वाक्य संख्या 9 में रीति, वाक्य संख्या 10 में दिशा और स्थान, वाक्य संख्या 11 में मात्रा एवं वाक्य संख्या 12 में दो समकालिक गतिविधियों की सापेक्षता के संकेत हैं।

जिन सात सहसम्बन्धी समूहों के समूह की पहले चर्चा की गयी है, वे स्थान, रीति समय, दिशा, मात्रा एवं सापेक्षता की सूचना देने के लिए उपवाक्यों में आये हैं। लेकिन 'जो' एक ऐसा सम्बन्धवाचक सर्वनाम है जो अकसर व्यक्तियों एवं वस्तुओं के लिए आता है।

13. जिन लड़कियों को इनाम मिले वे बहुत ख़ुश थीं।
14. जिस आदमी को तुमने मारा वह मेरा भाई था।
15. जिसे बाज़ार चलना हो वह मेरे साथ चले।
16. जिन्हें किताबों की ज़रूरत होगी वे ख़ुद आयेंगे।

जैसाकि हमने पहले (अध्याय-15) विवेचन किया है कि हिन्दी में किसी भी शब्द की पुनरुक्ति सम्भव है। पूर्ण पुनरुक्ति में वितरक अर्थ निकलता है। सभी सम्बन्धवाचक सर्वनामों की पुनरुक्ति वितरक अर्थ को प्रभावशाली बनाने के लिए की जा सकती है।

17. जिस-जिस आदमी को बाज़ार चलना हो मेरे साथ चले।
18. जहाँ-जहाँ मच्छर होते हैं वहाँ-वहाँ मलेरिया फैलता है।

34.3 एक वाक्य में दो संज्ञाएँ

कभी-कभी एक वाक्य में दो संज्ञाएँ होती हैं। यदि स्पष्ट व्याकरणिक सन्दर्भ न दिये गये हों तो यह बताना मुश्किल होता है कि कौन-सी संज्ञा सम्बन्धवाचक उपवाक्य से जुड़ी है। जैसे : वाक्य संख्या 19 को देखें :

19. किसी ने उस महिला के नौकर को, जो गुसलख़ाने में कपड़े धो रहा था, मारा।

यह स्पष्ट है कि 'जो' के बाद का सम्बन्धवाचक उपवाक्य 'नौकर' के लिए आया है। यहाँ उपलब्ध व्याकरणिक सूचना के आधार पर हम यह दावा कर सकते हैं। 'नौकर' पुल्लिंग, एकवचन है और इसके अनुसार ही क्रिया प्रयोग की गई है। यहाँ सम्बन्धवाची उपवाक्य 'महिला' को नहीं बता सकता। किन्तु वाक्य संख्या-20 में यह बताना आसान नहीं है कि कौन-सी संज्ञा के साथ सम्बन्धवाचक उपवाक्य जुड़ा है।

20. किसी ने उस महिला की उस नौकरानी को मारा जो फ़ोन पर बात कर रही थी।

प्रश्न यह है कि कौन फ़ोन पर बात कर रहा था? महिला या कि नौकरानी? अंग्रेजी में यह स्थिति इतनी जटिल नहीं है क्योंकि क्रिया में लिंग चिह्नित नहीं होता। किन्तु संख्या 20 के वाक्य में 'महिला' और 'नौकरानी' तथा सम्बन्धवाचक उपवाक्य की क्रिया भी स्त्रीलिंग के लिए आयी है। अतः यह बताना बहुत आसान नहीं है कि कौन फोन पर बात कर रहा था। सामान्य प्रवृत्ति यह है कि सबसे नज़दीकवाली संज्ञा से सम्बन्धवाचक उपवाक्य को जोड़ा जाता है। यहाँ 'नौकरानी' सबसे नज़दीकवाली संज्ञा है। इसलिए वही फ़ोन पर बात कर रही है।

34.4 निष्कर्ष

संक्षेप में मैंने हिन्दी के सम्बन्धवाचक उपवाक्यों की प्रकृति और सम्बन्धवाचक एवं सहसम्बन्धी सर्वनामों के विषय में बात की है। मैंने यह भी संकेत किया है कि जब किसी वाक्य में दो समर्थ संज्ञाएँ मौजूद होती हैं तो यह निर्णय करना हमेशा आसान नहीं होता कि कौन-सी संज्ञा सम्बन्धवाचक उपवाक्य के साथ जुड़ेगी। अगले अध्याय में हम कृदन्त विशेषणों के बारे में बात करेंगे और यह भी देखेंगे कि वे सम्बन्धवाचक उपवाक्यों से कैसे जुड़े होते हैं।

अध्याय- 35

क्रियार्थक संज्ञा और कृदन्त विशेषण

अध्याय-11 में एक ओर अनादरसूचक मध्यम पुरुष आदेशात्मक क्रिया-रूप तथा क्रियार्थक संज्ञा एवं दूसरी ओर पूर्ण तथा नित्य अपूर्ण कृदन्त विशेषणों के सम्बन्धों पर पहले ही विचार किया जा चुका है। इस अध्याय में विस्तारपूर्वक हम उनके औपचारिक और प्रकार्यात्मक पक्षों का अध्ययन करेंगे।

35.1 क्रियार्थक संज्ञा

जैसाकि शब्द-निर्माण युक्ति 11.1 में हमने देखा है, क्रियार्थक संज्ञा 'X ↔ X ना' सम्बन्ध से जुड़े समूह का अंग है। यह संज्ञा की तरह कार्य करता है। यह आकारान्त पुल्लिंग संज्ञाओं में से एक है। जैसे : 'कमरा'। यह कर्त्ता कारक और विकारी एकवचन रूपों में भी प्रयोग होता है। निम्नलिखित वाक्यों पर विचार करें :

1. भागना सेहत के लिए बहुत अच्छा है।
2. बोलने की तमीज़ सीखो।
3. अभी तो गीता को होमना को नहलाना है।
4. पिताजी तुम्हारी बात माननेवाले नहीं हैं।
5. बन्दर दिखे तो भागना मत।
6. तुम जयपुर में रोहित से ज़रूर मिलना।
7. आपको मेरे बोलने पर कोई आपत्ति हो तो कहिए।
8. सुधा को अपना घर बेचना पड़ा।
9. मोहन के जाने का समय होने लगा।

यह दिलचस्प है कि अधिकांश अंग्रेजी अनुवादों में या तो क्रियार्थक संज्ञा का प्रयोग मिलता है या कृदन्त विशेषण का। क्रियार्थक संज्ञा का रूप या तो 'X ना होता है या X ने'।

वाक्य संख्या 1 में क्रियार्थक रूप 'भागना' किसी भी अन्य संज्ञा की तरह प्रयोग हुआ है। विधेय-विशेषण 'अच्छा' का सम्बन्ध उसी से है जिस प्रकार 'होना' क्रिया का होता है। वाक्य संख्या 2 में 'बोलने' विकारी रूप में है और उसके बाद 'की' परसर्ग

का प्रयोग हुआ है। इससे स्पष्ट होता है कि सख़्त नाराज़गी के भाव का बोध भी क्रियार्थक संज्ञा से सम्भव है। वाक्य संख्या 5 में इसका प्रयोग क्रिया के रूप में बेहद जोख़िम भरी स्थितियों में किसी विशेष व्यवहार के लिए हो सकता है। जैसाकि वाक्य संख्या 4 में विकारी क्रियार्थक संज्ञा 'वाला' से संयुक्त है जो सम्भवतः पुरुष के अनुसार 'माननेवाले' के रूप में उपस्थित है। वाक्य संख्या 6 में भी क्रियार्थक संज्ञा क्रिया के रूप में परामर्श और अनुशंसा बताने के लिए आई है। वाक्य संख्या 7 और 9 बताता है कि यदि क्रियार्थक संज्ञा का कर्त्ता मौजूद है तो यह परसर्ग के रहने पर विकारी रूप में होगा। जैसे : वाक्य संख्या-7 में 'मेरे' तथा संख्या 9 में 'मोहन के'।

वाक्य संख्या 9 में यह 'लगना' क्रिया से जुड़ा है और यह संयोजन अविलम्बता को बताता है। वाक्य संख्या 8 में क्रियार्थक संज्ञा 'पड़ना' के साथ जुड़ा है और निरुपायता को बताता है।

35.2 वर्तमानकालिक कृदन्त विशेषण

मुख्यतः विशेषणों और क्रिया-विशेषणों के रूप में वर्तमान और पूर्णकालिक कृदन्त विशेषण कई प्रकार से प्रयोग में लाये जाते हैं। कुछ सन्दर्भों में तो ये संज्ञाओं की तरह भी प्रकार्य करते हैं। निम्नलिखित वाक्यों में से वाक्य संख्या 12 को छोड़ कर सभी वर्तमान कृदन्त विशेषण के प्रयोग को दिखाते हैं :

10. रजनी को हँसते हुए लोग ही अच्छे लगते हैं।
11. गर्मी से मरते हुए लोगों को कोई सहायता नहीं मिली।
12. जो लोग गर्मी से मर रहे थे उन्हें कोई सहायता नहीं मिली।
13. ज्योति घर पहुँचते ही बीमार पड़ी।
14. मरतों को और मत मारो।

वाक्य संख्या 10 में वर्तमानकालिक विशेषण 'हँसते हुए' बहुवचन रूप में आया है। कारण कि उसके आगे आनेवाली संज्ञा 'लोग' बहुवचन में है। यह विशेषण के रूप में प्रयोग हुआ है और संज्ञा के लिंग और वचन के अनुसार सम्बन्धित है। वाक्य संख्या 13 में कृदन्त विशेषण क्रिया-विशेषण के रूप में मौजूद है और यह बल देनेवाले शब्द 'ही' से जुड़ा है तथा 'पहुँचते ही' समयवाचक क्रिया-विशेषण का कार्य करता है। वाक्य संख्या-14 में वर्तमानकालिक कृदन्त विशेषण संज्ञा के रूप में आया है और 'मरता' किसी भी 'लड़का' जैसे आकारान्त संज्ञा की तरह कार्य कर रहा है। चूँकि इसके बाद परसर्ग 'को' आया है इसलिए यह बहुवचन विकारी रूप में है। वाक्य संख्या 10 में 'मरते हुए' विशेषण का कार्य कर रहा है। वर्तमानकालिक कृदन्त विशेषणवाले वाक्य सम्बन्धवाची उपवाक्यों से किस प्रकार जुड़े होते हैं, यह वाक्य संख्या 11 और 12 में देखा जा सकता है (अध्याय-34)। इस प्रकार
जो लोग गर्मी से मर रहे थे।

और

गर्मी से मरते हुए लोग।

रूपगत भेद के बावजूद अर्थ की दृष्टि से तुल्य हैं।

हिन्दी के किसी भी अन्य शब्द की तरह वर्तमानकालिक कृदन्त विशेषण को भी पुनरुक्त किया जा सकता है और इससे इनकी विशेषणात्मक एवं क्रिया-विशेषणात्मक भूमिका को तेज़ किया जा सकता है। निम्नलिखित वाक्यों को देखें :

15. सीमा को इस स्कूल में पढ़ाते हुए बीस साल हो गये।
16. सीमा को इस स्कूल में पढ़ाते-पढ़ाते बीस साल हो गये।
17. लिखते-लिखते मेरे हाथ थक गये हैं।
18. सीता राते-रोते थक गई लेकिन उसकी सास कपड़े धोती रही।

यद्यपि वाक्य संख्या 15 और 16 के अर्थ एक जैसे हैं। लेकिन वाक्य संख्या 16 प्रभावपूर्ण तरीक़े से ऊब और सातत्य को बताने में सक्षम है। वाक्य संख्या 17 में लिखते-लिखते कृदन्त विशेषण की पुनरुक्ति अनौपचारिक रूप से 'हाथों के दर्द' से जुड़ा हुआ है। वाक्य संख्या 18 में 'रोने' और 'धोने' की गतिविधियाँ एक साथ चल रही हैं।

उपर्युक्त सभी उदाहरणों में वर्तमानकालिक कृदन्त विशेषण 'X ते' आया है। 'X ता' और 'X ती' रूप से बननेवाले उदाहरण मिलना मुश्किल नहीं है। जैसे :

भागता हुआ लड़का।

भागती हुई लड़की।

35.3 भूतकालिक कृदन्त विशेषण

अध्याय-11 में हमने देखा है कि भूतकालिक कृदन्त विशेषण के लिए 'X ई', 'X आ', 'X ए' शब्द-निर्माण युक्तियाँ क्रमशः 11.4, 11.5 और 11.8 में उपलब्ध हैं। वर्तमानकालिक कृदन्त विशेषण की तरह भूतकालिक कृदन्त विशेषण भी विशेषण एवं क्रिया-विशेषणों की तरह कार्य करते हैं। निम्नलिखित वाक्यों पर ध्यान दें :

19. समाज में पढ़ी हुई लड़की की सब तारीफ़ करते हैं।
20. घर से भागा हुआ नौकर किसी काम का नहीं।
21. जले हुई चिरागों से सारा शहर जगमगा उठा था।

इन सभी तीन वाक्यों में 'हो' रूप भूतकालिक कृदन्त विशेषण का प्रकार्य कर रहा है। वाक्य संख्या 19 में 'पढ़ी हुई' लड़की स्त्रीलिंग एकवचन की विशेषता बताता है (X ई रूप)। वाक्य संख्या 20 में 'नौकर' पुल्लिंग एकवचन है और वैसे ही 'भागा हुआ' उसकी विशेषता का संकेत करता है (X आ रूप)। वाक्य संख्या 21 में 'चिरागों' पुल्लिंग, बहुवचन विकारी रूप है और इसकी ख़ासियत दिखाता है 'जले हुए' 'X ए रूप)। उपर्युक्त वाक्यों में प्रत्येक सम्बन्धित वाक्य सम्बन्धवाचक उपवाक्य जुड़ा

है। वाक्य संख्या 19 के संगत हमारे पास वाक्य संख्या 22 है:

22. समाज में जो लड़की पढ़ी हुई होती है, सब लोग उसकी तारीफ़ करते हैं।

जैसाकि अध्याय-34 में पहले ही चर्चा की गयी है, वाक्य संख्या-22 से स्पष्ट है कि कोई ऐसा भी तरीक़ा है जो संज्ञा की विशेषता को स्पष्ट कर सकता है। इनमें संज्ञा की विशेषता को बतानेवाले उपवाक्य एक जैसे हैं। वाक्य संख्या 22 के सम्बन्धवाचक उपवाक्य में 'उसकी' लड़की के लिए आया हुआ है।

23. मैं तो यहाँ लेटे-लेटे बोर हो गयी।

24. तुम थैला हाथ में उठाये किधर को चल दिये।

वाक्य संख्या 23 से स्पष्ट है कि किसी चाहे गये कार्य या स्थिति पर अतिरिक्त ज़ोर देने के लिए भूतकालिक कृदन्त की पुनरुक्ति की जा सकती है। वाक्य संख्या 24 में 'थैला हाथ में उठाये' रीतिवाचक क्रिया-विशेषण की भूमिका में है।

35.4 निष्कर्ष

इस अध्याय में हमने क्रियार्थक संज्ञा के रूपों तथा प्रकार्यों के साथ वर्तमान और भूतकालिक कृदन्त विशेषणों के रूपों तथा प्रकार्यों का भी उल्लेख किया है। इस अध्याय के साथ ही इस पुस्तक के भाग 6 का समापन हो रहा है। 7वें भाग में हम हिन्दी की ध्वनियों एवं लिपि पर प्रकाश डालेंगे।

ध्वनि और लिपि

हिन्दी की ध्वनियाँ और लेखन-पद्धति : स्वर

हिन्दी आजकल देवनागरी लिपि में लिखी जा रही है। इस लिपि को कभी-कभी नागरी भी कहा जाता है। विचारणीय है कि पहले देवनागरी हिन्दी की लिपि नहीं थी। पहले हिन्दी और इसके विभिन्न प्रकार कैथी, महाजनी, फ़ारसी-अरबी एवं शारदा लिपियों में लिखे जाते थे। 20वीं शताब्दी के प्रारम्भिक दशकों तक शिक्षितों एवं विद्वान् साहित्यकारों के लिए फ़ारसी-अरबी तथा देवनागरी दोनों लिपियों में हिन्दी का लेखन सामान्य बात थी। 1947 में प्राप्त आज़ादी के बाद केवल देवनागरी लिपि में हिन्दी-लेखन के ढेर सारे प्रयत्न किये गये। भारतीय संविधान की धारा 343 (1) के अनुसार 'इस संघ में कामकाज की भाषा देवनागरी लिपि में हिन्दी होगी।' इसकी धारा 351 में यह भी प्रावधान है : 'यह संघ का कर्तव्य होगा कि हिन्दी भाषा के प्रयोग-प्रसार को गति दे ताकि यह भाषा भारत की मिली-जुली संस्कृति के तत्वों की अभिव्यक्ति का सशक्त माध्यम बन सके।'

सन् 1960 से ही देवनागरी की वर्णमाला और इसकी विभिन्न ध्वनियों की लेखन-पद्धति के मानकीकरण के प्रयत्न जारी हैं। सन् 1966 में भारत सरकार के शिक्षा-मंत्रालय ने मानक देवनागरी वर्णमाला प्रकाशित की। इस वर्णमाला को मानक के रूप में स्वीकृति प्राप्त है। सन् 1967 ई. में 'हिन्दी वर्तनी का मानकीकरण' नामक पुस्तिका भी प्रकाशित हुई। सन् 1989 में केन्द्रीय हिन्दी निदेशालय ने 'देवनागरी लिपि तथा हिन्दी वर्तनी का मानकीकरण' नामक लघुपुस्तिका भी प्रकाशित की। इसे 'हिन्दी वर्णमाला और हिन्दी लेखन-पद्धति' का मानकीकरण कह कर सम्मानित किया गया है। इस पुस्तिका में प्रचलित लेखन-पद्धति में कुछ संशोधन और परिमार्जन भी सम्भव हुए थे। इसमें खेदपूर्वक उन ध्वनियों के एक ख़ास रूप को ही स्वीकृति दी गयी है जिनके विभिन्न वर्तनी-रूप प्रचलन में थे। यह प्रक्रिया लेखन-शैली में एकरूपता लाने का प्रयत्न भर थी और एक अक्षर के सुनिश्चित स्वरूप को स्वीकृति प्रदान करने के लिए नियन्त्रण था। इस पुस्तक में भारत सरकार द्वारा सुनिश्चित मानक प्रतीकों को ही प्राथमिकता दी गयी है और उसे ही प्रयोग में लाया गया है। पर आवश्यकतानुसार विभिन्न वर्तनी रूपों का भी संकेत किया गया है, मेरा यह भी अनुभव है कि विभिन्न

लेखक एक ही प्रतीक को भिन्न-भिन्न तरीक़े से लिखते हैं। पर मेरा विश्वास है कि लोग बिना किसी भूल-चूक के इन प्रतीकों को पहचान लेते हैं। इसलिए मैं यहाँ केन्द्रीय हिन्दी निदेशालय द्वारा प्रस्तावित वर्णमाला के हठधर्मी रुख को नहीं अख़्तियार करूँगा।

गो यह बहुत हद तक सही है कि हिन्दी लेखन-पद्धति स्वनिक है और अकसर जैसी बोली जाती है वैसी ही लिखी भी जाती है। महत्व की बात यह समझना है कि अपने समग्र रूप में यह लेखन-पद्धति सरल नहीं, काफ़ी जटिल है। उन सारी विशेषताओं के अलावा (जिनकी चर्चा यहाँ की जायेगी) यह लेखन-पद्धति रैखिक नहीं, बहुआयामी है। हमारा यह भी पर्यवेक्षण है कि परिवेश के अनुसार एक ही ध्वनि के कई रूपान्तरण मिलते हैं।

36.1 स्वर

हिन्दी में 10 ह्रस्व और दीर्घ स्वर ध्वनियाँ हैं (कुछ लोग संस्कृत 'ऋ' को भी शामिल करते हैं और इनकी संख्या 11 बताते हैं ; इसकी भी चर्चा यहाँ शीघ्र ही होगी)। प्रत्येक अक्षर की ध्वनि स्वरात्मक होती है। उसका एक पूर्ण रूप होता है और दूसरा वैकल्पिक लघु रूप जिसे मात्रा कहते हैं। पूर्ण रूप शब्दों के शुरू में प्रयोग होता है या उस समय जब ध्वनियाँ एक अनुक्रम में आती हैं। इसके वैकल्पिक लघु रूप का प्रयोग उस समय होता है जब स्वर ध्वनि किसी व्यंजन के बाद आती है। स्वराक्षरों के पूर्ण रूप का प्रयोग कुछेक निश्चित शब्द-समूहों के साथ होता है। बहुत कम शब्द हैं जो ए, ऐ, ओ, औ जैसे स्वराक्षरों से बनते हैं (निम्न खण्डों में देखें)। लेकिन इनके लघु प्रतिरूप शब्द-निर्माण की प्रक्रिया में सर्वदा प्रयोग होते हैं।

36.2 स्वर 'अ'

अब हम हिन्दी वर्णमाला के प्रथम अक्षर पर विचार करेंगे। यह 'अ' है। यह जब शब्दों के शुरू में आता है तो यह अपने पूर्ण रूप में प्रस्तुत होता है। जैसाकि हम 'अब, 'अन्तर' शब्दों में इसे देखते हैं। इसका वैकल्पिक मात्रा प्रतिरूप नहीं है। ऐसा माना जाता है कि यह व्यंजन वर्णमाला का स्वाभाविक भाग है। कोई भी व्यंजन जब शब्द के आरम्भ में आता है तो वह 'अ'- युक्त होता है; शब्दान्त में 'अ'- रहित इस बात को दो उदाहरणों से स्पष्ट किया जा सकता है :

राम

मरा

इन दोनों शब्दों में एक के अन्त में तथा दूसरे के शुरू में 'म' अक्षर का ही प्रयोग हुआ है। राम में 'म' शब्दान्त में आया है। यहाँ 'म' का मूल्य 'म्' के बराबर है। 'मरा' शब्द में 'म' शुरू में आया है। यह वस्तुतः 'म' के बराबर ही है। यहाँ 'म' के अन्दर 'अ'

शामिल है। ग़रज़ कि यह 'अ' ध्वनि शब्दान्त में आये व्यंजन में अनुपस्थित रहती है। जैसाकि हमने 'राम' शब्द में देखा है। कुछ स्थितियाँ भी हैं जहाँ अंतर्निहित 'अ' का उच्चारण बहु-आक्षरिक शब्दों में नहीं होता है। यद्यपि वह वर्तनी रूप में स्पष्टतः दिखाई देता है। जैसे : 'सफ़र', 'कमल', विगत इत्यादि। इन शब्दों के अन्त' में आये व्यंजन में अंतर्निहित 'अ' का तो उच्चारण नहीं होता है लेकिन ऐसे शब्दों के बीच के व्यंजन में होता है। इन शब्दों के 'फ़', 'म' और 'ग' में 'अ' का उच्चारण होता है। लेकिन किसी शब्द के अन्त में आये व्यंजन के साथ कोई दूसरी स्वर ध्वनि जुड़ी रहती है तो उसके पूर्वाक्षर की 'अ' ध्वनि गायब हो जाती है। जैसे : 'झगड़ा', 'गिरता', पालतू, बालकों इत्यादि। इनके दूसरे व्यंजन का पूर्ण वर्तनी प्रतिरूप मौजूद है पर उसका उच्चारण नहीं होता। इन शब्दों का उच्चारण 'झग्ड़ा, गिर्ता, बाल्कों होता है।

36.3 अन्य स्वर

अन्य भाषाओं की तरह हिन्दी स्वर ध्वनियों के उच्चारण में भी मुख-विवर खुला रहता है और बिना रुके हवा निकलती है। यही कारण है कि व्यंजन ध्वनियों की अपेक्षा स्वर ध्वनियों का उच्चारण लम्बे समय तक सम्भव होता है। हम 'ई' का उच्चारण लम्बे समय तक कर सकते हैं, मगर 'क' का नहीं। एक बात और भी है स्वर-ध्वनियों के उच्चारण में वाक् यंत्र या तंत्र प्रकम्पित होते हैं। वाक्-यंत्र के प्रकम्पन से जो घटित होता है, उसे तकनीकी भाषा में घोषत्व कहते हैं। यही वजह है कि प्रायः सभी स्वर सघोष ध्वनियाँ होते हैं। यद्यपि कुछ भाषाओं में इस नियम के अपवाद भी मिलते हैं, यानी कुछ भाषाओं में अघोष स्वर ध्वनियाँ भी मिलती हैं। यहाँ हम तीन विशेषताओं के आधार पर हिन्दी स्वर ध्वनियों के उच्चारणों का अध्ययन करेंगे :

1. पहली विशेषता जीभ की ऊर्ध्व स्थिति है जिसके आधार पर मुँह के फैलाव को कम-से-कम तीन भागों में बाँटा जाता है : उच्च, मध्य और निम्न।
2. दूसरी विशेषता जीभ की क्षैतिज स्थिति है। जैसाकि जीभ ऊर्ध्व स्थिति में ऊपर-नीचे की ओर गमन करती है वैसे ही क्षैतिज स्थिति में आगे-पीछे की ओर चलती है। इस क्षैतिज स्थिति से हम मुख्यतः तीन क्षेत्रों को रेखांकित कर सकते हैं : अग्र, केन्द्रीय और पश्च।
3. तीसरी विशेषता ओष्ठ की स्थिति से जुड़ी है। उच्चारण प्रक्रिया में ओठ की भी तीन आकृतियाँ बनती हैं : उदासीन, आवृत्तमुखी, वृत्तमुखी।

निम्नलिखित अनुच्छेदों में सभी महत्वपूर्ण स्वर ध्वनियों तथा उनके आलेखीय निरूपणों का उल्लेख करने जा रहे हैं।

'अब' शब्द में प्रयुक्त 'अ' ह्रस्व स्वर है। अंग्रेजी स्वर 'a' के बिलकुल क़रीब है। **'ago', 'about'** में उच्चरित **'a'** ध्वनि की तरह ही इसका उच्चारण होता है। इस स्वर का उच्चारण मुँह के मध्य क्षेत्र से होता है। इसके उच्चारण में जीभ अपनी सामान्य

स्थिति से थोड़ा ऊपर उठती है। हम इसे ज्यों ही बोलने की कोशिश करते हैं त्यों ही जीभ इस स्थिति में आ जाती है, ओठ उदासीन अवस्था में रहते हैं। जैसाकि ऊपर कहा गया है इस स्वर का कोई लघु प्रतिरूप नहीं होता।

'आज' में प्रयुक्त 'आ' दीर्घ स्वर है और अंग्रेजी शब्दों 'last', 'fast', 'farm' इत्यादि शब्दों में आये 'आ' ध्वनि के समान उच्चरित होता है। यह मुँह के निचले पिछले भाग से उत्पन्न होता है। इसके उच्चारण में ओठ फैले होते हैं। इस स्वर के लघुतर रूप का वर्तनी, प्रतिरूप ' ा ' के द्वारा होता है। 'काला' शब्द में 'क' और 'ल' के बाद अंकित ' ा ' ऊर्ध्व रेखा आ ध्वनि का प्रतिनिधित्व करती है।

'इस' शब्द में प्रयुक्त 'इ' ह्रस्व स्वर है। इसका उच्चारण अंग्रेजी शब्दों 'it', 'sit', 'kit' इत्यादि के समान होता है। इसका उच्चारण मुख गह्वर के ऊपरी अगले भाग से ओठों को फैला कर किया जाता है। इसकी मात्रा का संकेतन ' ि' है। जैसे 'कितना' में यह मात्रा अंकित है। विचारणीय है कि यह मात्रा 'ि' व्यंजन ध्वनियों के पहले लगती है, मगर इसका उच्चारण व्यंजन ध्वनियों के बाद होता है।

'ईसा' शब्द में प्रयुक्त 'ई' स्वर दीर्घ है। यह स्वर ध्वनि अंग्रेजी शब्दों 'seat', 'meat', 'deed' और 'treat' इत्यादि शब्दों में आयी ध्वनियों की तरह ही उच्चरित होती है। यह मुख-गह्वर के अगले भाग से पैदा होती है और इसकी उच्चारण प्रक्रिया में जीभ 'इ' की अपेक्षा हल्की-सी ज़्यादा उठी हुई और तनी हुई स्थिति में होती है। इस स्वर ध्वनि की मात्रा का संकेतन ' ी ' के द्वारा होता है, जैसाकि 'क़ीमत' शब्द के प्रारम्भिक व्यंजन में अंकित है।

'उपज' शब्द में प्रयुक्त 'उ' ह्रस्व स्वर है। यह 'book', 'could', 'foot', 'put' इत्यादि जैसे अंग्रेजी शब्दों में प्रयुक्त स्वर ध्वनि के समान है। यह उच्च पश्च स्वर है। इसके उच्चारण में ओठों की आकृति वृत्ताकार होती है। इस स्वर ध्वनि की मात्रा का संकेतन ' ु ' द्वारा होता है, जैसाकि 'कुल' शब्द में व्यंजन के नीचे हुआ है।

'ऊपर' शब्द में प्रयुक्त 'ऊ' स्वर ध्वनि दीर्घ स्वर है। यह 'food', 'move' इत्यादि जैसे अंग्रेजी शब्दों की स्वर ध्वनियों के बिलकुल समान हैं। यह भी उच्च पश्च स्वर है जिसके उच्चारण में ओठ वृत्ताकार होते हैं। इस स्वर ध्वनि की भाषा का संकेत ' ू ' द्वारा किया जाता है जैसाकि 'कूड़ा' शब्द के प्रारम्भिक व्यंजन के नीचे किया गया है।

'एक' में प्रयुक्त 'ए' ह्रस्व स्वर है। यह अंग्रेजी शब्दों के 'set', 'head', 'bed' इत्यादि स्वर-ध्वनियों के बिलकुल नज़दीक है। इसका उच्चारण मुख के मध्य क्षेत्र से होता है और इस क्रिया में जीभ की क्षैतिज स्थिति अग्र भाग की ओर होती है। इस प्रक्रिया में ओठ फैले होते हैं। इसकी मात्रा को ' े ' द्वारा दिखाया जाता है जैसेकि 'केवल' शब्द में प्रथम व्यंजन के ऊपर अंकित किया गया है।

'ऐसा' शब्द का 'ऐ' स्वर स्वनिम की दृष्टि से हिन्दी का सर्वाधिक मानक रूप है। यह सामान्य स्वर के रूप में उच्चरित होता है। यह अंग्रेजी के 'sat', 'cat', 'mat'

शब्दों में आयी स्वर ध्वनि के अनुरूप होता है। इसका संध्यक्षर उच्चारण 'time', 'five', 'shine' आदि अंग्रेजी शब्दों की तरह होता है। इसकी मात्रा का संकेत 'ै' के रूप में होता है जो व्यंजनों के ऊपर अंकित होता है। जैसे : 'कैसा'।

जैसाकि पहले संकेत किया गया है कि स्वर का पूर्ण रूप सीमित शब्दों के साथ ही आता है। हमें 'ऐसा', 'ऐसी', 'ऐसों' 'ऐनक', 'ऐतिहासिक' शब्दों से अकसर सामना होता है।

'ओस' शब्द में प्रयुक्त 'ओ' ह्रस्व स्वर है और यह मुख-विवर के मध्य भाग से पैदा होता है जिसके उच्चारण में जीभ अपनी स्थिति से पीछे की ओर जाती है। यह भारतीयों द्वारा उच्चरित 'goat', 'soap' इत्यादि शब्दों में आयी स्वर ध्वनि के समान ही उच्चरित होता है। मानक ब्रिटिश अंग्रेजी में ये शब्द सामान्यतः संध्यक्षर होते हैं। 'रोकना' शब्द में 'र' व्यंजन के ऊपर 'ो' मात्रा का प्रयोग स्वर ध्वनि की मात्रा का संकेत करता है।

'और' में प्रयुक्त 'औ' ह्रस्व-स्वर है तथा मुँह के निचले भाग से उच्चरित होता है (मुँह काफ़ी खुला होता है) और जीभ अपनी सामान्य स्थिति से पीछे की ओर खिंची होती है। यह स्वर स्वनिम की दृष्टि से हिन्दी के अधिकांश मानक रूपों की एकल ध्वनि है। यह अंग्रेजी शब्दों 'caught', 'saw', 'talk', इत्यादि में आयी स्वर ध्वनियों के समान हैं। इसका मात्रा 'ौ' का संकेत अंशतः व्यंजन के ऊपर और अंशतः व्यंजन के आगे किया जाता है। जैसे : 'कौन'।

परम्परागत रूप से 'ऋ' हिन्दी व्याकरण की स्वर वर्णमाला में शामिल है। यहाँ तक कि व्याकरण की नयी कृतियों में भी यह परम्परा मिलती है। इसमें कोई दो मत नहीं कि यह संस्कृत में एक स्वर ध्वनि थी। लेकिन हिन्दी में इसे निश्चित तौर पर स्वरात्मक एवं व्यंजनात्मक ध्वनि का मिश्रण माना जाता है। इसमें व्यंजन 'र' और स्वर 'इ' है। अधिकांश लोग इसे 'रि' ही उच्चरित करते हैं और कुछ लोग तो 'रि' लिखते भी हैं। ख़ैर, हिन्दी में 'ऋ' स्वर से शुरू होनेवाले शब्दों की संख्या 5 और 6 से अधिक नहीं है। जैसे : ऋण, ऋषि, ऋषभ। इस अक्षर की मात्र 'ृ' है जो व्यंजनों के नीचे लगती है जैसी कि 'कृपा' शब्द में अंकित है। ये वे आकृतियाँ हैं जो नियमित रूप से छपे साहित्य में मिलती हैं लेकिन इस तथ्य की स्वीकृति भी कम महत्व की नहीं कि अब इसकी संस्कृत स्वर ध्वनि प्रयोग में नहीं है।

सभी स्वर ध्वनियों के अपने अनुनासिक प्रतिरूप हैं जिनकी चर्चा हम 'नासिक्य और अनुनासिकता' अध्याय में करेंगे।

अध्याय- 37

व्यंजन ध्वनियाँ

अधिकांश विद्वान इस बात से सहमत हैं कि हिन्दी के पास समृद्ध और व्यवस्थित व्यंजन ध्वनियों का समूह है। यह भी कहा जाता है कि हिन्दी में चालीस व्यंजन ध्वनियाँ हैं। जिनमें पैंतीस संस्कृत की हैं और शेष पाँच अन्यान्य दूसरी भाषाओं की। हिन्दी व्यंजन वर्णमाला में व्यंजन ध्वनियाँ अक्षरों के रूप में (जिनमें स्वर 'अ' शामिल रहता है) प्रस्तुत की जाती हैं। हिन्दी-उर्दू के कुछ शिक्षित एवं सतर्क वक्ता ही बोलचाल की भाषा में चालीस व्यंजन ध्वनियों का प्रयोग करते हैं। किन्तु सच्चाई यह है कि अधिकांश लोग केवल इकतीस ध्वनियों का ही प्रयोग करते हैं। इनमें से पच्चीस व्यंजन काफ़ी सूझ-बूझ के साथ एवं सुचारू रूप से व्यवस्थित हैं। भारतीय व्याकरणिक परम्परा में यह व्यवस्था उच्चारण के पाँच स्थानों, प्राणत्व की तीन विशेषताओं, घोषत्व और अनुनासिकता पर आधारित हैं (नीचे के उपबन्धों को देखें)। सबसे पहले हम पच्चीस व्यंजनों की चर्चा करेंगे। इसके बाद शेष पन्द्रह व्यंजन ध्वनियों तथा उनके वर्णलेखन के निरूपण का उल्लेख करेंगे।

37.1 वर्गकारी अभिलक्षण

37.1.1 प्रयत्न के आधार पर

इस उपखण्ड में जिन पच्चीस व्यंजनों की चर्चा की जा रही है, उन सभी को स्पर्श ध्वनियाँ कह सकते हैं। कारण कि इनका उच्चारण करते समय मुख-विवर में हवा की पूर्ण रुकावट होती है। यदि हम हिन्दी की 'प' ध्वनि का उच्चारण करना चाहते हैं तो हमें क्षणभर के लिए ओठों में वायु प्रवाह को पूर्ण रूप से रोकना पड़ता है। इसमें ओठ पूरी तरह बन्द हो जाते हैं और तब 'प' ध्वनि को उत्पन्न करने के लिए अचानक खुलते हैं। ये सभी पच्चीस ध्वनियाँ उच्चारण के प्रयत्न के आधार पर हिन्दी की अन्य व्यंजन और स्वर ध्वनियों से अलग की जा सकती हैं। इन सभी पच्चीस स्पर्श ध्वनियों के उच्चारण के प्रयत्न में मुख विवर के किसी न किसी बिन्दु पर वायु की पूर्ण रुकावट होती है।

37.1.2 स्थान के आधार पर

जैसाकि पहले बताया गया है, हवा का रुकना मुख विवर के पाँच अलग-अलग स्थानों पर होता है। हिन्दी में परम्परा यह है कि कोमल तालु के ऊपरी भाग से व्यंजन ध्वनियों का उच्चारण शुरू होता है जब तक कि ओठों तक नहीं पहुँच जाते हैं। जीभ एकदम बहुमुखी अंग है और मुख विवर के अनेक बिन्दुओं को छूने में सक्षम होती है। उच्चारण के पाँच स्थान हैं : कण्ठ, तालु, मूर्धा, दाँत और ओठ।

37.1.3 प्राणत्व के आधार पर

प्रायः हवा की अतिरिक्त मात्रा (puff) को प्राणत्व कहा जाता है। उदाहरण के लिए, हम 'pen', 'pin', 'ten' और 'cat' जैसे शब्दों के आरम्भिक व्यंजनों के मानक ब्रिटिश उच्चारण में प्राणत्व को सुनते हैं। हिन्दी में यही विशेषता 'प' और 'फ' जैसी ध्वनियों में भेद करती है। लेकिन अंगेजी में प्राणत्व की यह विशेषता इतनी महत्वपूर्ण नहीं है कारण कि, यह शब्दों में अन्तर नहीं पैदा करती किन्तु हिन्दी में यह महत्वपूर्ण भेद पैदा कर देती है। यही वह विशेषता है जो शब्द-जोड़े में अन्तर पैदा करती है। जैसे : 'पल', 'फल'।

37.1.4. घोषत्व के आधार पर

घोषत्व का सम्बन्ध बोलते समय स्वर-तन्त्रियों की स्थिति से होता है। सभी चीज़ें एक हों, इसके बावजूद स्वर-तन्त्रियों में कम्पन की उपस्थिति अथवा अनुपस्थिति शब्द-युग्मों में बहुत ज़्यादा अन्तर पैदा कर देती है। जैसे : अंग्रेजी शब्द-युग्म 'pin' और 'bin' पर विचार करें। ये दोनों शब्द हमारे जीवन के बिलकुल भिन्न वस्तुओं के नाम हैं। ग़ौर करें कि इन दोनों में 'in' शामिल है। ये दोनों भिन्न इसलिए हैं कि 'p' और 'b' भिन्न हैं। ये दोनों ही ध्वनियाँ ओष्ठ स्पर्शी हैं। लेकिन घोषत्व की दृष्टि से भिन्न हैं। 'p' के उच्चारण में स्वर-तन्त्रियों में कम्पन नहीं होता लेकिन 'b' के उच्चारण में स्वर-तन्त्रियों में कम्पन होता है। इसलिए 'p' अघोष ध्वनि है तथा 'b' सघोष।

37.1.5 अनुनासिकता के आधार पर

अनुनासिकता की उत्पत्ति के लिए हम अपने तालु को इस प्रकार नीचे लाते हैं कि मुँह और नाक से एक साथ हवा बाहर निकलती रहती है। यही एक विशेषता है जो 'ब' और 'म' ध्वनियों को अलग करती हैं। जैसे : 'बाबा' और 'मामा'।

37.2 स्पर्श व्यंजन और नासिक्य

निम्नलिखित तालिका में हिन्दी के पच्चीस स्पर्श और नासिक्य व्यंजनों को पूर्व वर्णित विशेषताओं के आधार पर इन्हें वर्गों में बाँटा गया है। इसलिए कण्ठ्य ध्वनियों

की शृंखला को क-वर्ग कहते हैं। कारण कि इसका पहला व्यंजन 'क' है। यह जल्दी ही स्पष्ट हो जायेगा कि वर्ग की परिकल्पना हिन्दी उच्चारण को नियमबद्ध करने में उपयोगी होती है।

	अघोष		घोष		नासिक्य
	अल्पप्राण	महाप्राण	अल्पप्राण	महाप्राण	घोष
कण्ठ्य	क	ख	ग	घ	ङ
तालव्य	च	छ	ज	झ	ञ
मूर्धन्य	ट	ठ	ड	ढ	ण
दन्त्य	त	थ	द	ध	न
ओष्ठ्य	प	फ	ब	भ	म

इस प्रकार 'क' व्यंजन को हम अघोष अल्पप्राण कण्ठ्य स्पर्शी व्यंजन कहते हैं। पच्चीस व्यंजनों में से प्रत्येक का इसी प्रकार वर्गकारी विशेषताओं के आधार पर उल्लेख कर सकते हैं। अघोष प्राणत्व शृंखला में ही अल्पप्राण व्यंजन शामिल रहते हैं। कुछ अध्ययनों का निष्कर्ष है कि घोष प्राणत्व व्यंजन के उच्चारण में एक विशेष प्रकार की यांत्रिकी सक्रिय होती है। लेकिन हमारे लिए यही वर्गीकरण उपयोगी है।

न्यूनतम युग्मों की शृंखला यह साबित करने के लिए पर्याप्त है कि इस तालिका में दर्ज ध्वनियाँ हिन्दी की महत्वपूर्ण ध्वनियाँ हैं (न्यूनतम युग्म उसे कहते हैं जिनकी एक ही ध्वनि भिन्न होती है और यह भिन्नता उनमें अर्थभेद पैदा कर देती है)। जैसे : 'काल-खाल', 'दाल-गाल', 'गिन-घिन', 'कल-चल', 'चील-छील', 'छाल-जाल', 'जाग-झाग', 'ताल-डाल', 'टप्पा-ठप्पा', 'ताली-थाली', 'दान-धान', 'पल-बल', 'फल-दल', 'बीस-तीस', 'भाई-भाई'। यह सूची लम्बी हो सकती है। इनको यहाँ प्रस्तुत करने का आशय मात्र इतना ही है कि सभी उल्लिखित व्यंजन ध्वनियाँ महत्वपूर्ण हैं। वे एक शब्द से दूसरे शब्द में अर्थभेद पैदा करती हैं।

37.3 अन्य व्यंजन

आमतौर पर हिन्दी अक्षर वर्णमाला में चार व्यंजन एक साथ लिखे जाते हैं। वे हैं : 'य', 'र', 'ल', 'व'। ये सभी अभिगामी हैं। कारण कि इनकी उच्चारण प्रक्रिया में मुख-विवर में वायु पूरी तरह नहीं रुकती। 'य' तालव्य अभिगामी है जैसे : 'यात्रा'। यह अंग्रेजी 'y' के समान है इसमें जीभ के दोनों किनारे दाँत के ऊपरी भाग को छूते हैं और जीभ के बीच के रास्ते से हवा बिना रुके निकलती है। ओठ आमतौर पर उदासीन रहते हैं, ठीक वैसे ही जैसे 'वायु' में 'व' के उच्चारण में ओठों की आकृति बनती है। 'व' ध्वनि ओष्ठ-दन्त्य ध्वनि है जिसमें निचला ओठ हल्का-सा ऊपरी दाँत को छूता है। यह अंग्रेजी के 'van' या 'very' में प्रयुक्त 'v' से नितान्त भिन्न है। क्योंकि

'van' और 'very' के आरम्भिक ध्वनि के उच्चारण में इससे भिन्न घर्षण की अनुभूति होती है। 'लाना' का 'ल' पार्श्विक अभिगामी ध्वनि है जिसमें जीभ ऊपरी दाँत के भाग या कठोर तालु के अगले भाग को छूती है किन्तु हवा दोनों किनारों से बिना रुके निकलती रहती है। 'रात' के 'र' के उच्चारण में जीभ ऊपरी दाँत के अगले भाग के एकदम क़रीब आती है और हवा के निकलने से इसमें कम्पन होता है।

इनके बाद हमारे पास तीन अघोष दन्त्योष्ठ ध्वनियाँ हैं : दन्त्य 'स', तालव्य 'श', मूर्धन्य 'ष'। संघर्षी ध्वनियों में जीभ की नोक या फलक को कठोर तालु के क़रीब लाया जाता है और हवा को पीछे की तरफ़ फेंका जाता है जिससे कि 'स' जैसी ध्वनियाँ उत्पन्न हों। चूँकि इनके उच्चारण में मुख-विवर किसी भी बिन्दु पर पूरी तरह बन्द नहीं होता। कोई भी हमेशा कुछ-न-कुछ घर्षण इनकी उच्चारण प्रक्रिया में महसूस करता है। इसलिए ये तीनों अघोष दन्त्योष्ठ संघर्षी ध्वनियाँ हैं। 'सात' का दन्त्य 'स' जीभ के फलक द्वारा दाँत के ऊपरी हिस्से के हल्के छूने से उत्पन्न होता है। ठीक यही तरीक़ा 'शान्ति' के तालव्य 'श' के उच्चारण में अपनाया जाता है। अन्तर सिर्फ़ इतना ही होता है कि जीभ का फलक कठोर तालु को छूता है। 'वर्षा' में प्रयुक्त मूर्धन्य 'ष' में जीभ की नोक पीछे की ओर थोड़ी और मुड़ी हुई होती है।

हम पहले ही बत्तीस व्यंजनों का परिचय दे चुके हैं। शेष तीनों में 'हम' का 'ह' घोष स्वरयंत्रमुखी संघर्षी तथा दो मूर्धन्य उत्क्षिप्त ध्वनियाँ जैसे : 'लड़का' का 'ड़' और 'बढ़ना' का 'ढ़' शामिल हैं। इन दो उत्क्षिप्त ध्वनियों के उच्चारण में जीभ पीछे की ओर मुड़ती है जैसे : ट-वर्ग की ध्वनियों के उच्चारण में पाया जाता है किन्तु अन्तर यह है कि इसमें मुख के ऊपरी हिस्से से जीभ का मज़बूत सम्पर्क नहीं होता। इसमें जीभ मुँह के ऊपरी हिस्से की ओर जाती है और झटके से निचले दाँत की ओर आती है। 'ड़' अल्पप्राण और 'ढ़' महाप्राण ध्वनि है। संस्कृत के कुछ शब्दों में विसर्ग भी देखने को मिलता है जो घोषणत्व प्राणत्व को बताता है और वर्तनी रूप में इसे (:) के रूप में लिखा जाता है जैसे : 'अतः', 'प्रायः' आदि।

37.4 विलुप्तप्राय व्यंजन

कम से कम हिन्दी के पाँच ऐसे व्यंजन थे जो हिन्दी लेखन और बोलचाल में प्रयोग होते थे किन्तु अब न तो वे बोलचाल में और न ही लेखन में प्रयोग में लाये जाते हैं। वस्तुतः इन व्यंजन ध्वनियों का स्रोत फ़ारसी-अरबी है। प्रायः हिन्दी लेखन-पद्धति में इन ध्वनियों का प्रयोग ग़ायब हो गया है। आज़ादी के बाद इनका लोप मानकीकरण और संस्कृतिकरण के दौर में हुआ है। ये ध्वनियाँ हैं : 'क़', 'ख़', 'ग़', 'ज़', 'फ़',। इन ध्वनियों से बने अनेक शब्द आज भी हिन्दी में प्रचलित हैं। मगर ये ध्वनियाँ और अक्षर 'क', 'ख', 'ग', 'ज', 'फ' द्वारा हटा दी गयी हैं। आज भी कुछ ऐसे लोग हैं जो इन दोनों समूहों की ध्वनियों का सटीक स्थानों पर प्रयोग करते हैं।

किन्तु सामान्यतः ये व्यंजन ध्वनियाँ और अक्षर विलुप्तप्राय हो गये हैं। 'क़लम' में प्रयुक्त 'क़' अल्पप्राण अघोष अतिज़िह्वीय स्पर्शी ध्वनि है। क़जा, क़त्ल, क़दम, क़रार, क़रीना, 'क़र्ज़ा', 'नक़द', 'नक़ाब' जैसे शब्द आज भी प्रचलित हैं, लेकिन 'क' के प्रयोग के साथ न कि 'क़' ध्वनि के साथ। 'ख़' अघोष कंठ्य संघर्षी ध्वनि है जैसे : 'ख़याल का 'ख़'। 'ग़म' का 'ग' घोष अतिजिह्वीय संघर्षी ध्वनि है। फ़ासला का फ़ अघोष ओष्ठ्य दन्त्य संघर्षी ध्वनि है। यह अंग्रेजी शब्द 'fan', 'father' में प्रयुक्त 'फ़' ध्वनि के समान है। 'ज़िन्दा' शब्द की 'ज़' सघोष दन्त्य संघर्षी ध्वनि है। आज़ादी से पूर्व 'क़' ध्वनि और अक्षरवाले ढेर सारे शब्द हिन्दी-शब्दकोश के अभिन्न हिस्से थे। इनमें से अधिकांश शब्द आज भी प्रयोग में है किन्तु इनके फ़ारसी-अरबी ध्वनियों और अक्षरों को संस्कृत आधारित वर्णमाला में उपलब्ध ध्वनियों तथा अक्षरों द्वारा हटा दिया गया है।

37.5 संयुक्ताक्षरों के लिए प्रतीक

हिन्दी की परम्परागत वर्णमाला में तीन अन्य ऐसे प्रतीक हैं जो अक्सर प्रयुक्त होनेवाले व्यंजन- गुच्छों का प्रतिनिधित्व करते हैं। वर्ण 'क्ष' आजकल (जो सामान्यतः 'क्श' उच्चारित किया जाता है) 'क्षति' में प्रयुक्त व्यंजन-गुच्छ 'क्' और 'ष' के लिए प्रयोग में लाया जाता है। इसी प्रकार 'पत्र' का 'त्र', 'त्' 'र' गुच्छ के लिए और 'ज्ञान' का 'ज्ञ' 'ग्-य' व्यंजन गुच्छ के लिए प्रयुक्त होता है।

37.6 निष्कर्ष

अध्याय-36 स्वर ध्वनियों तथा उनके वर्णलेखन के निरूपण की चर्चा पर केन्द्रित था। अध्याय-37 में मैंने हिन्दी व्यंजन ध्वनियों की प्रकृति और प्रस्तुति तथा उन विशेषताओं का उल्लेख किया है जिनके आधार पर उनको विभिन्न वर्गों में बाँटा जाता है। संक्षेप में हमने कुछ विलुप्तप्राय व्यंजनों का उल्लेख भी किया है।

अध्याय- 38

नासिक्य और अनुनासिकता

जैसा कि पहले मैंने कहा है देवनागरी लिपि में हिन्दी बाएँ से दाएँ लिखी जाती है। प्रत्येक शब्द के अक्षर एक सीधी रेखा (जिसे शिरोरेखा कहते हैं) से लटके रहते हैं। इन अक्षरों में आगे, पीछे, ऊपर, नीचे अनेक जोड़-घटाव किये जाते हैं। आपने अकसर देखा होगा कि लिखित हिन्दी में दो विशेषक चिह्न हैं जो क्षैतिज रेखा के ऊपर शब्दों को विभाजित करते हैं। इन दो अधिलेख चिह्नों में एक बिन्दु है जिसे अकसर अनुस्वार कहा जाता है और दूसरे को अनुनासिक या चन्द्रबिन्दु। इस अध्याय में हम इन विशेषक चिह्नों से बनी ध्वनियों का अध्ययन करेंगे। यद्यपि इन दोनों के प्रयोग के लिए अनेक विद्वानों ने स्पष्ट एवं व्यवस्थित नियमों का उल्लेख किया है। लेकिन व्यवहार में अधिकांश लोग प्रायः उन स्थलों पर भी अनुस्वार का ही प्रयोग करते हैं जहाँ चन्द्रबिन्दु का प्रयोग होना चाहिए।

38.1 अनुस्वार और बिन्दु

निम्नलिखित हिन्दी शब्दों को देखें :

1. गंगा (कण्ठ्य नासिक्य)
2. चंचल (तालव्य नासिक्य)
3. पंडित (मूर्धन्य नासिक्य)
4. संत (दन्त्य नासिक्य)
5. पंथ (ओष्ठ्य नासिक्य)

शब्द 1 में शिरोरेखा पर अंकित अनुस्वार के बाद क-वर्ग का 'ग' वर्ण आया है। क-वर्ग कण्ठ्य ध्वनियों की शृंखला है (भाग-37.2 देखें) शिरोरेखा से ऊपर बिन्दु का अर्थ 'ङ्' है जो कण्ठ्य नासिक्य है। अन्य चार उदाहरणों से यह नियम स्पष्ट होता है कि अनुस्वार का अर्थ उसके आगे आनेवाले व्यंजन पर निर्भर होता है। जिस वर्ग का व्यंजन अनुस्वार के आगे आता है, उसी वर्ग का अन्तिम नासिक्य व्यंजन अनुस्वार की ध्वनि को बताता है। जो व्यंजन अनुस्वार द्वारा व्यंजित होते हैं, उन्हें स्थानीय नासिक्य कहते हैं। इसलिए गंगा, चंचल, पंडित, संत, पंप को क्रमशः गङ्गा, चञ्चल,

पण्डित, सन्त, पम्प भी लिख सकते हैं। छपाई में प्रायः ये इसी प्रकार लिखे जाते हैं। हम यह भी देखते हैं कि तालव्य नासिक्य का प्रयोग सामान्यतः आजकल नहीं हो रहा है और इसके स्थान पर लोग दन्त्य नासिक्य का ही प्रयोग करते हैं।

38.2 अनुनासिक और चन्द्रबिन्दु

जहाँ अनुस्वार का सम्बन्ध मुख्यतः स्थानीय नासिक्य व्यंजनों से होता है वहीं शब्दों के ऊपर की शिरोरेखा पर अंकित चन्द्रबिन्दु का सम्बन्ध स्वरों की अनुनासिकता से होता है। इसका अर्थ यह हुआ कि यह चन्द्रबिन्दु जिस स्वर के ऊपर अंकित होता है उस स्वर के उच्चारण में मुख-विवर और नासिक्य विवर दोनों ही खुलते हैं। इस प्रकार ऐसे स्वरों की कुछ विशिष्ट ध्वनियाँ होती हैं। हिन्दी के इन शब्दों को देखें-

6. अँगूठी
7. आँच
8. उँगली
9. ऊँट
10. हँस

छठे शब्द का 'अ', सातवें का 'आ', आठवें का 'उ', नवें का 'ऊ' तथा दसवें का पुनः 'अ' (यहाँ 'अँ' में 'ह' में शामिल है) की अनुनासिकता पर ध्यान दें। उपर्युक्त उदाहरणों में जिस अक्षर के ऊपर चन्द्रबिन्दु है उसकी शिरोरेखा के ऊपर कोई अन्य अधिलेख नहीं है। जिस अक्षर के ऊपर कोई दूसरी मात्रा नहीं होती उस अक्षर पर चन्द्रबिन्दु का ही प्रयोग अक्सर हिन्दी के सजग लेखक किया करते हैं। जिस अक्षर की शिरोरेखा के ऊपर कोई अन्य मात्रा होती है तो वहाँ चन्द्रबिन्दु की जगह पर स्वर अनुनासिकता के लिए अनुस्वार का ही प्रयोग होता है। केन्द्रीय हिन्दी निदेशालय (1989 :14) का भी यही निर्देश है कि यदि किसी अक्षर की छपाई में कोई समस्या पैदा होती हो तो चन्द्रबिन्दु के स्थान पर अनुस्वार का प्रयोग भी किया जा सकता है। इसके साथ यह भी सलाह दी गयी है कि यह ध्यान रखा जाए कि इसके कारण कोई संशय या दुविधा उत्पन्न न हो।

निम्नलिखित उदाहरणों को देखें :

11. आँखें
12. ओंठ
13. में
14. ऐंठना
15. औंधा

इनमें से प्रत्येक उदाहरण में हम देखते हैं कि शिरोरेखा के ऊपर स्वर-अनुनासिकता के अलावा अधिलेख भी है। पहले उदाहरण से यह बात स्पष्ट है। यहाँ चन्द्रबिन्दु और

अनुस्वार दोनों ही स्वर को अनुनासिकता प्रदान करने के लिए मौजूद हैं। 'आ' की शिरोरेखा के ऊपर कोई अन्य मात्रा नहीं है, इसलिए अनुनासिकता के लिए चन्द्रबिन्दु का प्रयोग किया गया है। किन्तु 'खे' में 'ख' की शिरोरेखा के ऊपर 'ए' की मात्रा है, इसलिए चन्द्रबिन्दु नहीं, अनुस्वार का प्रयोग हुआ है। 12-15 के उदाहरणों में अन्य स्वरों की शिरोरेखा के ऊपर अधिलेख है, इसलिए यहाँ चन्द्रबिन्दु का नहीं अनुस्वार का प्रयोग हुआ है। वास्तव में अधिकांश लेखकों एवं प्रकाशकों ने चन्द्रबिन्दु के प्रयोग को बिलकुल स्थगित कर दिया है। सम्भवतः हिन्दी में अब शब्दों का एक ही जोड़ा रह गया है जिसमें अनुस्वार और अनुनासिकता का भेद मिलता है।

16. हंस और हँस

सच तो यह है कि बहुत से ऐसे शब्द जोड़े हैं जिनमें मौखिक और अनुनासिक स्वरों का भेद मिलता है। 19 से 20 के उदाहरणों में इस बात को देखा जा सकता है :

17. सास ; साँस
18. कहा ; कहाँ
19. बच्चो; बच्चों
20. पूछ ; पूँछ

38.3 वृत्तमुखी या अर्द्धवृत्त अधिलेख

एक लम्बे अर्से से अंग्रेजी से लिये गये शब्दों को शामिल करने के लिए देवनागरी लेखन-पद्धति में एक नये लेखन चिह्न का प्रयोग शुरू हुआ है। आज बहुत से अंग्रेजी शब्द हिन्दी शब्दकोश के अभिन्न अंग बन गये हैं। अंग्रेजी शब्दों के सही-सही लिप्यंतरण के लिए देवनागरी लिपि में यह विशेष चिह्न उचित साबित होता है। यह चिह्न शिरोरेखा के ऊपर अर्द्धवृत्त के रूप में रखा जाता है। यह अंग्रेजी शब्दों 'hall' और 'ball' अथवा 'doctor' और 'college' जैसी आरम्भिक स्वर ध्वनि को दिखाने के लिए प्रयोग किया जाता है।

38.4 निष्कर्ष

पिछले तीन अध्यायों में हमने हिन्दी ध्वनियों की प्रकृति तथा लेखन में उनके निरूपण की चर्चा विस्तार से की है। हिन्दी के ढेरों ऐसे अक्षर हैं जिनकी ध्वनियाँ या तो बदल गयी हैं या पूर्णतः ग़ायब हो गयी हैं। यह एक सामान्य भाषा बदलाव है। लिखित भाषा की अपेक्षा वाचिक भाषा में बदलाव अधिक तेज़ होता है। अनेक कारणों से प्राचीन साहित्य की लिखित भाषा के लिए भी वाचिक भाषा के साथ क़दम मिलाकर चलना आसान नहीं था। दूसरी ओर, लेखन-पद्धतियाँ नयी ध्वनियों को शामिल करने तथा वर्तमान लेखन-पद्धति को उन्नत बनाने के लिए नये-नये बदलावों

को अपनाती है। ध्वनि 'रव' रव की तरह लिखी जाती है मगर अब 'ख' की तरह लिखी जाने लगी है ताकि 'रवाना', 'खाना' जैसे शब्दों के बीच कोई दुविधा पैदा न हो। अब तो पूर्ण विराम (।) को रोमन लिपि के पूर्ण विराम (.) से हटाने की प्रबल प्रवृत्ति भी दिखायी देती है। चूँकि व्यंजन गुच्छों में आनेवाली स्वर अनुनासिकता और नासिक्य व्यंजनों के अन्तर सन्दर्भ द्वारा स्पष्ट हो जाते हैं, इसलिए अधिकांश लोगों ने शिरोरेखा के ऊपर दोनों के लिए बिन्दु का ही प्रयोग शुरू कर दिया है। इस पुस्तक में भी हमने, जहाँ अपेक्षित है वहाँ चन्द्रबिन्दु का प्रयोग किया है। रोमन लिप्यन्तरण से स्पष्ट हो जाता है कि कहाँ स्वर अनुनासिकता और कहाँ नासिक्य व्यंजन है। नये अंग्रेजी शब्दों को शामिल करने के लिए एक नया अर्द्धवृत्त चिह्न प्रयोग किया गया है।

अध्याय- 39

आक्षरिक संरचना

श्वसन क्रिया की तेजी को बलाघात कहा जा सकता है। अक्षर एक स्वर या स्वर और व्यंजन के मिलने से बनते हैं तथा अक्षरों के भेद से शब्द जैसी एक बड़ी इकाई बनती है।

भाषाओं को बलाश्रित और अक्षराश्रित पदावली में बाँटने की परम्परा मिलती है। अंग्रेजी बलाश्रित भाषा का एक विशिष्ट उदाहरण है। इसमें बलाघात के बदलाव से अर्थ में भी बदलाव हो जाता है। 'import' जैसे शब्द में दो अक्षर हैं। यदि इसके प्रथम अक्षर पर बल दिया जाता है तो वह संज्ञा कहलाता है और जब इसके दूसरे अक्षर पर बल दिया जाता है तो वह क्रिया हो जाता है। दूसरी ओर, हिन्दी अक्षराश्रित भाषा है। यद्यपि प्रत्येक शब्द के अक्षरों पर अपेक्षाकृत न्यूनाधिक बल दिया जाता है फिर भी उनके अर्थ में कोई बदलाव नहीं होता है। यहाँ 'काला' विशेषण के प्रथम अक्षर पर बल दिया जाए या द्वितीय अक्षर पर अर्थ में कोई अन्तर नहीं आता। हिन्दी शब्द पर बलाघात का प्रभाव नहीं पड़ता है।

39.1 अक्षरों के प्रकार

हिन्दी के अधिकांश शब्दों को निम्नलिखित रेखीय साँचे में ढाला जा सकता है :
(व्यंजन) (व्यंजन) (व्यंजन) (स्वर) (स्वर) (व्यंजन) (व्यंजन)

कोष्ठक में अंकित स्वर अथवा व्यंजन वैकल्पिक हैं। इससे यह पता चलता है कि स्वर तत्व वस्तुतः अक्षर का केन्द्र है जिसे तकनीकी दृष्टि से अक्षर का केन्द्रक कहते हैं। अतः हमें अक्षरों के निम्नलिखित प्रकार मिलते हैं :

स्व. : ओ!
स्व. स्व. : आ
व्यं स्व. : कि
व्यं. स्व. स्व. : का
स्व. व्यं : अब
स्व. स्व. व्यं : आज

व्यं स्व. व्यं : कल
व्यं स्व. स्व. व्यं. : काल
स्व. व्यं. व्यं. : इश्क
व्यं. व्यं. स्व. व्यं : प्रण
व्यं. व्यं. व्यं. स्व. स्व. : स्त्री

हिन्दी के अधिकांश शब्द इन्हीं अक्षरों के मेल से बनते हैं। जितने भी अव्यय (अपरिवर्तनीय शब्द) होते हैं, वे सभी व्यं. स्व. प्रकार के होते हैं और वे लिखित तथा वाचिक पाठ में बहुप्रचलित होते हैं। जैसे : 'जो', 'सो', 'कि', 'की', में इत्यादि। इनके अलावा बारम्बार इस्तेमाल होनेवाले शब्द दो प्रकार के होते हैं।

1. व्यं. स्व. (स्व.) व्यं. जैसे : 'चल' 'लिख', 'नल', 'घर', 'चाल', 'तार', 'हाथ' इत्यादि।
2. व्यं. स्व. (स्व.) व्यं. स्व. स्व. जैसे- कला, सिला, काला, भामा इत्यादि।

अक्षरों को तीन और भागों में भी बाँटा जाता है :

1. हल्का, हल्के अक्षर में एक लघु स्वर होता है तथा वह व्यं. स्व. प्रकार का होता है।
2. भारी, भारी अक्षर व्यं. स्व. स्व. या व्यं. स्व. व्यं. प्रकार का होता है।
3. अधिभारी, अधिभारी अक्षर व्यं. स्व. व्यं. व्यं. प्रकार का होता है।

39.2 हिन्दी में बलाघात के नियम

हिन्दी में बलाघात अधिकांश स्थितियों में समझने योग्य होते हैं। अगर किसी शब्द के सभी अक्षर हल्के होते हैं तो उपान्तिम अक्षर पर बलाघात होता है। यहाँ बलाघातवाले अक्षर को (') द्वारा चिह्नित किया गया है। जैसे :

1. कु'मति
2. पति

अगर उपान्तिम स्वर दीर्घ हो तो बलाघात इस प्रकार होता है :

च' लाई
मि' ठाई

यदि उपान्तिम स्वर, लघु हो तो उसके दीर्घ स्वर पर बलाघात आता है :

क'हावतें।
मु'हावरा।

व्यंजन गुच्छों से बने अक्षर भारी होते हैं और उससे पहले आनेवाला स्वर बलाघात का वहन करता है।

'कष्ट
'सक्षम

सामान्यतः सबसे दाहिनी तरफ़ के अनन्तिम अक्षर पर ही बलाघात लगता है। लेकिन रोज़मर्रा की बात-चीत में वक्ता बलाघात का प्रयोग पर काफ़ी विविधता के साथ करते हैं। ख़ासकर उस स्थिति में जब उनकी मंशा कोई ख़ास असर पैदा करना होता है। जैसे : क्रोध, निराशा तथा प्रेम जताने के लिए।

39.3 हिन्दी में अनुतान

हिन्दी में अनुतान की उन बनावटों पर काफ़ी चिन्तन-मनन हुआ है जिनका प्रयोग वक्ता विभिन्न स्थितियों में अक्सर किया करते हैं। सामान्यतः हम आरोह, अवरोह, सम अनुतानों का ज़िक्र करते हैं। सामान्य बोलचाल में पूर्णार्थ शब्दों पर आरोह अनुतान होता है तथा प्रकार्यात्मक शब्दों पर अवरोह या सम अनुतान होता है। पूरे वाक्य में अवरोही-आरोही-सम अनुतान दिखायी देता है तो उसे अचिह्नित बनावट कहते हैं।

39.4 निष्कर्ष

इस अध्याय में हमने संक्षेप में पाठकों को हिन्दी के विभिन्न अक्षरों के प्रकार तथा बलाघात के नियमों से अवगत कराया है।

परिशिष्ट

संदर्भ में व्याकरण

सन्दर्भ में व्याकरण

इस परिशिष्ट में मैंने यह दिखाने का विनम्र प्रयास किया है कि इस पुस्तक में वर्णित व्याकरण नियम यथार्थ जीवन के 'टेक्स्ट' में किस प्रकार व्यवहार में आते हैं। इसका आरम्भ हम समाचार पत्र की एक सुर्खी से करते हैं :

1. दूकान से नकली सीडियाँ बरामद

(राजस्थान पत्रिका, 8 मई, 2006)

हम ध्यान दें कि अंग्रेजी भाषा से लिये गये शब्द 'सीडी' को कैसे बहुवचन बनाया गया है। यहाँ हिन्दी के बहुत ही आम नियम को अपनाया गया है। अध्याय-7 के 4 में बताया गया है कि हिन्दी ईकारान्त संज्ञाएँ प्रायः स्त्रीलिंग मानी जाती हैं। इसके अनुसार कर्त्ता कारक की स्त्रीलिंग संज्ञाओं के 'ई' को 'इया' द्वारा बदल कर बहुवचन बनाया जाता है। 'सीडी' अब हिन्दी का स्वीकृत शब्द हो गया है। हम यह भी देखते हैं कि विशेषण 'नकली' ज्यों का त्यों रह गया है। इसके अन्त में 'आ' नहीं जुड़ा है (उपखण्ड 2.3 तथा 13.2 देखें)। परसर्ग 'से' उस स्रोत का संकेत करता है जिससे सीडी बरामद की गयी है। चूँकि 'से' के पहले प्रयुक्त संज्ञा 'दूकान' को कर्म कारक में होना चाहिए। शब्द-निर्माण युक्ति 7.10 और उपखण्ड 7.4 बी से हम जानते हैं कि इस प्रकार की संज्ञाएँ कर्त्ता, कर्म और सम्बोधन कारक एकवचन में नहीं बदलती हैं। इस पूरे वाक्य की संरचना के लिए अध्याय 25 को देखा जा सकता है। यहाँ कर्त्ता (सम्भवतः पुलिस) को इस सुर्खी से हटा दिया गया है।

अब सुर्खियों की एक दूसरी पंक्ति पर ग़ौर करें :

2. ऑपरेशन सुगम का आगाज़ झीलों से शुरू हो

(राजस्थान पत्रिका, 8 मई 2006)

इस पंक्ति से अनेक शब्दकोश एवं व्याकरणिक तथ्यों का उल्लेख सम्भव है।

(अ) यह दिखाता है कि विभिन्न स्रोतों से शब्दों को लेने और स्वीकारने से भाषाएँ किस प्रकार समृद्ध होती हैं। भाषा की सरहदें खुली होती हैं और खुली होनी चाहिए ख़ासकर उस स्थिति में सबसे ज़्यादा, जब प्रश्न शब्दकोश का हो।

शब्द	**स्रोत**
ऑपरेशन	अंग्रेजी
सुगम	संस्कृत
आगाज	फारसी
शुरू	अरबी

(ब) हमें परसर्ग से पहले 'झील' के बहुवचन रूप की ज़रूरत है, यहाँ 'झीलों' शब्द-निर्माण युक्ति 7.13 के द्वारा बना है।

(स) सहायक क्रिया का प्रयुक्त रूप 'हो' उपखण्ड 10.2 (ड) के अनुसार सम्भव है।

(ड़) चूँकि संज्ञा पुल्लिंग है, इसलिए 'का' भी पुल्लिंग रूप में प्रयोग हुआ है (उपखण्ड 28:1 देखें)

अब हम स्वयं भी निम्नलिखित वाक्य का विश्लेषण कर सकते हैं :

3. **बच्चों को फंदे से लटका कर माँ ने ख़ुदकुशी की।**

अध्याय 12, 20, 27 और 31 से इसके विश्लेषण के लिए मदद मिल सकती है।

हम दुष्यंत कुमार के एक शेर को देखें :

4. **हो गयी है पीर पर्वत सी पिघलनी चाहिए,**
इस हिमालय से कोई गंगा निकलनी चाहिए।

(जन गीतों का संकलन, एकलव्य प्रकाशन, भोपाल, 1999 पृ. 10)

कवि का अनुभव है कि ग़रीबों का शोषण इस हद तक बढ़ गया है कि विद्रोह अवश्यम्भावी हो गया है। दुखों का पहाड़ हिमालय के समान बड़ा हो गया है। इसलिए विद्रोह की नदी गंगा यहाँ से निकलनी चाहिए।

पूरा क्रिया पदबन्ध 'हो गयी है' पहले लाया गया है। (ध्यातव्य है कि पूरा क्रिया पदबन्ध एक घटक के रूप में मौजूद है और इसके भागों को इधर-उधर करना सम्भव नहीं है।) यह क्रिया समाज में बरसों से शोषण की प्रक्रिया को काफी तेजी के साथ आलोकित करती है। कुछ अन्य महत्वपूर्ण व्याकरणिक तथ्यों को हम यहाँ शामिल कर सकते हैं :

'गयी' ('जाना' क्रिया का अनियमित भूतकालिक रूप) स्त्रीलिंग 'पीर' के अनुसार प्रयोग हुआ है। (देखें एच.डी. खण्ड 7.2 से)

विशेषणात्मक निपात 'सी' का प्रयोग पूरी पंक्ति में विशेष बल डालता है। 'सी' स्त्रीलिंग 'पीर' के अनुसार प्रयोग हुआ है। जबकि 'पर्वत' पुल्लिंग है। 7:2 में एच.डी.

के अनुसार 'पिघलनी ' का सम्बन्ध 'पीर' के साथ है। अध्याय-30 में अपरिवर्तनीय अव्यय 'चाहिए' के प्रयोग को देखें। यह 'इच्छा' के रूप में नहीं 'अवश्य' के अर्थ में प्रयोग हुआ है।

- 'इस' के प्रयोग के लिए खण्ड 18.3 को देखें। हिमालय संसार की सर्वोच्च पर्वत श्रेणी है। यह वाक़ई बहुत दूर है। सामान्य सन्दर्भ में कोई भी व्यक्ति दूरी की चीजों को बताने के लिए 'उस' का प्रयोग करता लेकिन यहाँ 'इस' का प्रयोग प्रस्तुत रूपक 'शोषित-पीड़ितों के पीर का पर्वत' में अतिरिक्त ऊर्जा को फैलाता है। यह पर्वत वस्तुतः हमारी आँखों के सामने है।
- 'निकलनी' क्रिया गंगा नदी (स्त्रीलिंग) के अनुसार है (उपखंड 7.2 के एच.डी. 6 के अनुसार) अनिश्चयवाचक सर्वनाम 'कोई' गंगा की विशेषता को बताने के लिए आया है। लेकिन इशारा यह है कि कोई ज़रूरी नहीं कि वह गंगा नदी ही हो, गंगा जैसी कोई भी नदी हो सकती है (उपखण्ड 79:3 देखें)। सम्भवतः इस सन्दर्भ में आशय यह है कि कोई भी नदी हो, लेकिन उसे गंगा जैसी ही सात्विक एवं प्रेरणादायिनी होनी चाहिए। दरअसल, यहाँ अनिश्चयवाचक सर्वनाम 'कोई' निश्चयात्मकता का भी अहसास पैदा करता है।
- परसर्ग 'से' के प्रयोग के लिए उपखण्ड 20.4 को देखें, यह परसर्ग अपरिवर्तनशील है। इसी अध्याय के वाक्य 2 में 'सी' का प्रयोग किया गया है। लेकिन इस अर्थ में पुल्लिंग बहुवचन संज्ञा के साथ 'से' का प्रयोग होगा, जैसे, लम्बे से लड़के।

अब यहाँ एक दूसरी कविता का एक छोटा-सा अनुच्छेद प्रस्तुत है :

5. **'उस आदमी को देखो जो सड़क पार कर रहा है।**
वह कहाँ से आ रहा है
मुझे मालूम नहीं
कहाँ जायेगा
यह बताना कठिन है।

(केदारनाथ सिंह, प्रतिनिधि कविताएँ, राजकमल प्रकाशन, नई दिल्ली, 1985 पृ. 84)

कविता के इस अनुच्छेद में हिन्दी व्याकरण के अनेक पक्षों को देखा जा सकता है। बहुत ही आसान शब्दों में कवि ने मानव जाति को निरुपायता तथा असहायता एवं हमारे अस्तित्व की असारता को बताया है। हमें यह पता नहीं है कि हम कहाँ से आये हैं और हमें कहाँ जाना है। कवि ने इस ख्याल को उस आदमी के निरीक्षण के द्वारा मूर्त किया है जो सड़क को पार कर रहा है। कुछ व्याकरणिक पक्षों को यहाँ हम दर्ज़ कर सकते हैं जिनमें निम्नांकित शामिल हैं :

- पहली पंक्ति में आज्ञार्थक क्रिया 'देखो' का प्रयोग हुआ है। यह पाठक को कवि के अवलोकन में शामिल होने के लिए बुलाती है। यह आज्ञार्थक क्रिया-रूप कर्त्ता तुम के

साथ जुड़ा है, आदरसूचक आप या अनादरसूचक 'तू' के साथ नहीं। 'तुम' का चुनाव हर किसी को सम्बोधित करने के लिए किया गया है।

- इस अध्याय के उदाहरण चार में हमने नज़दीकी सूचक अव्यय 'इस' के प्रयोग की चर्चा की है। यहाँ पर दूरी सूचक अव्यय 'उस' का प्रयोग हुआ है जिससे दूर की चीजों के बारे में पता चलता है। (18.3 उपखंड को देखें) अपूर्णकालिक चिह्न 'आ रहा है, 'कर रहा है' का 'रहा' पुल्लिंग 'आदमी' के अनुसार प्रयोग हुआ है, 'जायेगा' भविष्यत् काल का सूचक है और यह क्रिया-रूप 'जा' से बना है, शब्द-निर्माण नीति 10.1 के अनुसार।
- 'जो' से सम्बन्धवाचक उपवाक्य शुरू हुआ है और यह कर्त्ता संज्ञा 'आदमी' के लिए प्रयोग हुआ है (देखें अध्याय-34)।
- 'वह' पूरी पंक्ति के वाक्य के लिए प्रयोग हुआ है। अतः सर्वनामों का प्रयोग पाठ को सख़्ती से बाँधने के लिए भी हो सकता है। (उपखण्ड 98.5 को देखें)।
- अनुभावक कर्त्ता 'मुझे' के प्रयोग के लिए अध्याय 39 को देखें।
- नकारात्मक अव्यय 'नहीं' के प्रयोग के लिए उपखण्ड 3.2 को देखें।
- 'कहाँ' हिन्दी में सूचनाबोधक प्रश्नवाचक शब्द है। उपखण्ड 4.2 को देखें।
- भावार्थक संज्ञा 'बताना' के प्रयोग के लिए उपखण्ड 35.1 को देखें।
- विशेषण 'कठिन' के विधेयात्मक प्रयोग के लिए उपखण्ड 13.3 को देखें।

6. 'हमारे देश की जो हालत है उससे अधिक शोचनीय हालत किसी दूसरे देश की नहीं होगी'।

(-भगतसिंह के दस्तावेज़ सं. नीलिमा शर्मा)
सुरीन्द्र मनन
निशांत नाट्य मंच, दिल्ली 1991, पृ. 28)

'गद्य का यह अंश वास्तव में एक जटिल वाक्य है। निम्नलिखित पर ग़ौर करें :

- यहाँ 'हमारे' निजवाचक सर्वनाम अपने विकारी रूप में मौजूद है क्योंकि पूरी संज्ञा 'हमारे देश' है और उसके आगे परसर्ग 'की' आया है। 'देश' पुल्लिंग है और व्यंजनान्त है। अध्याय 7 के एच.डी. 3 तथा उपखण्ड 7.4 ब को देखें) यह विकारी रूप में है। मगर इसके रूप में कोई बदलाव नहीं हुआ है (शब्द-निर्माण युक्ति 7.10 को देखें)। ऐसा ही विश्लेषण 'दूसरे देश' का भी किया जा सकता है।
- 'जो' से सम्बन्धवाचक उपवाक्य शुरू हुआ है (अध्याय 34 देखें)। इसके बाद आया संज्ञा पदबन्ध सहसम्बन्धी 'वो' के द्वारा हटाया गया है।
- 'उस' के बाद 'से' परसर्ग का प्रयोग हुआ है। 'उस' पूरे वाक्य के लिए प्रयोग हुआ है, जो इसके पहले आया है। ऐसी अभिव्यक्तियाँ पाठ को सुसंगठित कर देती हैं (उपखण्ड 18.5 देखें)।
- 'अधिक शोचनीय हालत' संज्ञा पदबन्ध है जिसमें 'हालत' स्त्रीलिंग संज्ञा है तथा

अविकारी 'शोचनीय' इसकी विशेषता को इंगित करता है (उपखण्ड 13.2)। तुलनाबोधक शब्द 'अधिक' के लिए उपखण्ड 13.4 को देखें।

- क्रिया 'होगी' हालत के लिंग, (स्त्री.) पुरुष (अन्य) वचन (एकवचन) के अनुसार है।

7. पण्डित जी बड़े ही सीधे आदमी थे। दफ़्तर से आये, खाना खाया, पड़ कर सो गये।

यह उद्धरण प्रेमचंद की कहानी 'सौत' (नमक का दारोगा तथा अन्य कहानियाँ, हिन्दी पॉकेट बुक्स, दिल्ली 1986, पृ. 96) से लिया गया है। इस उद्धरण में दो वाक्य और चार उपवाक्य शामिल हैं जो सभी आपस में कौशलपूर्वक बुने गये हैं। पहला वाक्य संज्ञा पण्डित जी की स्थायी चारित्रिक खासियत के प्रति वर्णनात्मक प्रतिक्रिया है। (इस कहानी के नायक का नाम देवदत्त है। मगर वे ब्राह्मण हैं, उन्हें बताने के लिए दस्तूरन पण्डित जी कहा गया है।) और, दूसरा वाक्य उनके जीवन का स्पष्ट चित्र प्रस्तुत करता है, झटकों के साथ। निम्नांकित पर ध्यान दें :

- पहला वाक्य हर प्रकार से विनम्रताबोधक है (खंड 5.3 और 18.2)। 'जी' का प्रयोग आदरसूचक है। वैसे 'पण्डित' शब्द का प्रयोग विद्वान के अर्थ में होता है, लेकिन उसके साथ 'जी' का प्रयोग कतई नहीं होता। यह तो निश्चित ही है कि एकवचन होते हुए भी आदरसूचक संज्ञा के लिए क्रिया बहुवचन में प्रयुक्त होगी। इसलिए यहाँ 'था' की जगह पर 'थे' का प्रयोग है (उपखण्ड 10.2 देखें)। यही नहीं, संज्ञा 'आदमी' (जिसे पहले 'पंडित जी' से बताया गया है) को भी बहुवचन ही माना गया है 'सीधे' विशेषण तथा इसके 'बड़े' को भी।
- 'ही' बलदायी निपात 'बहुत अधिक' के लिए प्रयोग हुआ है।
- दूसरे वाक्य के तीनों उपवाक्य दिखाते हैं कि कर्त्ता 'पण्डित जी' का लोप हो सकता है। कारण 'पण्डित जी' से जुड़ी वे सारी सूचनाएँ क्रिया में देखी जा सकती हैं जिनके पुनर्लेखन की ज़रूरत थी। 'आये' या 'सो रहे' से यह जाना जा सकता है कि कर्त्ता या तो अन्य पुरुष बहुवचन में है या मध्यम पुरुष आदरसूचक। इस सन्दर्भ में नम्रता के लिए 'पण्डित जी' अन्य पुरुष बहुवचन में प्रयोग हुआ है।
- दूसरे उपवाक्य में 'खाया' है क्योंकि यहाँ क्रिया कर्म के अनुसार करती है और (पण्डित जी ने) खाना खाया' आधारभूत वाक्य कर्तृकारक में है (देखें अध्याय 27)।

पारिभाषिक शब्दावली

विशेषण (Adjective) : एक शब्द-प्रकार जो किसी संज्ञा की विशेषता का संकेत करे।

क्रिया-विशेषण (Adverb) : एक शब्द-प्रकार जो क्रिया की विशेषता का संकेत करता है।

प्रत्यय योजन (Affixation) : उपसर्ग, मध्य प्रत्यय एवं प्रत्यय द्वारा शब्द-निर्माण की पद्धति।

प्राणत्व (Aspect) : हवा का अतिरिक्त दबाव जिसके आधार पर हिन्दी की ध्वनियों में फ़र्क़ किया जाता है। जैसेः क वर्ग की 'क' और 'ख' ध्वनियाँ।

सहायक क्रिया (Aspiration) : वह क्रिया जो हिन्दी में मुख्य क्रिया के अन्त में और अंग्रेजी में उसके पहले प्रयुक्त होती है।

मूल शब्द (Basic word) : वह न्यूनतम शब्द जिसके किसी अंश को निकाल देने पर शब्द निरर्थक हो जाता है।

ओष्ठ्य (Bilabial) : एक ध्वनि जो दोनों होंठो से जुड़ने से उत्पन्न होती है।

प्रेरणार्थक (Causative) : क्रिया का वह रूप जिसमें वक्ता किसी काम को स्वयं न करके दूसरे को करने के लिए प्रेरित करे।

युक्त (Clitic) : एक शब्द जो प्रायः एक दूसरे शब्द के भाग की तरह उच्चरित हो।

संयुक्त क्रिया (Compound verb) : एक क्रिया-रूप जिसमें दो क्रिया-धातुएँ शामिल होती हैं।

संयोजित क्रिया (Conjunct verb) : वह क्रिया-रूप जिसमें एक क्रिया और एक संज्ञा का योग होता है या जिसके पूर्व एक विशेषण का प्रयोग हो।

व्यंजन (Consonant) : एक ध्वनि जो मुख-विवर में किसी बिंदु पर हवा के रुकने से उत्पन्न होती है।

सहसम्बन्धी (Correlative) : सर्वनाम-युग्म जो एक ही वाक्य में सम्बन्धवाचक उपवाक्य के साथ उपस्थित हो।

व्यतिक्रम सम्बन्ध (Default agreement) : सम्बद्ध संज्ञाओं के लिंग, वचन और पुरुष से निर्लिप्त हों तथा क्रिया वाक्य में अविकारी रूप में रहे और सभी संज्ञाएँ

परसर्गों से लैस हों।

दन्त्य (Dental) : वे व्यंजन-ध्वनियाँ जो जीभ के अगले भाग द्वारा दाँतों के छूने से उच्चरित होती हैं।

व्युत्पत्ति (Derivation) : शब्द-निर्माण पद्धति जिससे जुड़े नये शब्दों का जन्म सम्भव होता है।

व्युत्पन्न सकर्मक (Derived transitive) : सकर्मक क्रिया जो किसी अकर्मक क्रिया से व्यवस्थित रूप से सम्बद्ध हो।

देवनागरी (Devanagari) : एक लिपि जिसमें हिन्दी, संस्कृत तथा कई अन्य भारतीय भाषाएँ लिखी जाती हैं।

लघुतावाची (Diminutive) : वह शब्द जो शब्द-निर्माण नीति के अन्तर्गत किसी मूलशब्द के लघु रूप से जुड़ा हो।

कर्तृ (Ergative) : कर्तृ प्रधान भाषा में अकर्मक क्रिया का कर्त्ता और सकर्मक क्रिया का कर्म दोनों कारक चिह्न और सम्बन्ध की दृष्टि से समान रूप से कार्य करते हैं। हिन्दी के वाक्यों में सकर्मक क्रियाओं के पूर्वतावाची पक्ष में 'ने' का प्रयोग कर्त्ता चिह्न के रूप में काम करता है। अगर कर्म में परसर्ग न आया हो तो ऐसे वाक्यों में सम्बन्ध कर्म से होता है। यदि कर्म के साथ परसर्ग आया हो तो व्यतिक्रम सम्बन्ध का प्रयोग किया जायेगा।

अनुभावक कर्त्ता (Experiencer) : बहुत से वाक्यों में क्रिया द्वारा कही जाने वाली स्थितियों और गतिविधियों से अनुभावक होने के कारण कर्त्ता कारक चिह्नों के साथ आता है। ऐसे वाक्यों में क्रिया उस प्रत्यक्ष कर्म के अनुसार आती है जिनमें सामान्यतः परसर्ग नहीं होता।

अभ्यासजन्य पक्ष (Habitual) : यह एक प्रकार के नित्यअपूर्णकालिक पक्ष का सूचक है। वह घटना जो एक निश्चित समय पर नियमतः घटित होती है।

स्वतः शोध उपकरण (Heuristic devices) : आँकड़ों के बड़े समूहों को आसानी से समझने के लिए सामान्य बोध पर आधारित नियम।

आदरसूचक (Honorific) : विनम्र प्रयोग।

नित्य अपूर्णकालिक (Imperfect): जब क्रिया अपूर्ण कार्यों को दिखाती है तो हम नित्य अपूर्णकालिक पक्ष कहते हैं।

भारतीय-आर्य (Indo-Aryan) : प्रागैतिहासिक काल में भारत उपमहाद्वीप में आकर बसे आर्यों के लिए यह शब्द प्रयुक्त होता है। भारतीय आर्य भाषाएँ उन भाषाओं को कहते हैं जो सामान्यतः संस्कृत से जन्मी हैं।

विभक्ति (Inflection) : कुछ अतिरिक्त व्याकरणिक सूचनाओं को बताने के लिए शब्द रूप में आये बदलावों को बताने वाला पद।

तीव्रतासूचक (Intensifier) : यह एक विशेषक है जिसकी मुख्य भूमिका विशेष की

अर्थ-वृद्धि करना है।

अकर्मक (Intransitive) : ऐसी क्रिया जिसे कर्म की ज़रूरत नहीं होती।

वृत्ति (Mood) : काल का सम्बन्ध किसी घटना के समय से होता है और उसकी प्रकृति से उसके पक्ष का। वृत्ति का सम्बन्ध कथ्य के प्रति वक्ता की अभिवृत्ति से होता है।

रूपिम (Morpheme) : भाषावैज्ञानिक विश्लेषण की न्यूनतम अर्थपूर्ण इकाई ; जैसे 'cats' में दो रूपिम हैं। एक 'cat' व दूसरा 's' रूपिम बहुवचन दिखाता है।

रूप विज्ञान (Morphology) : शब्दों के आपसी सम्बन्धों का अध्ययन जिसमें ध्वनियाँ और अर्थ शामिल हैं।

नासिक्य (Nasalised) : वे ध्वनियाँ जो एक साथ मुख-विवर और नासिका-विवर से उच्चरित की जाती हैं।

कर्त्ता कारक (Nominative) : वह कारक जो वाक्य में कर्त्ता की सूचना के लिए प्रयुक्त होता है। हिन्दी में इसे प्रत्यक्षतः चिह्नित नहीं किया जाता।

विकारी (Oblique) : संज्ञा का वह रूप जो परसर्ग से पहले प्रयोग होता है। जब कर्त्ता कारक या सम्बोधन कारक में संज्ञा नहीं रहती है तो उसके स्थान पर विकारी रूप का प्रयोग होता है।

तालव्य (Palatal): इस पद का प्रयोग उन ध्वनियों के लिए होता है जो जीभ के अगले भाग तथा कठोर तालु के छूने से पैदा होती है।

निपात (Particles) : ये वे अव्यय हैं जिनके कुछ व्याकरणिक प्रकार्य होते हैं।

पूर्णता (Perfect) : पक्ष का एक वर्ग जो क्रिया के उस रूप का संकेत करता है जिसमें क्रिया द्वारा किया गया कार्य पूरा हो गया हो।

परसर्ग (Postpositions) : अंग्रेजी के पूर्वसर्गी की तरह अधिकांशतः हिन्दी के ये अविकारी शब्द हैं। ये विभिन्न संज्ञाओं के कारकीय सम्बन्धों को बताते हैं।

अनुमानित (Presumptive) : वृत्त का एक प्रकार, जिसमें वक्ता कुछ कहने के लिए प्रतितथ्यात्मक अनुमानों को बताता है।

अपूर्णकालिक (Progressive) : पक्ष का एक प्रकार जिसमें क्रिया द्वारा संकेतित कार्य के जारी होने की सूचना होती है।

परिमाणवाची (Quantifiers) : वह शब्द समूह जो किसी वस्तु की मात्रा या संख्या का बोध कराता हो।

आधिक्यबोधक समास (Redundant compounds) : हिन्दी के वे समास जिनमें दो भिन्न स्रोतों से आये शब्द होते हैं जो लगभग एक ही अर्थ का बोध कराते हैं।

पुनरुक्ति (Reduplication) : यह अखिल भारतीय भाषा वैज्ञानिक प्रवृत्ति है जिसमें एक ही शब्द की एक साथ दो बार आवृत्ति होती है।

मूर्धन्य (Retroflex) : ऐसी ध्वनियाँ जो जीभ के शीर्ष भाग के कठोर तालु की ओर

मुड़ने से उत्पन्न होती है।

मूलांश (Root) : शब्द का वह अत्यन्त बुनियादी अंश जिसमें शब्द का निर्माण करनेवाले प्रत्ययों से पहले प्रतिपदिक रूपिमों की आवश्यकता होती है।

प्रतिपादिक (Stem) : ये मूलांश से बनते हैं और इनके साथ प्रत्यय जोड़े जा सकते हैं।

सम्भावनार्थक (Subjunctive) : वृत्ति का एक प्रकार जो क्रिया आश्रित वाक्यों में संशय सम्भावना को बताता है।

सकर्मक (Transitive) : वह क्रिया जिसे एक या एक से अधिक कर्मों की ज़रूरत होती है।

कण्ठ्य (Velar) : वे ध्वनियाँ जिनके उच्चारण में जीभ पीछे की ओर कोमल तालु को छूती है।

सम्बोधन (Vocative) : कर्त्ता और कर्म कारकों के अलावा कारक का एक और प्रकार। इसका प्रयोग किसी को सम्बोधित करने के लिए वक्ता करता है।

घोष (Voiced) : स्वर यंत्रियों में कम्पन से उत्पन्न ध्वनियाँ।

अघोष (Voiceless) : वे ध्वनियाँ जो स्वर यंत्रियों में बिना कंपन के ही उत्पन्न होती हैं। 'प' अघोष है, 'ब' सघोष है।

स्वर (Vowel) : वह ध्वनि जिसके उच्चारण में मुख विवर में कहीं वायु नहीं रुकती। इसलिए लम्बे समय तक उच्चरित की जा सकती है।

'हाँ/ 'ना' वाले प्रश्न (Yesèno question): वह प्रश्न जिसका उत्तर केवल 'हाँ' और 'नहीं' में सम्भव नहीं होता। ऐसे प्रश्नों के उत्तर में कुछेक सूचनाओं की उम्मीद रहती है। वह प्रश्न जिसका उत्तर हाँ और 'ना' में सम्भव है। इससे अधिक सूचना की अपेक्षा इसमें नहीं होती।

सन्दर्भ-सूची

(यह एक काफी विस्तृत संदर्भ सूची है। यह उनके लिए उपयोगी है जो आगे हिन्दी व्याकरण को पढ़ने की इच्छा रखते हैं।)

1. अब्बी अन्विता (1980) सिमैन्टिक ग्रामर ऑफ हिन्दी : ए स्टडी इन रिपडुप्लिकेशन, नई दिल्ली, : बाहरी पब्लिकेशन्स।
2. अब्बी, अन्विता (1994) सिमैन्टिक युनीवर्सल्स इन इण्डियन लैंगवेजेज, शिमला : इण्डियन इन्स्टीट्यूट ऑफ़ एडवान्स्ड स्टडी।
3. ऐलेन, डब्लु.एस (1962) संधि, द हेग : मूताँ।
4. बहल, कालि चरण (1967) ए रेफरेन्स ग्रामर ऑफ हिन्दी, शिकागो, आई एल : साउथ एशिया सेन्टर, यूनिवर्सिटी ऑफ शिकागो।
5. बहल, कालि चरण (1974) स्टडीज़ इन द सिमैन्टिक स्ट्रक्चर ऑफ हिन्दी, वॉल्यूम I, दिल्ली : मोतीलाल बनारसीदास।
6. बाहरी, हरदेव (1960) परशियन इनफ्लुएन्स ऑन हिन्दी, इलाहाबाद : भारती प्रेस।
7. बाहरी, हरदेव (1992) लर्नर्स हिन्दी-इंग्लिश डिक्शनरी, दिल्ली राजपाल एंड सन्स।
8. बाहरी, उज्जल सिंह (एडिशन) (1981) टॉपिक्स इन हिन्दी लिंग्युस्टिक्स, वॉल्यूम-I, नई दिल्ली : बाहरी पब्लिकेशन्स।
9. बालाचन्द्रन, लक्ष्मी बाई (1988) ए केस ग्रामर ऑफ हिन्दी, आगरा : सेन्ट्रल इन्स्टीट्यूट ऑफ हिन्दी।
10. बर्ज, रिचर्ड एण्ड योगेन्द्र यादव (1993) ऐन इन्ट्रोडक्शन टू हिन्दी एण्ड उर्दू, दिल्ली : मुंशीराम मनोहरलाल।
11. भारती, एस. (1988) सम ऐसपेक्ट्स ऑफ फोनोलॉजी ऑफ हिन्दी एण्ड इंग्लिश, पीएच.डी. थीसिस, हैदराबाद : सीआईईएफएल।
12. भाटिया, तेज के. (1987) ए हिस्ट्री ऑफ द हिन्दी ग्रामेटिकल ट्रेडिशन : हिन्दी- हिन्दुस्तानी ग्रामर, ग्रामेरीअन्स, हिस्ट्री एण्ड प्रोबलम्स, लेइडेन : ई. जे.ब्रिल।

39. मेहरोत्र, आर.आर. (1977) टर्म्स ऑफ किनशीप, मोड्स ऑफ ऐड्रेस एण्ड रेफ्रेन्स इन हिन्दी : ए स्टडी इन एन्थ्रोपोलोजीकल लिंग्युस्टिक्स दिल्ली : मोतीलाल बनारसीदास।

40. मिश्रा, के.एस. (1977) टर्म्स् ऑफ ऐड्रेस एण्ड सैकण्ड परसन प्रोनोमिनल युजेज इन हिन्दी : ए सोशियोलिंग्युस्टिक स्टडी, दिल्ली : बाहरी पब्लिकेशन्स।

41. मोहनन, तारा (1994) आरग्युमेन्ट स्ट्रक्चर इन हिन्दी, स्टैफोर्ड, सीए : सी एस एल आई पब्लिकेशन्स।

42. मॉनटाऊट, एन्नी (2005) ए ग्रामर ऑफ हिन्दी, मुनिच : लिनकोम युरोपा।

43. नेस्पिटल, हेलमुट (1997) लोकभारती हिन्दी क्रिया-कोश : डिक्शनरी ऑफ हिन्दी वर्ब्स, इलाहाबाद : लोकभारती प्रकाशन।

44. पाण्डे, प्रमोद के. (1988) वर्ड एक्सेन्चुएशन इन हिन्दी, लिगुआ 77 : 37-73.

45. पण्डित, प्रबोध बी. (1965) हिन्दी : ए स्पोकेन एप्रोच, पुना : डक्कन कॉलेज।

47. प्लाट्स, जान टी. (1873) ए ग्रामर ऑफ द हिन्दुस्तानी ऑर उर्दू लेंग्वेज (2nd एडिशन 1990), दिल्ली : मुन्शीराम मनोहरलाल।

46. प्लाट्स, जॉन टी. (1884) डिक्शनरी ऑफ उर्दू, क्लासिकल हिन्दी एण्ड इग्लिश (रिप्रिन्टेड 1984), दिल्ली : मुन्शीराम मनोहरलाल।

48. प्रसाद, कालिका, राजवल्लभ सहाय एण्ड मुकुन्दीलाल श्रीवास्तव (एडिशन) (1963) वृहत् हिन्दी कोश, वाराणसी : ज्ञानमण्डल।

49. प्रे, ब्रुस आर. (1970) टॉपिक्स इन हिन्दी-उर्दू ग्रामर, बर्कलै, सीए : सेन्टर फॉर साउथ एण्ड साउथ एशिया स्टडीज़, यूनिवर्सिटी ऑफ कैलिफोर्निया।

50. प्रेमचन्द, मुन्शी (1986) नमक का दारोगा तथा अन्य कहानियाँ, दिल्ली : हिन्दी पॉकेट बुक्स।

51. राय, अमृत (1984) ए हाऊस डिवाईडेड : द ओरिजिन एण्ड डेवलपमेन्ट ऑफ हिन्दी/हिन्दवी, दिल्ली : ऑक्सफोर्ड यूनिवर्सिटी प्रेस।

52. राजगोपालन, एन.वी. (1973) हिन्दी का भाषावैज्ञानिक व्याकरण, आगरा : केन्द्रीय हिन्दी संस्थान।

53. स्कोलबर्ग, हेनरी सी. (1968) कन्साइज ग्रामर ऑफ द हिन्दी लैंग्वेज, 3rd एडिशन लंदन : ऑक्सफोर्ड यूनिवर्सिटी प्रेस।

54. शाक्ले, सी. एण्ड आर स्नेल (1990) हिन्दी एण्ड उर्दू सिन्स 1800 : ए कॉमन रीडर, लंदन : स्कूल ऑफ आरिएन्टल एण्ड अफ्रिकन स्टडीज़।

55. शौपिरो, माइकेल सी. (1989) ए प्राइमर ऑफ मॉडर्न स्टैण्डर्ड हिन्दी, दिल्ली : मोतीलाल बनारसीदास।

56. शर्मा, आर्येन्द्र (1958) ए बेसिक ग्रामर ऑफ मॉडर्न हिन्दी, 2nd एडिशन, नई दिल्ली : सेन्ट्रल हिन्दी डाइरेक्टोरेट।

57. शर्मा, देवकी एन. एण्ड जेम्स डब्लू स्टोन (1970) हिन्दी, एन एक्टिव इन्ट्रोडक्शन, वाशिंगटन, डीसी : फॉरेन सर्विस इन्स्टीट्यूट, डिपार्टमेन्ट ऑफ स्टेट।

58. शर्मा, नीलिमा एण्ड सुरिन्द्र मेनन (एडिशन) (1991) भगत सिंह के दस्तावेज़ दिल्ली : निशान्त नाट्य मंच।

59. शर्मा, एस. एन. (1960) हिन्दी ग्रामर एण्ड ट्रान्सलेशन, 3तक एडिशन, बम्बई : लखानी बुक डिपो।

60. शिवप्रसाद, आर. (1875) हिन्दी व्याकरण, इलाहाबाद : द गवर्नमेन्ट प्रेस।

61. सिंह, केदार नाथ (1985) प्रतिनिधि कविताएँ, नई दिल्ली : राजकमल प्रकाशन।

62. सिंह, कृपाशंकर (एडिशन) (1978) रीडिंग्स इन हिन्दी-उर्दू लिंग्युस्टिक्स, नई दिल्ली : नेशनल पब्लिसिंग हाउस।

63. सिंह, कृपाशंकर (1992) हिन्दी-उर्दू-हिन्दुस्तानी, हिन्दी-मुस्लिम साम्प्रदायिकता और अंग्रेज़ी राज 1800-1947, दिल्ली : प्रासंगिक प्रकाशन।

64. सिंह, राजेन्द्र एण्ड रामा कान्त अग्निहोत्रे (1997) हिन्दी मॉरफोलोजी : ए वर्ड-बेस्ड डिस्क्रिप्शन, दिल्ली : मोतीलाल बनारसीदास।

65. सिंह, एस (1976) मॉर्फोनेमिक्स इन कंटेम्परारी हिन्दी, पीएच.डी. थीसिस, यूनिवर्सिटी ऑफ लखनऊ।

66. स्मिथ, आर काल्डवेल एंड एस.सी.आर. वेटमैन (1979) इन्ट्रोडक्ट्री हिन्दी कोर्स, मसूरी : लेण्डोर लैंग्वेज स्कूल।

67. साउथवर्थ, फ्रैंकलिंन सी. (1971) द स्टूडेन्ट्स हिन्दी-उर्दू रेफरेन्स मैन्युअल, तुस्सन, एजेड : यूनिवर्सिटी ऑफ एरिजोना प्रेस।

68. श्रीवास्तव, मुरलीधर (1969) द एलि़मेण्ट्स ऑफ हिन्दी ग्रामर, दिल्ली : मोतीलाल बनारसीदास।

69. श्रीवास्तव, रवीन्द्रनाथ (1968) थ्योरी ऑफ मॉरफोफोनेमेटिक्स ऑफ एस्पिरेटेड फ़ोनिम्स ऑफ हिन्दी, एक्टा लिग्युस्टिका 18 : 363-373

70. श्रीवास्तव, रवीन्द्रनाथ (1994) हिन्दी भाषा का समाजशास्त्र, दिल्ली : राधाकृष्ण।

71. सुब्बाराव, के.वी. (1984) कोम्पलेमेन्टेशन इन हिन्दी सिन्टेक्स, दिल्ली : एकेडमिक पब्लिकेशन्स।

72. उप्रेती, मुरारी लाल (1964) हिन्दी में प्रत्यय विचार, आगरा : विनोद पुस्तक मन्दिर।

73. वाजपेयी, किशोरीदास (1958) हिन्दी शब्दानुशासन, काशी : नगरी प्रचारिणी सभा।
74. वान ओलफेन, एच.एच. (1975) ऐस्पेक्ट्स ऑफ टेन्स एण्ड मूड इन द हिन्दी वर्ब, इण्डो-इरानिअन जौर्नल 16.4 : 284-301
75. वान ओलफेन, एच.एच. (1985) फस्ट-ईयर हिन्दी कोर्स, अस्टिन, टीएक्स : डिपार्टमेन्ट ऑफ ओरिएन्टल एण्ड अफ्रिकन लैंग्वेजेज एण्ड लिट्रेचर, यूनिवर्सिटी ऑफ टेक्सास।
76. वर्मा, मनीन्द्र के. (1971) द स्ट्रक्चर ऑफ नाउन फ्रेजेज़ इन इंग्लिश एण्ड हिन्दी, दिल्ली : मोतीलाल बनारसीदास।
77. वर्मा, मनीन्द्र के. (एडिशन) (1993) कॉम्पलेक्स प्रेडिकेट्स इन साउथ एशियन लैंग्वेजेज, दिल्ली मनोहर पब्लिशर्स।
78. वर्मा, शिवेन्द्र के. (1974) सिमेन्टिक्स ऑफ चाहिये, फाउण्डेशन्स ऑफ लैंग्वेज 12 : 127-136
79. विद्यालंकर, जे. (1970) हिन्दी में लिंगानुशासन, गवेषणा 8.16 : 48-66

❑❑